司法書士

STANDARD SYSTEM

スタンダード合格テキスト 3

JN116776

3

民法
〈親族・相続〉

Wセミナー／司法書士講座 編

早稲田経営出版
TAC PUBLISHING Group

本書は，2022年（令和4年）7月1日時点での情報に基づき，2023年（令和5年）4月1日までに施行が確定している法改正に対応しています。本書刊行後に明らかになった法改正につきましては，毎年4月1日時点での法改正情報としてまとめ，ＴＡＣ出版書籍販売サイト「サイバーブックストア」（https://bookstore.tac-school.co.jp/）の早稲田経営出版・司法書士「法改正情報」コーナーにて公開いたしますので，適宜ご参照ください。

【本書の主な改正ポイント】
・　平成30年法律第59号（民法親族編，成年年齢の改正に伴う変更）
・　令和元年法律第34号（民法親族編，特別養子縁組の改正に伴う変更）
・　令和3年法律第24号（民法相続編，相続財産の保存や相続人が存在しない場合についての改正）

はしがき

　司法書士試験は，合格率４％程度と，数ある国家試験の中でも最難関の資格の
ひとつに位置づけられています。また出題科目も多く，学習すべき範囲が膨大で
あることも司法書士試験の特徴のひとつです。このため，学習がうまく進まなか
ったり，途中で挫折してしまう方がいらっしゃることも事実です。

　では，合格を勝ち取るために必要な勉強法とはどのようなものでしょうか。
　Ｗセミナーでは，長年にわたり司法書士受験生の受験指導を行い，多くの合格
者を輩出してきました。その経験から，合格へ向けた効率的なカリキュラムを開
発し，さまざまなノウハウを蓄積してまいりました。そしてこの度，その経験と
ノウハウのすべてを注ぎ込み，合格のためのテキストの新たな基準をうちたてま
した。それが，本シリーズ「司法書士　スタンダード合格テキスト」です。

　本シリーズは，司法書士試験の膨大な試験範囲を，科目ごとに11冊にまとめま
した。また，法律を初めて学習する方には使い勝手のよい安心感を，中・上級者
にとってはより理解を深めるための満足感を感じていただけるような工夫を随所
に施しており，受験生の皆さまの強い味方になることでしょう。

　「民法」は，司法書士試験において最重要の科目です。これに続く不動産登記
法や民事訴訟法なども，民法の理解が大前提です。そのため，本書では，民法を
しっかり理解していただくように，条文や重要な判例を数多く掲げ，これらを分
かりやすく解説しています。また，過去の本試験で出題された論点については，
該当箇所にその出題年次を掲げていますので，司法書士試験における各論点の重
要度が一目で分かる形となっています。

　司法書士を志した皆さまが，本シリーズを存分に活用して学習を深めていただ
き，司法書士試験合格を勝ち取られることを願ってやみません。

2022年８月

Ｗセミナー／司法書士講座
講師・教材開発スタッフ一同

●●●●● 本シリーズの特長と使い方 ●●●●●

・**特長1 法律論点を視覚的に理解できる！**

　ケーススタディが豊富に設けられ，具体例が示されているので，法律論点を具体的・視覚的に理解でき，知識の定着を促します。

・**特長2 学習に必要な情報が満載！**

　重要条文はもれなく掲載されており，その都度，六法にあたる手間を省くことができます。また，本試験の出題履歴も表示されており，重要箇所の把握に大いに役立ちます。

・**特長3 学習しやすいレイアウト！**

　行間や余白が広いため書き込みがしやすく，情報をこのテキスト一冊に集約できます。また，細かな項目分けがなされているため飽きずにスラスラ読み進むことができます。

Topics　←方向感！

　何を学習するのか，どこが重要かを明らかにすることで，学習の目的や方向性を明確にすることができます。

ケーススタディ　←臨場感！

　具体的な事例や図を用いることによって，複雑な権利関係や法律論点を分かりやすく解説しています。質問形式で始まるため，まるで講義を受けているかのような臨場感を味わいながら読み進めることができます。

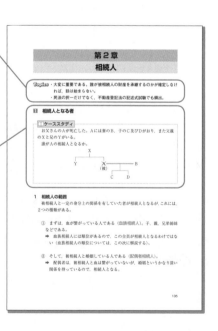

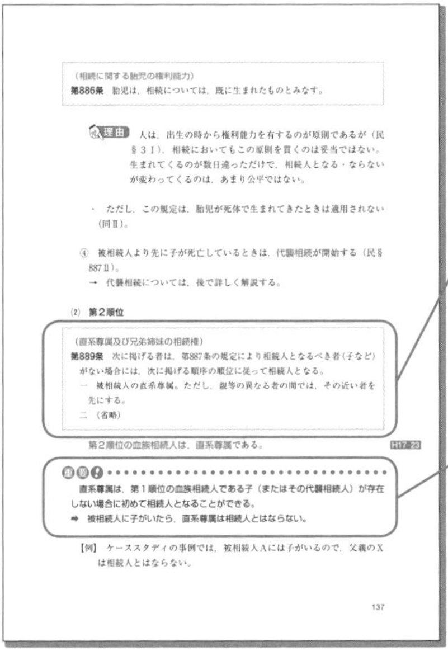

（相続に関する胎児の権利能力）
第886条 胎児は，相続については，既に生まれたものとみなす。

理由 人は，出生の時から権利能力を有するのが原則であるが（民§３Ⅰ），相続においてもこの原則を貫くのは妥当ではない。生まれてくるのが数日違っただけで，相続人となる・ならないが変わってくるのは，あまり公平ではない。

・ ただし，この規定は，胎児が死体で生まれてきたときは適用されない（同Ⅱ）。

④ 被相続人より先に子が死亡しているときは，代襲相続が開始する（民§887Ⅱ）。
→ 代襲相続については，後で詳しく解説する。

⑵ 第２順位

（直系尊属及び兄弟姉妹の相続権）
第889条 次に掲げる者は，第887条の規定により相続人となるべき者（子など）がない場合には，次に掲げる順序の順位に従って相続人となる。
一 被相続人の直系尊属。ただし，親等の異なる者の間では，その近い者を先にする。
二 （省略）

第２順位の血族相続人は，直系尊属である。 H17-23

重要！
直系尊属は，第１順位の血族相続人である子（またはその代襲相続人）が存在しない場合に初めて相続人となることができる。
➡ 被相続人に子がいたら，直系尊属は相続人とはならない。

【例】 ケーススタディの事例では，被相続人Ａには子がいるので，父親のＸは相続人とはならない。

137

重要条文　←効率化！

法律を学習する上で条文をチェックすることは欠かせませんが，本書では重要条文が引用されているので，六法を引く手間を省くことができます。

重要　←明確化！

学習するうえで必ずマスターしておきたい箇所を，「重要」として表示しているため，学習のメリハリをつけることができます。また，復習の際に重要ポイントを確実に確認するのにも効果的です。

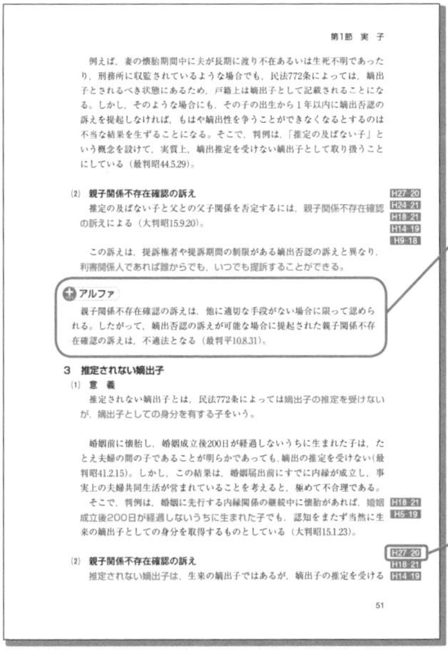

第1節 実 子

例えば，妻の懐胎期間中に夫が長期に渡り不在あるいは生死不明であったり，刑務所に収監されているような場合でも，民法772条によっては，嫡出子とされるべき状態にあるため，戸籍上は嫡出子として記載されることになる。しかし，そのような場合にも，その子の出生から１年以内に嫡出否認の訴えを提起しなければ，もはや嫡出性を争うことができなくなるとするのは不当な結果を生ずることになる。そこで，判例は，「推定の及ばない子」という概念を設けて，実質上，嫡出推定を受けない嫡出子として取り扱うことにしている（最判昭44.5.29）。

⑵ 親子関係不存在確認の訴え H27-20 H24-21 H18-21 H14-19 H9-18

推定の及ばない子と父との父子関係を否定するには，親子関係不存在確認の訴えによる（大判昭15.9.20）。

この訴えは，提訴権者や提訴期間の制限がある嫡出否認の訴えと異なり，利害関係人であれば誰からでも，いつでも提訴することができる。

アルファ
親子関係不存在確認の訴えは，他に適切な手段がない場合に限って認められる。したがって，嫡出否認の訴えが可能な場合に提起された親子関係不存在確認の訴えは，不適法となる（最判平10.8.31）。

3 推定されない嫡出子

⑴ 意 義

推定されない嫡出子とは，民法772条によっては嫡出子の推定を受けないが，嫡出子としての身分を有する子をいう。

婚姻前に懐胎し，婚姻成立後200日が経過しないうちに生まれた子は，たとえ夫婦の間の子であることが明らかであっても，嫡出の推定を受けない（最判昭41.2.15）。しかし，この結果は，婚姻届出前にすでに内縁が成立し，事実上の夫婦共同生活が営まれていることを考えると，極めて不合理である。
そこで，判例は，婚姻に先行する内縁関係の継続中に懐胎があれば，婚姻成立後200日が経過しないうちに生まれた子でも，認知をまたず当然に生来の嫡出子としての身分を取得するものとしている（大判昭15.1.23）。 H18-21 H5-19

⑵ 親子関係不存在確認の訴え H27-20 H18-21 H14-19

推定されない嫡出子は，生来の嫡出子ではあるが，嫡出子の推定を受ける

51

プラスアルファ　←満足感！

適宜，プラスアルファとして，補足的な知識や応用的な内容が盛り込まれているため，中・上級者の方が読んでも満足する構成となっています。

過去問表記　←リアル感！

過去に本試験で出題された論点には，出題履歴を表示しました。試験対策が必要な箇所を把握することができ，過去問にあたる際にも威力を発揮します。「H27-20」は，平成27年度本試験択一式試験（午前の部）の第20問で出題されたことを示しています。

目次

●●●●● 凡　例 ●●●●●

１．法令の表記・略称

民→　民法（民§450Ⅰ②→　民法第450条第１項第２号）

不登→　不動産登記法　　　　　　借地借家→　借地借家法

民訴→　民事訴訟法　　　　　　　民執→　民事執行法

区分所有→　建物の区分所有等に関する法律

仮担→　仮登記担保契約に関する法律

立木→　立木に関する法律　　　　利息→　利息制限法

戸籍→　戸籍法　　　　　　　　　家事→　家事事件手続法

人訴→　人事訴訟法

遺言保管→　法務局における遺言書の保管等に関する法律

２．判例・先例等の表記

最判昭46.11.30→　昭和46年11月30日最高裁判所判決

大判大7.4.19→　大正７年４月19日大審院判決

大阪高決昭41.5.9→　昭和41年５月９日大阪高等裁判所決定

大阪地判昭27.9.27→　昭和27年９月27日大阪地方裁判所判決

先例昭26.6.27－1332→　昭和26年６月27日第1332号先例

第 **1** 編

親 族

【親族の系図】

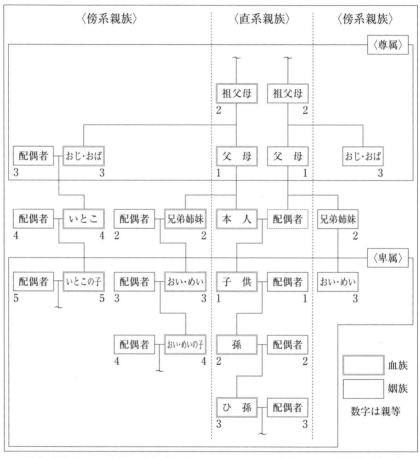

（注）配偶者は，血族でも姻族でもない。また，配偶者間では親等も尊属卑属
の関係も生じない。

第1章
総　則

Topics ・身分権の特質，身分行為の特質を押さえておくこと。ただし，この点について直接問われることはないので，一通りの理解で足りる。
・氏については，過去に出題されている論点なのでしっかり覚えておくこと（なお，婚姻の効果・離婚の効果，親子の項も参照のこと）。

1　財産法と身分法

　　民法の規律する私的生活関係は，経済的生活関係を規律する財産法と，身分的生活関係を規律する家族法に分けることができる。

　　家族法は，さらに，夫婦，親子，その他の親族という基本的な身分的地位の得喪に関する要件および身分関係者相互間の権利義務に関する親族法と，それら身分的地位に結びついた財産関係の承継，遺言，遺留分について規定する相続法に分けることができる。

2　身分権

(1)　身分権の特質

　　身分権（親族権）とは，人が，その身分関係において家族法上有する権利をいい，次のような特質を有する。

①　一身専属的性質

　　身分法関係は，全人格的な結合であるから，親権や相続権などの身分権のみを，その主体から分離して譲渡したりすることはできない。

　　また，身分権を行使するかどうかは，権利者の自由な意思に委ねられるべきであるから，これに第三者が介入することは原則として許されない。

②　義務的性質

　　身分関係は，身分的共同体の維持発展のために，その構成員である地位に基づいて認められるものである。

　　したがって，これを任意に放棄することは許されない。例えば，親権者は，子の監護および教育をする権利を有し，義務を負う（民§820）のであり，任意に親権を放棄することは許されない。

③　強制執行に適さない性質

身分権の内容の実現は，義務者の自由な意思に基づいてされなければ，その目的を達成することができないものである。

したがって，例えば，夫に対して妻と同居すべき旨の判決がされても，国家が，直接，夫に対して同居を強制することは許されないばかりでなく，間接に遅延賠償を命ずることによって強制することも許されない（民§414，大決昭5.9.30）。

④　排他的性質

身分権は一般に排他的性質を有し，その侵害に対しては，同居請求権，幼児引取請求権，居所指定権などの形で，妨害排除の請求が認められており，また，原則として損害賠償請求権を有する（民§710）。

(2)　**身分行為の特質**

①　要式性

身分行為は，当事者の身分の変動を生じるだけでなく，その財産関係に及ぼす影響も大きいことから，当事者は慎重な考慮の上で，明確な意思をもって，その行為をする必要がある。また，第三者に対しても身分関係の変動などを公示する必要がある。

そこで，身分行為は，原則として戸籍法の定めるところに従い，戸籍事務担当者（市町村長）に届け出ることによって効力を生ずるものとされており（民§739，764，799，812等），また，一定の行為については，家庭裁判所の許可を必要とする（民§791Ⅰ，794，798，844，852等）。

②　代理を許さない行為

婚姻，認知，縁組，遺言といった純粋な身分行為は，本人自身の自由な意思決定によってされる必要があるから，本人がその身分行為の意義を判断するだけの意思能力を有する限り，原則として代理を許さない。ただし，縁組・離縁，氏の変更については例外が認められている（民§797Ⅰ，811Ⅱ，791Ⅲ）。

③　条件・期限になじまない行為

身分行為は，終局的・確定的な行為でなければならず，身分行為に条件・期限をつけることはできない。

したがって，例えば，相続の放棄には，条件を付すことができない。

④　意思主義的な行為

　㋐　**身分行為は，本人の自由な意思によってされるべきであるから，身分**
　　　行為においては意思主義が採用され，本人の意思あるいは真意に基づか
　　　ない行為は無効である。

　　　したがって，心裡留保や虚偽表示に基づく行為はすべて無効であり，
　　　善意の第三者も，その有効性を主張することは許されない。

　㋑　詐欺・強迫による身分行為は，常に取り消すことができる（民§
　　　747，808等）。もっとも，この取消しには遡及効（撤回の意味）がなく，
　　　取り消した後は，善意の第三者に対しても取消しの効力を主張すること
　　　ができる。

　　　一度された身分行為によって生じた事実は無視することができないた
　　　め，公序良俗に反する重婚，近親婚なども，これを無効とするのではな
　　　く，取り消すことができるにすぎない（民§732，734～736等）。

　㋒　身分行為においては，具体的事実が尊重されることから，無効な身分
　　　行為であっても，後に当事者がこれを知って追認したときには，さかの
　　　ぼって有効とされる場合がある。

　　　判例は，無効な戸籍上の父母の代諾による養子縁組の追認（最判昭
　　　27.10.3，同昭39.9.8），無効な協議離婚の追認（最判昭42.12.8）を認め，
　　　さらに，無効な婚姻についても，黙示の追認によって婚姻は届出の当初
　　　にさかのぼって有効になるものと認めている（最判昭47.7.25）。

3　氏

(1)　意　義

　　各人の姓名のうち，姓を法律上，氏という。氏は，社会的存在としての個
　人の同一性を表すものであり，また，個人の呼称を意味するものである。現
　行民法では，氏の異同につき身分関係の効果を伴わないことを原則とする。
　たとえば，父母の離婚や，父または母の再婚による氏の変更などによって，
　子が父または母と氏を異にするようになっても，子の氏に直接影響を与えな
　い。

(2)　氏の変動

　　氏の変動とは，それまで称してきた氏とは別の新しい氏を取得することを
　いう。氏の変動には，①身分関係の変動に伴って法律上当然にされる場合と，
　②氏の変動を欲する意思表示によってされる場合とがある。

①・婚姻による氏の変動（民§750；夫婦同氏の原則）

　・離婚，婚姻の取消しによる復氏（民§767Ⅰ，771，749）

　・縁組による氏の変動（民§810；養親子同氏の原則）

　・離縁，縁組の取消しによる復氏（民§816Ⅰ本文，808Ⅱ）

②・離婚，婚姻の取消しによる復氏者の氏の変更（民§767Ⅱ，771，749）

　・離縁，縁組の取消しによる復氏者の氏の変更（民§816Ⅱ，808Ⅱ）

　・子の氏の変更（民§791）

　・生存配偶者の復氏（民§751Ⅰ）

　→　具体的には，各項目を参照してください。

第2章
親　族

Topics ・親族の意義・範囲・分類は，直接出題される可能性は低いが，今後学
習を進めていくうえで基礎的な概念なので，正確に理解しておくこと。

1　意義・範囲

> （親族の範囲）
> **第725条**　次に掲げる者は，親族とする。
> 一　6親等内の血族
> 二　配偶者
> 三　3親等内の姻族

　親族とは，血縁や婚姻を通じて形成される一定範囲の者をいう。

　民法上，親族として，①6親等内の血族，②配偶者，③3親等内の姻族を定
めている（民§725）。

　また，親族は，尊属，卑属，直系，傍系に分類することができる。

2　親族の分類
(1)　血族と姻族

①　**血族**とは，血縁関係にある者をいう。血族には，相互に自然的血縁関係
がある者（**自然血族**）と，自然的血縁関係はないが法律上血縁関係がある
と擬制された者（**法定血族**）が含まれる（民§727）。

　例えば，親子，兄弟姉妹，祖父母と孫，伯父・叔母と甥・姪などが自然
血族であり，養親およびその血族と養子は法定血族である（民§727）。

②　**姻族**とは，配偶者の一方と他方の血族との親族関係をいう。

　例えば，夫と妻の父母・兄弟，妻と夫の父母・兄弟は互いに姻族である。
また，兄弟姉妹が婚姻した相手方も姻族（2親等）である。

　しかし，夫婦の一方の血族と他方の血族（夫の親と妻の親），夫婦の一
方と他方の姻族（夫と妻の弟の配偶者）は，いずれも姻族ではない。

(2)　**直系と傍系**

　　血族には，直系血族と傍系血族がある。

　①　**直系血族**とは，父母と子，祖父母と孫などのように，世代が上下に連な
　　る血縁者のことをいう。

　②　**傍系血族**とは，同一の始祖から分かれた血族のことをいい，父母を同一
　　の始祖とする兄弟姉妹，祖父母を同一の始祖とする，伯父（叔父）・伯母（叔
　　母），甥・姪などがこれにあたる。

　　　また，姻族についても，直系・傍系の別があり，配偶者の直系血族は，
　　他方配偶者にとって直系姻族であり，配偶者の傍系血族は，他方配偶者に
　　とって傍系姻族となる。

(3)　**尊属と卑属**

　　尊属とは，父母，祖父母のように自己より前の世代に属する親族をいい，
　卑属とは，子や孫のように後の世代に属する親族をいう。

　　　これは年齢には関係がないので，自己よりも年若い叔父・叔母であっても，
　　尊属である。

(4)　**配偶者**

　　法律上の夫婦の一方を，他方に対して配偶者という。**配偶者は，血族でも
　姻族でもなく，親等も尊属卑属の関係も生じないが，法律上は，親族の中に
　加えられている。**

3　親等の計算

> （親等の計算）
> **第726条**　親等は，親族間の世代数を数えて，これを定める。
> 2　傍系親族の親等を定めるには，その1人又はその配偶者から同一の祖先に
> 　さかのぼり，その祖先から他の1人に下るまでの世代数による。

　　親等とは，親族関係の遠近の程度をいう。

　　親子間は1親等，兄弟姉妹は2親等，叔父・叔母・姪は3親等，いとこは4
　親等となる。姻族については配偶者を基準として同様に計算する（2頁の図を

参照のこと）。

アルファ

　　配偶者間で親等は問題とならない。

4　親族関係の変動
⑴　親族関係の発生
①　自然血族関係

　　自然血族関係は，親子の血縁を基礎とするから，出生という事実によって生ずる。

　　もっとも，嫡出でない子と父の関係には，認知（民§779，787）が必要となり，認知がない限り，その子と父および父方の血族との親族関係は生じない。

②　法定血族関係

> （縁組による親族関係の発生）
> **第727条**　養子と養親及びその血族との間においては，養子縁組の日から，血族間におけるのと同一の親族関係を生ずる。

　　法定血族関係は，養親子関係を基礎とするから，養子縁組の成立によって発生する。養親と養子との間に縁組の日から法律上の嫡出親子関係が生ずる（民§809）とともに，養親の血族と養子との間にも，自然血族間におけるのと同一の親族関係が発生する（民§727）。

　　しかし，養子の血族（実方の血族）と養親および養親の血族（養方の血族）との間には，なんら親族関係は生じない（大決大13.7.28）。
　　したがって，養子縁組後に生まれた養子Aの子Bは，養子Aを通じて，養親およびその血族との間に血族関係を生ずるが（大判大6.12.26），縁組前に生まれた養子Cの子Dは，養親およびその血族との間に血族関係を生じない（大判昭7.5.11）。

③　配偶者関係と姻族関係

　　配偶者と姻族関係は，婚姻によって発生する。当事者は，互いに配偶者となるだけでなく，互いに相手方の血族と姻族関係に入る。

(2)　親族関係の消滅

①　自然血族関係

自然血族関係は，当事者の一方の死亡によって当然に消滅する。

②　法定血族関係

（離縁による親族関係の終了）

第729条　養子及びその配偶者並びに養子の直系卑属及びその配偶者と養親及びその血族との親族関係は，離縁によって終了する。

法定血族関係は，離縁によって消滅する。

離縁による場合には，養子と養親およびその血族との法定血族関係だけでなく，縁組後に生まれた養子の直系卑属と養親およびその血族との法定血族関係も消滅する（民§729）。

これに対して，養親の死亡により，縁組が解消しても，縁組によって生じた血族関係は終了しない。この場合に，血族関係を終了させるためには，養子側からの離縁が必要になる（死後離縁；民§811Ⅵ）。

③　配偶者関係

配偶者関係は，当事者の婚姻を基礎とするものであるから，配偶者の一方の死亡，離婚および婚姻の取消しによって消滅する。

④　婚姻により生じた姻族関係

（離婚等による姻族関係の終了）

第728条　姻族関係は，離婚によって終了する。

2　夫婦の一方が死亡した場合において，生存配偶者が姻族関係を終了させる意思を表示したときも，前項と同様とする。

婚姻により生じた姻族関係は，離婚によって終了する（民§728Ⅰ）。

夫婦の一方の死亡によって配偶者関係が消滅した場合は，生存配偶者と死亡した配偶者の血族との姻族関係は当然には終了しない。この場合は，生存配偶者は，いつでも姻族関係終了の意思表示をすることによって，姻族関係を消滅させることができる（同Ⅱ）。

これに対して，姻族関係を終了させるか否かは生存配偶者の自由意思に委ねられているため，死亡配偶者の血族側から生存配偶者との姻族関係を

終了させることはできない。

　なお，婚姻によって氏を改めた生存配偶者は，婚姻前の氏に復すること H14-18
ができるが（民§751Ⅰ），これと姻族関係の消滅とは無関係である（先例
昭23.4.20 - 208）。
　したがって，例えば，夫を亡くした妻は，夫の氏を称しながら，姻族関
係を終了させることもできるし，復氏しながら，姻族関係を継続させるこ
ともできる。

⑤　特別養子縁組によって，養子となる者とその者の実方の血族との親族関
係が終了する（民§817の2Ⅰ）。

5　親族関係の重複

　親族関係は，重複して発生することがある（重縁）。親族関係が重複して存
在する場合は，原則として，それぞれの親族における地位に基づいて生ずる身
分法上の効果も重複して存続する。
　例えば，祖父が孫を養子にすることによって，2親等の自然血族関係と1親
等の法定血族関係が同時に存在することになる。
　また，養子は，縁組によって，養親およびその血族と法定血族関係になるが，
縁組前に有した実親およびその血族との自然血族関係も，そのまま重複して存
在し，前者は養方の親族，後者は実方の親族となる。この養子が離縁すること
なく，さらに他の者と縁組をすると（転縁組），元の自然・法定血族関係はそ H9-20
のまま存続し，新たに養親となった者およびその血族との親族関係が，重複し
て存在することになる。

6　親族関係のまとめ

	親族の範囲	発生原因	消滅原因
6親等内の血族	自然血族：生理的に血筋のつながる者	出　生	・当事者の死亡
	法定血族：法律上血族関係があるとされる者	養子縁組	・当事者の死亡 ・離縁 ・縁組の取消し，縁組の無効
配偶者	婚姻により夫婦となった者の一方から見た相手方	婚　姻	・当事者の死亡 ・離婚 ・婚姻の取消し，婚姻の無効
3親等内の姻族	・自己と自己の配偶者の血族 ・自己と自己の血族の配偶者	婚　姻	・当事者の死亡 ・姻族関係終了の意思表示 ・離婚 ・婚姻の取消し，婚姻の無効

7　親族関係の効果

　親族関係にある者について，特別の法律上の効果（権利や義務）が発生することがある。

　親族間の扶け合い（たすけあい）の義務（民§730），扶養の義務（民§877），相続権（民§887，889）等である。

→　詳しくは，それぞれの箇所で解説する。

第3章
婚　姻

第1節　婚姻の成立

Topics ・婚姻の成立についての論点は，本試験で頻繁に出題される。
・婚姻の成立要件，無効原因，効果，追認，取消原因，取消権者，取消しの方法について，条文を中心にしっかりと確認しておくこと。

１　婚姻の意義・要件

1　意　義

婚姻とは，終生の共同生活を目的とする男女の法的結合関係をいう。

婚姻は，両性の合意のみに基づいて成立する（憲§24 I）が，婚姻の届出をしないとその効力を生じない（民§739 I）。

2　要　件

婚姻が有効に成立するためには，実質的要件として，(1)婚姻意思の合致があること，(2)婚姻障害事由のないこと，また，形式的要件として(3)婚姻の届出があることが必要である。

(1)　婚姻意思の合致（実質的要件）

婚姻も契約であるから，当事者間に意思の合致が必要である（民§742①参照）。

婚姻意思は，本人の自由で自発的なものであることが必要であり，他人により代理されたり，補充されたりするものであってはならない。

成年被後見人であっても，本人が婚姻について判断する能力を回復していれば，成年後見人の同意を得ることなく，単独で有効に婚姻をすることができる（民§738）。 【R3-20】【H22-20】

(2)　婚姻障害のないこと（実質的要件）

婚姻の成立には，①婚姻適齢，②重婚の禁止，③再婚禁止期間，④近親婚の禁止，の実質的要件を満たす必要があり，これらの要件を欠くときは，婚姻は取り消すことができるものとなる。

第3章　婚　姻

① 婚姻適齢

（婚姻適齢）

第731条　婚姻は，18歳にならなければ，することができない。

趣旨

早婚によって生じる弊害を防止しようとする公益的目的によるものである。

② 重婚の禁止

（重婚の禁止）

第732条　配偶者のある者は，重ねて婚姻をすることができない。

趣旨

一夫一婦制の原則を表明したものである。

　　重婚とは，1人の者につき，法律上の婚姻が2つ同時に存在することをいう。

　　したがって，本条の「配偶者」とは，法律上の配偶者をいう。

③ 再婚禁止期間

（再婚禁止期間）

第733条　女は，前婚の解消又は取消しの日から起算して100日を経過した後でなければ，再婚をすることができない。

2　前項の規定は，次に掲げる場合には，適用しない。

　一　女が前婚の解消又は取消しの時に懐胎していなかった場合

　二　女が前婚の解消又は取消しの後に出産した場合

趣旨

　前婚と後婚が余りに接近すると，再婚後に産んだ子の父が前夫であるか，後夫であるかが不明となり，血統が混乱するおそれがあるからである（民§772，773参照）。

しかし，女が前婚の解消または取消の時に懐胎していなかった場合には，H23-21血統が混乱するおそれがないので，再婚禁止期間の適用はない（民§733Ⅱ）。

④　近親婚の禁止

（近親者間の婚姻の禁止）
第734条　直系血族又は３親等内の傍系血族の間では，婚姻をすることができない。ただし，養子と養方の傍系血族との間では，この限りでない。
2　第817条の９の規定により親族関係が終了した後も，前項と同様とする。
（直系姻族間の婚姻の禁止）
第735条　直系姻族の間では，婚姻をすることができない。第728条又は第817条の９の規定により姻族関係が終了した後も，同様とする。
（養親子等の間の婚姻の禁止）
第736条　養子若しくはその配偶者又は養子の直系卑属若しくはその配偶者と養親又はその直系尊属との間では，第729条の規定により親族関係が終了した後でも，婚姻をすることができない。

優生学的見地ないし倫理的観点より，一定の親族間では婚姻が禁止される。

⑦　直系血族または３親等内の傍系血族間
　　ⓐ　直系血族または３親等内の傍系血族（叔父と姪など）は，互いに婚姻をすることができない（民§734Ⅰ本文）。
　　　　ただし，**養子と養方の傍系血族（養子と養親の兄弟姉妹，子，孫な**　H23-21
　　　　ど）との間では，婚姻することができる（同Ⅰただし書）。　H10-19

　　ⓑ　特別養子縁組によって，養子と実方の父母およびその血族との親族関係が終了（民§817の９）した後も，互いに婚姻をすることができない（民§734Ⅱ）。

⑦　直系姻族間
　　直系姻族の間（たとえば舅と嫁）では，婚姻をすることができない。　H23-21
離婚ないし配偶者の死亡または特別養子縁組により養子と実方の父母お　H14-18
よびその血族との姻族関係が終了（民§728，817の９）した後も，同様　H8-19
である（民§735）。

理由　このような婚姻を認めることは社会倫理的に親子秩序を乱すこ

とになるからである。

　　　　㋒　養親子関係者間

養子もしくはその配偶者または養子の直系卑属もしくはその配偶者と養親またはその直系尊属との間では，離縁により親族関係が終了（民§729）した後でも，婚姻をすることができない（民§736）。

(3)　婚姻届（形式的要件）

①　書面による届出

> （婚姻の届出）
> **第739条**　婚姻は，戸籍法（昭和22年法律第224号）の定めるところにより届け出ることによって，その効力を生ずる。
> **2**　前項の届出は，当事者双方及び成年の証人２人以上が署名した書面で，又はこれらの者から口頭で，しなければならない。

法の定めた婚姻届がなければ法律上の婚姻が成立しないことを，法律婚主義という。

②　婚姻届の受理

> （婚姻の届出の受理）
> **第740条**　婚姻の届出は，その婚姻が第731条から第736条まで及び前条第２項の規定その他の法令の規定に違反しないことを認めた後でなければ，受理することができない。

婚姻の届出を受けた戸籍事務担当者（市町村長）は，届出書，添付書類等から，形式的に婚姻の実質的要件および形式的要件が具備しているかを審査する。そして，これらの要件の存在を確認し，法令に違反しないことを認めた後でなければ，これを受理することができない。

また，婚姻の届出は，受理によって完了し，何らかの理由で戸籍に記載がされなくても婚姻は成立する（創設的届出；大判昭16.7.29）。

② 婚姻の無効・取消し

1　総　説

　婚姻が事実上成立すると，当事者間に共同生活が発生することから，その婚姻が民法上の定める婚姻の成立要件を欠く場合でも，それを無効として，法の定める夫婦間の法律効果を否認することは，当事者間においても，その間に生まれた子の身分についても，さらに第三者に対する関係でも種々の不都合を生ずることになる。

　そこで，民法は，婚姻の無効原因を制限し，その他の場合を取り消すことができるにすぎないとし，しかも，その取消しには遡及効を認めないものとしている。

2　婚姻の無効

（婚姻の無効）
第742条　婚姻は，次に掲げる場合に限り，無効とする。
一　人違いその他の事由によって当事者間に婚姻をする意思がないとき。
二　当事者が婚姻の届出をしないとき。ただし，その届出が第739条第2項に定める方式を欠くだけであるときは，婚姻は，そのためにその効力を妨げられない。

(1)　無効原因

　婚姻は，①婚姻意思の不存在，②婚姻の届出の不存在の2つの場合に限って無効となり，民法総則の規定は適用されない。

① 婚姻意思の不存在
　㋐ 婚姻意思の意義

H15-22

📖ケーススタディ
㋐-1　当事者の双方または一方が婚姻意思をもたないのに，他方または第三者が勝手に婚姻届を提出した場合，婚姻は有効か。
㋐-2　双方とも婚姻意思がないのに，子どもに嫡出子の身分を取得させる方便として，合意の上で婚姻届を提出した場合(いわゆる仮装婚)，婚姻は有効か。

＜論点＞

　人違いその他の事由によって当事者間に婚姻をする意思がないとき
は，婚姻は無効である（民§742①）。

　しかし，何をもって「婚姻をする意思」とみるかについては，実質的
意思説と形式的意思説がある。

ⓐ　実質的意思説（最判昭44.10.31）

　　婚姻をする意思とは，婚姻の届出をする意思だけでは足りず，社会
　通念上の夫婦関係を設定する意思（真に婚姻をする意思）をいうとす
　る見解。

ⓑ　形式的意思説

　　婚姻をする意思とは，婚姻を法律上成立させる意思，すなわち，婚
　姻の届出をする意思をいうとする見解。

	実質的意思説	形式的意思説
意味	婚姻をする意思とは，社会通念上の夫婦関係を設定する意思をいう。	婚姻をする意思とは，婚姻の届出をする意思をいう。
根拠	婚姻の法的効果はすべて一体的に発生すべきもので，その一部である届出意思のみをもって婚姻意思とすることはできない。	身分行為における要式性を重視すべきで，その要式行為に対する意思が存在する以上，効果意思を問題とすべきではない。
批判	①　当事者が届出の意思を有して任意に婚姻の届出をしておきながら，後になって仮装・虚偽を理由に無効を主張することができるとすることは，妥当性に欠ける。②　婚姻の届出をした当事者は，自らの責任で届出をした以上，夫婦としての法的拘束を甘受すべきである。	①　当事者は婚姻制度をいかなる目的のためにも自由に利用することができることになり，その濫用を防止することができない。②　社会観念上認められる婚姻関係を形成すること自体を目的としない意思をもって行った婚姻が有効となるのは妥当でない。

帰結	ケーススタディの⑦−1，⑦−2のいずれの場合も婚姻意思を欠くので，婚姻は無効である。	ケーススタディの⑦−1の場合は婚姻の届出意思もないので，婚姻は無効であるが，⑦−2の場合は婚姻意思が認められるので，婚姻は有効である。

　　④　婚姻意思の存在時期

📖ケーススタディ

　当事者が婚姻の合意をしたが，婚姻届の作成後に婚姻意思を撤回した場合，婚姻は有効か。

　　　　婚姻意思は，婚姻届の作成時と受理される時の双方に存在することが必要である。
　　　　したがって，例えば，いったん適式に婚姻届が作成されたが，その提出前に当事者の一方が翻意して，その旨を相手方または戸籍事務担当者に表示した場合（最判昭43.5.24）や婚姻届の提出前に当事者の一方が死亡した場合（大判昭16.5.20）には，いずれも婚姻は無効となる。

　　　　ただし，適式な婚姻届が作成され，それが受理された当時，たまたま本人が意識を失って意思能力を欠いていたとしても，その受理される以前に当事者が翻意したなど特段の事情がない限り，婚姻届の受理によって婚姻は有効に成立する（最判昭44.4.3）。　　　　**H3-9**

　　②　婚姻届出の不存在
　　　　当事者が婚姻意思を有して，実際に婚姻生活を営んでいても，婚姻の届出がなければ，婚姻は無効となる。ただし，その届出が民法739条2項(当事者，証人の署名など)に定める方式を欠くだけであるときは，婚姻は，そのためにその効力を妨げられない（民§742②）。

(2)　**婚姻の無効の効果**
　　　　婚姻に無効原因があるときは，婚姻は当然に無効となる（大判大9.9.18）ので，無効の主張は利害関係を有する者であれば誰でも，判決等によらずにすることができる。
　　　　婚姻が無効の場合には，**婚姻に伴う権利変動は当初から効力を生じなかったことになる**（遡及効）。したがって，夫婦とされていた者の間に生まれた

子は嫡出子とはならず，また，配偶者としての相続権も生じない。

H20-21
H2-18

(3) 無効な婚姻の追認

　　事実上の夫婦の一方が，他方の知らない間に婚姻届を提出した場合には，その婚姻は，婚姻意思を欠くものとして無効となる（民§742①）。

　　ただし，他方の配偶者が届出の事実を知った後も，夫婦としての実質的生活関係を継続した場合には，無効な婚姻の追認があったものとして，その婚姻は，届出の当初にさかのぼって有効となる（民§116本文の類推適用；最判昭47.7.25）。

3　婚姻の取消し

（婚姻の取消し）

第743条　婚姻は，次条から第747条までの規定によらなければ，取り消すことができない。

（不適法な婚姻の取消し）

第744条　第731条から第736条までの規定に違反した婚姻は，各当事者，その親族又は検察官から，その取消しを家庭裁判所に請求することができる。ただし，検察官は，当事者の一方が死亡した後は，これを請求することができない。

2　第732条又は第733条の規定に違反した婚姻については，当事者の配偶者又は前配偶者も，その取消しを請求することができる。

（不適齢者の婚姻の取消し）

第745条　第731条の規定に違反した婚姻は，不適齢者が適齢に達したときは，その取消しを請求することができない。

2　不適齢者は，適齢に達した後，なお3箇月間は，その婚姻の取消しを請求することができる。ただし，適齢に達した後に追認をしたときは，この限りでない。

（再婚禁止期間内にした婚姻の取消し）

第746条　第733条の規定に違反した婚姻は，前婚の解消若しくは取消しの日から起算して100日を経過し，又は女が再婚後に出産したときは，その取消しを請求することができない。

（詐欺又は強迫による婚姻の取消し）

第747条　詐欺又は強迫によって婚姻をした者は，その婚姻の取消しを家庭裁判所に請求することができる。

2　前項の規定による取消権は，当事者が，詐欺を発見し，若しくは強迫を免

れた後3箇月を経過し，又は追認をしたときは，消滅する。

(1) 意　義

婚姻の取消しとは，一度有効に成立した婚姻を，その実質的要件を欠くこと(不適法婚)を理由に，訴えにより，将来に向かって消滅させることをいう。

(2) 取消事由

民法は，婚姻取消事由として，ⓐ不適齢者の婚姻（民§731），ⓑ重婚（民§732），ⓒ再婚禁止期間内の婚姻（民§733），ⓓ違法な近親婚（民§734～736），ⓔ詐欺または強迫による婚姻（民§747）の5つの場合を規定している（民§743）。 `H23-21` `H13-19` `H3-12`

① 公益的理由から認められるもの(婚姻障害の規定に違反してされた婚姻) `H20-21` `H13-19` `H3-12`

例えば，ⓐ不適齢者の婚姻（民§731），ⓑ重婚（民§732），ⓒ再婚禁止期間内の婚姻（民§733），ⓓ違法な近親婚（民§734～736）などの実質的要件を欠く婚姻である。

② 私益的理由から認められるもの

詐欺または強迫によって婚姻をした者は，その婚姻の取消しを家庭裁判所に請求することができる（民§747Ⅰ）。

(3) 取消権者・取消しの方法

① 取消権者

㋐ 公益的理由による取消しの場合 `H4-16`

各当事者のほか，その親族および公益の代表者として検察官も取消権を有する（民§744Ⅰ本文）。ただし，検察官は当事者の一方が死亡した後は，取消しを請求することができない（同Ⅰただし書）。

なお，重婚の場合には，当事者の配偶者，および，再婚禁止期間内の婚姻については，当事者の前配偶者もそれぞれ取消しを請求することができる（民§744Ⅱ）。 `R3-20` `H13-19` `H4-16`

㋑ 私益的理由による取消しの場合

詐欺・強迫を理由とする取消しは，詐欺・強迫を受けた当事者の保護のために認められるものであるから，**その者だけが取消しを請求できる**（民§747Ⅰ）。また，相手方が善意であっても取り消すことができる。

② 取消しの方法

　婚姻の取消しは，必ず家庭裁判所に対して請求しなければならない（民§744Ⅰ，747Ⅰ）。

🔖**理由**　身分関係の変動を，慎重かつ明確にしようとするものである。

(4) 取消権の制限

　取消事由が認められる場合でも，次の場合には取消しの請求をすることができない。

H13-19
① 不適齢婚において，不適齢者が適齢に達したとき（民§745Ⅰ）。
　ただし，不適齢者自身は，適齢に達した後，追認しない限り，なお3か月は取消しの請求をすることができる（同Ⅱ）。

② 再婚禁止期間中の婚姻において，前婚の解消もしくは取消しの日から起算して100日を経過したとき，または女が再婚後に出産したとき（民§746）。

H13-19
H2-18
③ 詐欺・強迫による婚姻において，当事者が，詐欺を発見し，もしくは強迫を免れた後3か月を経過し，または追認をしたとき（民§747Ⅱ）。

H4-16
H3-9
④ 後婚が離婚によって解消したとき
　重婚関係にある後婚が離婚によって解消したときは，特段の事情のない限り，重婚を理由とする後婚の取消しを請求することはできない（最判昭57.9.28）。

H4-16
　なお，後婚が当事者の一方の死亡によって解消したときは，検察官を除く取消権者は，後婚の取消しを請求することができる（民§744Ⅰただし書，人訴§12）。

(5) 取消しの効果

（婚姻の取消しの効力）
第748条　婚姻の取消しは，将来に向かってのみその効力を生ずる。
2　婚姻の時においてその取消しの原因があることを知らなかった当事者が，婚姻によって財産を得たときは，現に利益を受けている限度において，その返還をしなければならない。

3　婚姻の時においてその取消しの原因があることを知っていた当事者は，婚姻によって得た利益の全部を返還しなければならない。この場合において，相手方が善意であったときは，これに対して損害を賠償する責任を負う。

① 取消しの不遡及
　　婚姻の取消しは，将来に向かってのみその効力を生ずる（民§748Ⅰ）。

R3-20
H14-19
H5-19
H3-12
H元-20

　🖝**理由**　継続した事実上の婚姻を尊重するためである。

　　したがって，婚姻が取り消されても，子が嫡出子としての身分（民§772）を失うことはない。

② 財産関係の清算
　⑦　婚姻の時においてその取消しの原因があることを知らなかった当事者が，婚姻によって財産を得たときは，現に利益を受けている限度において，その返還をしなければならない（民§748Ⅱ）。

　⑦　婚姻の時においてその取消しの原因のあることを知っていた当事者は，婚姻によって得た利益の全部を返還しなければならない。この場合において，相手方が善意であったときは，これに対して損害を賠償する責任を負う（民§748Ⅲ）。

③ 離婚の規定の準用
　　婚姻の取消しは将来に向かってその効力を生ずる（婚姻取消の不遡及）ので，離婚に準じて扱われることになり，離婚による復氏の規定（民§767），財産分与の規定（民§768）などの離婚に関する規定が準用される（民§749）。

(6)　婚姻の取消しのまとめ

	取消原因	取消権者 (民§744, 747)		取消しの制限 (民§744〜747)
①	不適齢婚	各当事者 親族 検察官 (注1)		・婚姻適齢に達した後は不可 ・不適齢者は，適齢に達した後3か月間は取消し可。ただし，追認したときは不可
②	重　婚		当事者の配偶者	・後婚が離婚により解消後は不可(最判昭57.9.28) ・前婚が解消した後は不可と解されている。
③	再婚禁止期間内の婚姻		当事者の前配偶者(前夫)	・前婚の解消・取消しの日から起算して100日経過後は不可 ・女が再婚後に出産したときは不可
④	近親婚等			
⑤	詐欺・強迫による婚姻	詐欺・強迫によって婚姻した者(注2)		・追認をしたときは不可 ・詐欺を発見し，または強迫を免れた後3か月経過後は不可

(注1)　当事者の一方の死亡後は，検察官は不可

(注2)　詐欺・強迫は，配偶者の一方または第三者のいずれがした場合でも取り消すことができるが，配偶者の一方の詐欺による場合は，その配偶者は取り消すことができない。

第2節　婚姻の効力

Topics ・婚姻すると，いろいろな効果や権利義務が発生する。
・また，夫婦間の契約取消権が認められる場合を押さえておくこと。その際，「婚姻中」の意味を確認しておくこと。

1　総　説

婚姻の効力としては，夫婦財産制の問題（第3節）もあるが，ここでは主として婚姻の身分上の効力の問題を扱う。

2　夫婦の氏

(1)　夫婦同氏の原則

H23-20

（夫婦の氏）
第750条　夫婦は，婚姻の際に定めるところに従い，夫又は妻の氏を称する。

夫婦は，婚姻関係が継続する限り，必ず同一の氏を称さなければならない（夫婦同氏の原則）。
したがって，例えば，夫婦が夫の氏を称する婚姻をした後に，夫が離縁などによってその氏を改めた場合は，妻もそれに伴って当然に氏を改めることになる。

(2)　生存配偶者の復氏

（生存配偶者の復氏等）
第751条　夫婦の一方が死亡したときは，生存配偶者は，婚姻前の氏に復することができる。

夫婦の一方の死亡による婚姻関係の解消によって，当然に婚姻前の氏に復　H29-20
するものではない。

3　同居・協力・扶助の義務

（同居，協力及び扶助の義務）
第752条　夫婦は同居し，互いに協力し扶助しなければならない。

　　婚姻の本質的要請に基づくものであり，夫婦の当然の義務でもある。

　　理由なく同居を拒む配偶者に対しては，他方は，同居を請求することができるが，その者の意思に反した同居の強制執行は認められない（大決昭5.9.30）。

4　貞操義務

　　夫婦は，互いに貞操を守る義務を負う。この点についての直接の規定はないが，婚姻の本質あるいは一夫一婦制を採る民法のもとでは，当然のこととされている（大決大15.7.20）。また，不貞行為が離婚原因（民§770Ⅰ①）とされているのも，この義務を前提としたものである。

5　夫婦間の契約の取消権

> （夫婦間の契約の取消権）
> **第754条**　夫婦間でした契約は，婚姻中，いつでも，夫婦の一方からこれを取り消すことができる。ただし，第三者の権利を害することはできない。

⑴　夫婦間でした契約は，婚姻中，いつでも，夫婦の一方からこれを取り消すことができる（民§754本文）。

　　「婚姻中」とは，単に形式的に婚姻が継続していることではなく，形式的にも実質的にもそれが継続していることをいう。

H30-20
H20-21
H3-23

　　したがって，例えば，夫婦関係が破綻に瀕している場合（最判昭33.3.6）や，婚姻が実質的に破綻している場合（最判昭42.2.2）には，夫婦間の契約の取消権の行使は許されない。

⑵　夫婦間の契約の取消しによって，第三者の権利を害することはできない（民§754ただし書）。

> 🖙 **理由**　夫婦間の契約の取消しの効果を第三者に主張することができるとすると，第三者は不測の損害をこうむり，取引の安全を害することになるからである。
>
> 　　例えば，妻が夫から贈与を受けた物を第三者に譲渡したときは，後に夫がその贈与契約を夫婦間の契約として取り消したとしても，第三者に対してその目的物の返還を求めることはできない。

第3節　夫婦財産制

Topics ・夫婦財産契約の時期について確認しておくこと。
　　　　・日常家事債務については，表見代理や連帯責任が問題となっており，民法総則，債権の知識と関係することから，民法全体の理解が重要となる。

1　夫婦財産制

（夫婦の財産関係）
第755条　夫婦が，婚姻の届出前に，その財産について別段の契約をしなかったときは，その財産関係は，次款（法定財産制）に定めるところによる。

　夫婦財産制とは，婚姻によって生ずる夫婦間の特殊の財産関係を規制する法制度をいう。
　民法は，夫婦財産制として，(1)夫婦財産契約（民§755〜759）と(2)法定財産制（民§760〜762）の2つの規定を置いている。そして，法定財産制は，夫婦財産契約が締結されなかった場合に適用される（民§755）。
➡　夫婦財産契約が締結されることは極めて稀なので，夫婦間の財産関係は，法定財産制によると考えてよい。

2　夫婦財産契約

　夫婦財産契約とは，これから夫婦になろうとする者が，婚姻中の夫婦の財産の帰属，管理方法，管理費用の負担等について，法定財産制と異なる契約を予め定めておくことをいう。

（夫婦財産契約の対抗要件）
第756条　夫婦が法定財産制と異なる契約をしたときは，婚姻の届出までにその登記をしなければ，これを夫婦の承継人及び第三者に対抗することができない。
（夫婦の財産関係の変更の制限等）
第758条　夫婦の財産関係は，婚姻の届出後は，変更することができない。
2　夫婦の一方が，他の一方の財産を管理する場合において，管理が失当であったことによってその財産を危うくしたときは，他の一方は，自らその管理をすることを家庭裁判所に請求することができる。
3　共有財産については，前項の請求とともに，その分割を請求することがで

```
きる。
```

H30-20
H3-23
　　　夫婦財産契約は，婚姻の届出前に締結することを必要とし（民§755参照），
さらに，婚姻の届出までにその旨の登記（夫婦財産契約登記）をしなければ，
これを夫婦の承継人および第三者に対抗することができない（民§756）。
　　　また，いったん夫婦財産契約が締結されると，婚姻の届出後は，原則として
これを変更することができない（民§758Ⅰ）。

3　法定財産制
　　　夫婦が，婚姻の届出前に，その財産について別段の契約をしなかったときは，
その財産関係は法定財産制による（民§755）。

(1)　夫婦の財産の帰属・管理

```
（夫婦間における財産の帰属）
第762条　夫婦の一方が婚姻前から有する財産及び婚姻中自己の名で得た財産
　は，その特有財産（夫婦の一方が単独で有する財産をいう。）とする。
2　夫婦のいずれに属するか明らかでない財産は，その共有に属するものと推
　定する。
```

　　① 　民法は，夫婦の一方が婚姻前から有する財産および婚姻中自己の名で得
　　　た財産は，その者の特有財産（夫婦の一方が単独で所有する財産）とする
　　　（民§762Ⅰ）と定めて，夫婦別産制を採用している。

H3-23
　　　　「自己の名で得た財産」とは，それを取得するための対価や出捐を自分が
　　　負担し，実質的にも自分のものといえる財産をいう。
　　　【判例】 土地を購入し，妻名義の登記をした場合でも，資金の大部分を夫
　　　　　が提供したときには，その土地は妻の特有財産とはいえない（最判
　　　　　昭34.7.14）。

H30-20
　　　　夫婦の一方が相続によって取得した財産は特有財産となる。

　　② 　夫婦の共同生活中には，いずれに属するか不明の財産が生じることもある
　　　ので，そのような財産は夫婦の共有に属するものと推定される（民§762Ⅱ）。
　　　推定規定なので，反証を挙げて覆した場合は，一方の特有財産となる。

⑵　婚姻費用の分担

> （婚姻費用の分担）
> **第760条**　夫婦は，その資産，収入その他一切の事情を考慮して，婚姻から生
> ずる費用を分担する。

①　婚姻費用の意義

「婚姻から生ずる費用」とは，夫婦が婚姻共同体の経済的維持のために必
要とする一切の費用をいい，生活費はもとより，子の養育費，医療費等を
含む。

②　婚姻関係の破綻，別居の場合

夫婦が破綻状態にある場合でも，観念的には婚姻共同体が存在し，その
維持のための費用は必要となり，また，夫婦が別居状態にある場合でも，
夫婦間の協力扶助義務が消滅するわけではない。

したがって，婚姻関係が破綻し夫婦が別居状態にあるというだけでは，　`H30-20`
婚姻費用分担義務は消滅しない（大阪高決昭41.5.9）。　`H3-23`

ただし，有責である夫婦の一方が，離婚請求をした後に婚姻費用の分担
請求権を行使することが，信義則に反する場合には，他の一方は婚姻費用
分担義務を免れることができる（最決平17.6.9）。

⑶　日常家事債務

> （日常の家事に関する債務の連帯責任）
> **第761条**　夫婦の一方が日常の家事に関して第三者と法律行為をしたときは，
> 他の一方は，これによって生じた債務について，連帯してその責任を負う。
> ただし，第三者に対し責任を負わない旨を予告した場合は，この限りでない。

趣旨

夫婦別産制が採られていたとしても，日常の家事取引は，実質的には夫婦共同　`H3-23`
生活体とされていることから，第三者である債権者を保護する必要があるからで
ある。明文上は，単に夫婦の日常の家事に関する法律行為の効果，特に責任につ　`H30-20`
いて規定しているが，その前提としての日常家事に関する法律行為につき他方を
代理する権限を有することをも規定していると解されている（最判昭44.12.18）。

① 日常家事債務の範囲・判断基準

　㋐ 日常家事債務の範囲

　　「日常の家事」とは，夫婦が共同生活を営む上で通常必要とされる一切の事項をいう。

　　　例えば，食料品・家具の購入，夫婦が共同で住む住居の賃貸借契約，医療費の支払いなどである。

　㋑ 日常家事債務の判断基準

　　　日常の家事に関する法律行為の具体的な範囲は，**夫婦の内部事情や主観的意思だけではなく，さらに，その法律行為の種類・性質といった客観的事情を考慮して判断する**（最判昭44.12.18）。

　【判例】 妻が夫名義の不動産を処分した場合，たとえ妻が夫と相談していたとしても，妻の処分行為は日常家事の範囲内に入らない（最判昭43.7.19）。

② 日常家事債務と表見代理（民§110）との関係

　📖ケーススタディ

　　妻Bが夫Aに無断で夫A所有の高級家具を売却した場合，Cはその家具を取得することができるか。

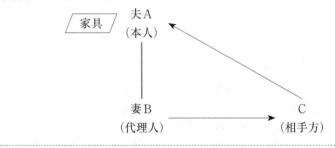

　　具体的には日常の家事の範囲に属しないが，外見上は日常の家事の範囲と見える事項について，夫婦の一方が第三者と法律行為をしたときには，表見代理類似の法理の適用が認められるかが問題となる。

　　判例は，夫婦の日常の家事に関する代理権の存在を基礎として，民法110条所定の表見代理の規定を適用することは，夫婦の財産的独立を損なうおそれがあることから，原則として認められないとしている。ただし，**越権行為の相手方である第三者において，その行為が当該夫婦の日常の家事に関する法律行為の範囲内に属すると信ずるにつき正当の理由のあるときには，当該**

第三者の保護を図るために，民法110条の趣旨を類推適用することができるとする（最判昭44.12.18）。

第4節　婚姻の解消

Topics ・婚姻の解消については，夫婦の一方の死亡による場合と離婚による場合との効力の違いを確認しておくこと。

・離婚については，本試験でもよく出題されている。協議上の離婚と裁判上の離婚に分けて，それぞれの要件（原因）・効果を押さえておくこと。特に，判例の理解は重要である。

1 婚姻の解消

婚姻の解消とは，いったん有効に成立した婚姻が，その後に生じた事由に基づき，将来に向かって消滅することをいう。

したがって，婚姻に初めから瑕疵があることを理由とする婚姻の取消しとは，本質的に異なる。

婚姻の解消事由には，夫婦の一方の死亡（失踪宣告を含む）による場合と，離婚による場合がある。そして，離婚には，協議上の離婚と裁判上の離婚がある。

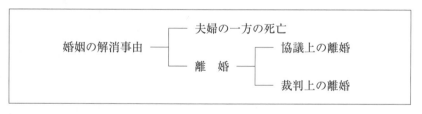

2 夫婦の一方の死亡

1 死亡・失踪宣告

夫婦の一方が死亡すれば，婚姻関係は当然に解消する。

また，夫婦の一方が失踪宣告（民§31）を受けたときも，それにより死亡したものとみなされるから，やはり婚姻関係は解消する。

2 効　果

夫婦の一方の死亡・失踪宣告により，生存配偶者と死亡配偶者との間に存在していた身分上・財産上の関係は消滅し，婚姻から生じていた一切の法律上の効果が失われる。

ただし，死亡配偶者以外について生じていた法律関係には，何ら影響はない。 H13-18

例えば，生存配偶者と死亡した者の親族との間の姻族関係は，生存配偶者が姻族関係を終了させる意思表示をしたときに終了し（民§728Ⅱ），また，生存配偶者が婚姻によって氏を改めた場合は，生存配偶者は，家庭裁判所の許可を要せず，また期間の制限なく，復氏届をすることにより婚姻前の氏に復することができる（民§751Ⅰ）。

3　離婚の意義・要件

1　協議上の離婚

（協議上の離婚）
第763条　夫婦は，その協議で，離婚をすることができる。

(1)　意　義

離婚の原因はどのようなものであってもよいが，夫婦としての結合を永久に解消する合意は必要である。

(2)　要　件

① 離婚意思の合致（実質的要件）

離婚が成立するためには，当事者に離婚意思の合致が必要である。

そして，協議上の離婚をする者は，協議上の離婚がいかなるものかについて判断する能力を有する必要があるが，その意味での意思能力があれば，単独で有効に協議上の離婚をすることができる。

成年被後見人が離婚する場合は，成年被後見人が本心に復していれば，成年後見人の同意を必要としない（民§764，738参照）。

② 未成年の子に対する親権者の決定（実質的要件）

未成年の子を有する父母が，協議上の離婚をするときは，その協議で， H7-20
その一方を親権者と定めなければならない（民§819Ⅰ）。その協議が調わないとき，または協議をすることができないときは，家庭裁判所は，父または母の請求によって，協議に代わる審判をすることができる（民§819Ⅴ）。

③　離婚届（形式的要件）

（離婚の届出の受理）
第765条　離婚の届出は，その離婚が前条において準用する第739条第2項の規定及び第819条第1項の規定その他の法令の規定に違反しないことを認めた後でなければ，受理することができない。
2　離婚の届出が前項の規定に違反して受理されたときであっても，離婚は，そのためにその効力を妨げられない。

協議上の離婚は，婚姻の場合と同じく，戸籍法の定めるところにより，届け出ることによって成立する（創設的届出；民§764，739Ⅰ）。

離婚の届出は，戸籍事務担当者（市町村長）が法令に定める要件に違反しないことを形式的に審査した上でなければ受理されないが，誤って受理された場合には，離婚は有効に成立する（民§765，739Ⅱ，819Ⅰ）。

H3-9　ただし，離婚意思は，届出受理の時点において存在することが必要なので，離婚届を作成した後，離婚意思を翻意し，その旨を相手方に通知したにもかかわらず，届出がされた場合には，離婚は無効である（最判昭34.8.7）。

(3)　協議上の離婚の無効・取消し
①　協議上の離婚の無効
　㋐　離婚の意思の欠缺

┌**ケーススタディ**
㋐-1　夫婦の一方に対する強制執行を免れるために仮装の協議離婚届を提出した場合，離婚は有効か。
㋐-2　生活保護の受給を継続するため仮装の協議離婚届を提出した場合，離婚は有効か。

＜論点＞
協議上の離婚の届出があっても，夫婦に真に離婚をする意思がないときには，離婚は無効である（最判昭53.3.9）。

しかし，何をもって「離婚をする意思」とみるかについては，形式的意思説と実質的意思説があるが，判例は，婚姻をする意思の場合とは異なり，形式的意思で足りるとする。

ⓐ　形式的意思説（最判昭38.11.28）

　　離婚をする意思とは，離婚の届出をする意思をいう。

　　したがって，㋐－1夫婦の一方に対する強制執行を免れるために仮装の協議上の離婚届を提出した場合（最判昭44.11.14），㋐－2生活保護の受給を継続するために仮装の協議上の離婚届を提出した場合（最判昭57.3.26）など，他の目的を達成するための方便としてされた離婚届も有効となる。

ⓑ　実質的意思説

　　離婚をする意思とは，真に離婚をする意思をいう。

　　したがって，㋐－1夫婦の一方に対する強制執行を免れるために仮装の協議上の離婚届を提出した場合，㋐－2生活保護の受給を継続するために仮装の協議上の離婚届を提出した場合など，他の目的を達成するための方便としてされた離婚届は無効となる。

㋑　無効な離婚の追認

　　無効な離婚届も，婚姻の場合と同様に，当事者の明示または黙示の意思表示によって追認することができ，追認がされると届出受理のときにさかのぼって効力が生ずることになる（最判昭42.12.8）。

②　協議上の離婚の取消し

　　詐欺または強迫によって離婚をした者は，その離婚の取消しを裁判所に請求することができる（民§764，747Ⅰ）。

　　この取消権は，当事者が，詐欺を発見し，もしくは強迫を免れた後3か月を経過し，または追認したときは，消滅する（民§764，747Ⅱ）。

　　離婚の取消しの効力は，婚姻の取消しの場合と異なり，離婚届の時まで H14-18 さかのぼるため，離婚が当初から存在しなかったものとして，婚姻は継続していたことになる。

2　裁判上の離婚

（裁判上の離婚）

第770条　夫婦の一方は，次に掲げる場合に限り，離婚の訴えを提起することができる。

一　配偶者に不貞な行為があったとき。

二　配偶者から悪意で遺棄されたとき。

　　三　配偶者の生死が３年以上明らかでないとき。

　　四　配偶者が強度の精神病にかかり，回復の見込みがないとき。

　　五　その他婚姻を継続し難い重大な事由があるとき。

　2　裁判所は，前項第１号から第４号までに掲げる事由がある場合であっても，一切の事情を考慮して婚姻の継続を相当と認めるときは，離婚の請求を棄却することができる。

(1) 意　義

　　裁判上の離婚とは，夫婦の一方に法律上定められている原因がある場合に限り，離婚の訴えを提起し，**裁判所が判決によって婚姻を解消させること**をいう（民§770Ⅰ）。

　　これは，相手方の意思に反しても一方的に離婚を成立させるものであり，強制離婚ともいう。

　　裁判上の離婚は，**離婚を認める判決の確定によって効力が生じ**，その効力は第三者にも及ぶ。

H元-18

　　そして，離婚の判決が確定すると，原告は10日以内に戸籍上の届出をしなければならないが（戸§77Ⅰ，63Ⅰ），これは**報告的届出**であり，届出を欠いても離婚の効力に影響を及ぼさない。

(2) 離婚原因

　　離婚原因には，具体的離婚原因（以下の①から④まで）と抽象的離婚原因（⑤）がある（民§770Ⅰ）。

①　不貞行為（同Ⅰ①）

H21-22

　　「不貞な行為」とは，配偶者のある者が自由な意思により，配偶者以外の者と性的関係を結ぶことをいい，それが相手方の自由な意思に基づくか否かは問わない（最判昭38.6.4，同昭48.11.15）。

②　悪意の遺棄（同Ⅰ②）

　　「悪意の遺棄」とは，正当な理由がないのに，同居・協力・扶助の義務（民§752）を履行せず，夫婦生活を継続する意思が見られないことをいう。

③　３年以上の生死不明（同Ⅰ③）

　　「配偶者の生死が３年以上明らかでないとき」とは，３年以上にわたって，配偶者の生存も死亡も証明できない状態が継続していることをいう。

④　回復の見込みのない強度の精神病（同 I ④）

「配偶者が強度の精神病にかかり，回復の見込みがないとき」とは，精神病が強度であって，回復する見込みのないことをいう。

ただし，妻が強度の精神病にかかり，回復の見込みがないときであっても，病者の今後の療養，生活などについてある程度の方途の見込みがついた上でなければ，夫の離婚は認められない（最判昭33.7.25）。

⑤　その他婚姻を継続し難い重大な事由（同 I ⑤）

「婚姻を継続し難い重大な事由」とは，婚姻関係が深刻に破綻し，婚姻の本質に応じた共同生活の回復の見込みがないことをいう（破綻主義）。

破綻状態を自ら招いた配偶者（有責配偶者）が，婚姻を継続し難い重大 **H元-18** な事由があるとして，離婚の訴えを提起することができるかが問題となるが，判例は，個別的事案に応じて，**有責配偶者による離婚請求を許容すべき場合もありうること**を認めている。

すなわち，㋐夫婦の別居が両当事者の年齢および同居期間との対比において相当の長期間に及び，㋑その間に未成熟の子が存在しない場合には，㋒相手方配偶者が離婚により精神的・社会的・経済的に極めて苛酷な状況におかれるなど，離婚請求を認めることが著しく社会正義に反すると認められない限り，有責配偶者からの離婚請求を認めている（最判昭62.9.2）。

また，その後の判例は，有責配偶者からされた離婚請求で，その間に未成熟の子がある場合でも，ただその一事をもってその請求を排斥すべきものでなく，有責配偶者の責任の態様・程度，相手方配偶者の婚姻継続の意思などの諸事情を総合的に考慮してその請求が信義誠実の原則に反するとはいえないときには，その請求を認容することができるとして，長期間(約14年)の別居等を理由に，未成熟の子（高校生）がいる場合でも，有責配偶者からの離婚請求を認めている（最判平6.2.8）。

(3)　離婚請求の裁量棄却

裁判所は，具体的離婚原因（上記の①から④）に該当する事実がある場合 **H元-18** でも，一切の事情を考慮して婚姻の継続を相当と認めるときは，離婚の請求を棄却することができる（民§770 II）。

4　離婚の効果

1　協議上の離婚の効果

　　離婚が有効に成立すると，婚姻関係は解消し，婚姻から生ずる一切の身分上，財産上の権利義務は，将来に向かって消滅する。

(1)　身分上の効果

　①　婚姻の解消

　　婚姻によって生じていた身分関係は，離婚によって解消する。その結果，再婚も可能となるが，女子については再婚禁止期間がある（民§733）。

H7-18
H7-20

　　また，死亡による婚姻の解消の場合と異なり，姻族関係も当然に消滅する（民§728Ⅰ）。

　②　離婚による復氏

（離婚による復氏等）

第767条　婚姻によって氏を改めた夫又は妻は，協議上の離婚によって婚姻前の氏に復する。

H29-20

2　前項の規定により婚姻前の氏に復した夫又は妻は，離婚の日から3箇月以内に戸籍法の定めるところにより届け出ることによって，離婚の際に称していた氏を称することができる。

H11-20
H7-20
H元-18

　　協議上の離婚により，当然に婚姻前の氏に復する。
　➡　離婚復氏の原則。

　　ただし，一定の期間内に届け出ることによって，離婚の際に称していた氏（婚姻中に名乗っていた氏）を称することができる。
　➡　届出だけで足りる。家庭裁判所の許可等は必要ない。

　理由　（離婚によって）氏が変わると，職場などにおいて何かと不便である。離婚を知られたくないといった心情もあったりするので，復氏しないという選択も認められた。

③　親権者・子の監護に関する事項の定め等

（離婚後の子の監護に関する事項の定め等）

第766条　父母が協議上の離婚をするときは，子の監護をすべき者，父又は母と子との面会及びその他の交流，子の監護に要する費用の分担その他の子の監護について必要な事項は，その協議で定める。この場合においては，子の利益を最も優先して考慮しなければならない。

2　前項の協議が調わないとき，又は協議をすることができないときは，家庭裁判所が，同項の事項を定める。

3　家庭裁判所は，必要があると認めるときは，前二項の規定による定めを変更し，その他子の監護について相当な処分を命ずることができる。

4　前三項の規定によっては，監護の範囲外では，父母の権利義務に変更を生じない。

---

⑦　親権者の決定

　　父母が協議上の離婚をするときは，その協議で，その一方を未成年の子の親権者と定めなければならない（民§819Ⅰ）。なお，離婚当時の胎児については，一応，母が親権者になるので（民§819Ⅲ），その必要はない。

④　子の監護に関する事項の定め等

　　父母が協議上の離婚をするときは，子の監護をすべき者，父または母と子との面会およびその他の交流，子の監護に要する費用の分担その他の子の監護について必要な事項は，その協議で定める。この場合においては，子の利益を最も優先して考慮しなければならない（民§766Ⅰ）。

　　これらの協議が調わないとき，または協議をすることができないときは，家庭裁判所が，これらを定める（同Ⅱ）。

H19-21
H14-18

(2)　財産上の効果（財産分与請求権）

（財産分与）

第768条　協議上の離婚をした者の一方は，相手方に対して財産の分与を請求することができる。

2　前項の規定による財産の分与について，当事者間に協議が調わないとき，又は協議をすることができないときは，当事者は，家庭裁判所に対して協議に代わる処分を請求することができる。ただし，離婚の時から二年を経過し

　　たときは，この限りでない。

3　前項の場合には，家庭裁判所は，当事者双方がその協力によって得た財産
　　の額その他一切の事情を考慮して，分与をさせるべきかどうか並びに分与の
　　額及び方法を定める。

趣旨

　この財産分与は，夫婦が婚姻中に有していた実質上の共有財産を清算分配し，
離婚後における一方の当事者の生計の維持を図ることを目的とするものである。

①　財産分与請求権の意義

H7-20　　協議上の離婚をした者の一方は，相手方に対して**財産の分与を請求する
ことができる**（民§768Ⅰ）。

②　財産分与の額・方法

H24-22　　財産分与をするかどうか，その額，方法については，まず，**当事者間の
協議で定める**が，当事者間に協議が調わないとき，または協議をすること
ができないときは，当事者は，**家庭裁判所に対して協議に代わる処分を請
求することができる**（民§768Ⅱ本文）。

　　ただし，裁判所に財産分与の請求ができるのは，離婚の時から2年を経
過しない場合に限られる（民§768Ⅱただし書）。

H16-21　　その際，家庭裁判所は，当事者の一方が過当に負担した婚姻費用の清算
のための給付を含めて財産分与の額および方法を定めることができる（同
Ⅲ，最判昭53.11.14）。

③　慰謝料との関係

H16-21　　財産分与請求者が，**離婚により精神的苦痛を被った場合には，財産分与
とは別に相手方に対して慰謝料を請求することができる**が（民§709，
710），慰謝料と財産分与とは密接な関係にあるから，財産分与の額および
方法を定める際に，慰謝料支払義務の発生原因である事情も斟酌すること
ができる（最判昭31.2.21）。

H24-22　　ただし，財産分与がされても，それが慰謝料的要素を含めた趣旨と解さ
れないか，または，その額および方法が，分与請求者の精神的苦痛を慰謝
するに足りないと認められるものであるときは，財産分与とは別に慰謝料

を請求することができる（最判昭46.7.23）。

④　債権者代位権との関係

　　離婚によって生ずる可能性のある財産分与請求権は，１個の私権たる性 H24-22
格を有するものであるが，協議・審判等によって，その具体的内容が形成
される前は，その範囲および内容が不確定・不明確であるから，この請求
権を保全するために債権者代位権を行使することはできない（最判昭
55.7.11）。

　➡　財産分与の額が具体的に定まっていれば，代位行使することができる。

⑤　詐害行為取消権との関係

　　離婚に伴う財産分与が，民法768条３項の趣旨に反して不相当に過大で H24-22
あり，財産分与に仮託してされた財産処分であると認められるような特段
の事情がない限り，詐害行為取消権の対象とはなり得ない（最判昭
58.12.19）。

　➡　分与者が，離婚の際，既に債務超過の状態にあることあるいはある財
　　産を分与すれば無資力になるということも考慮すべき事情のひとつに他
　　ならず，分与者が負担する債務額およびそれが共同財産の形成にどの程
　　度寄与しているかどうかも含めて決定すべきであるから，分与者が債務
　　超過であるという一事によって相手方に対する財産分与を全て否定する
　　のは相当ではなく，相手方はなお，相当な財産を受けることを妨げない
　　というべきである。

　　しかし，離婚に伴う財産分与としての金銭給付の合意が，民法768条３ H21-22
項の規定の趣旨に反して，その額が不相当に過大であり，財産分与に仮託
してされた財産処分と認めるに足りるような特段の事情があるときは，不
相当な部分について，その限度において詐害行為として取り消されるべき
である（最判平12.3.9）。

2　裁判上の離婚の効果

　　裁判上の離婚の効果については，民法771条によって協議上の離婚の効果に
関する規定が準用されていることから，基本的には，協議上の離婚の場合と同
様である。

　　ただし，離婚後の未成年の子の親権者については，裁判所がこれを定める（民
§819Ⅱ）。

第5節　内　縁

Topics ・内縁については，準婚関係として婚姻の諸規定が類推適用されるので，いかなる規定が類推適用されるのか，また判例も合わせて押さえておくこと。

1　意　義

内縁とは，婚姻意思をもって共同生活を営み，社会的・習俗的には夫婦とみられる実質を有しながら，婚姻の届出をしないため，法律上の夫婦と認められない男女の関係をいう。

内縁は，将来において婚姻しようという合意のみで，夫婦共同生活の実体を伴わない「婚約」と異なり，また，婚姻意思を欠き，婚姻と切り離された形で営まれる「同棲」とも異なる。

2　法的構成

内縁については，明文の規定を欠くが，判例は，これを準婚関係と構成し，できるだけ婚姻に準じた取扱いをしようとするとともに，その不当破棄についても，不法行為を理由として損害賠償を求めることができるものとしている（最判昭33.4.11）。

3　要　件

内縁は，事実的な夫婦関係であるから，①男女が，婚姻意思，または少なくとも内縁関係を結ぶ意思をもって，②夫婦同様の共同生活を営むことを必要とする。

4　効　果

内縁は準婚関係とみられるので，婚姻の身分上，財産上の効果に関する諸規定が類推適用される。

(1)　身分上の効果

同居，協力，扶助義務（民§752），貞操義務（大判大8.5.12）などは，内縁においても認められる。

また，内縁配偶者の地位は，第三者の侵害からも保護される。例えば，生命侵害を受けた者の内縁配偶者は，法律上の配偶者と同視すべき立場にあるため，加害者に対して物質的，精神的損害の賠償請求権を取得する（大判昭7.10.6）。また，内縁関係に対して，故意または過失により不当な干渉をして

これを破綻させた第三者は，不法行為者となり，これに加担した者は共同不法行為者となる（最判昭38.2.1）。

(2)　財産上の効果

婚姻費用の分担義務（民§760参照，最判昭33.4.11），日常家事債務の連帯 `H5-18`
責任（民§761参照，広島高決昭38.6.19），所属不明の財産の帰属の推定（民
§762Ⅱ参照）などは，内縁においても認められる。

(3)　その他の法律上の効果

① 内縁が成立し，さらに将来において婚姻届をする合意が存在する場合で `H5-18`
も，婚姻の届出を請求し，その履行を請求することはできない（大判大
4.1.26）。

② 婚姻の効果のうち，婚姻の届出があることを前提として画一的に認めら `H28-20`
れている効果や，第三者に影響を与えるような効果は，認められない。
したがって，例えば，夫婦同氏の原則（民§750）や配偶者の相続権（民
§890）などの効果は認められない。

③ 内縁の夫婦間に生まれた子は，嫡出でない子として扱われる。したがっ
て，その子は母の氏を称し（民§790Ⅱ），母の単独親権に服し（民§819
Ⅳ参照），法律上の父子関係を形成するには，父の認知が必要になる（民
§779）。
ただし，内縁の妻が内縁成立の日から200日後かつ解消の日から300日以 `H4-21`
内に分娩した子は，民法772条の趣旨の類推により，裁判認知などで，内
縁の夫が父であることを証明する場合に，内縁の夫の子と事実上推定され
る（最判昭29.1.21）。
もっとも，これは事実上推定されるにすぎず，父の認知がない限り，親 `H28-20`
子関係は生じないため，事実上の父子関係が存在しまたは存在しないとい `H4-21`
う確認の訴えをすることはできない（最判平2.7.19）。

5　内縁の解消

内縁関係は，(1)当事者の一方の死亡，(2)当事者の合意，(3)一方的意思表示に
よって，解消される。

(1)　当事者の一方の死亡による解消

① 内縁関係は，当事者の一方の死亡により当然に解消する。この場合，内

縁の配偶者は，法律上の配偶者ではないことから，**相続権は認められない**。なお，相続人がいないときは，内縁の配偶者が居住用建物の賃貸借を承継することができ（借地借家§36Ⅰ本文），また，相続財産の分与を受ける可能性もあるが（民§958の2），これは相続とは別物である。

　　⑦　居住権について
　　　ⓐ　内縁の夫に**相続人がいる場合**には，内縁の妻が夫とともにその持家あるいは賃借家屋に居住していても，その所有権あるいは賃借権は相続人が相続し，内縁の妻はこれを相続することができない。

H28-20　　　　　しかし，相続人からの内縁の妻に対する明渡し請求については，内縁の妻は，権利の濫用を理由としてその請求を拒むことができる（最判昭39.10.13）。

H21-21　　　　　また，賃貸人からの明渡し請求については，相続人の承継した賃借権を援用することによってその請求を拒むことができる（内縁の妻につき最判昭42.2.21，同42.4.28，事実上の養子につき最判昭37.12.25）。

H21-21　　　ⓑ　内縁の夫に相続人がいない場合には，被相続人と生計を共にしていた内縁配偶者は，居住用建物の賃借権を承継することができる（借地借家§36Ⅰ本文）。

　　④　相続財産の分与
H21-21
H5-18　　　　内縁の夫婦の一方が相続人なくして死亡した場合には，その他方は特別縁故者として，相続財産の全部または一部の分与を請求することができる場合がある（民§958の2Ⅰ）。

H28-20
H24-22
H21-21
H16-21　②　当事者の一方の死亡により内縁関係が消滅した場合には，**離婚に伴う財産分与に関する民法768条の規定を類推適用することはできない**（最決平12.3.10）。

　　内縁の当事者の一方が死亡したら，その遺産は，その相続人（子など）に承継される（民§896）。内縁当事者の遺産につき，財産分与の法理による清算の道を開くことは，相続による財産承継の構造の中に異質の契機を持ち込むもので，法の予定しないところだからである。

(2)　当事者の合意による解消
　内縁の当事者は，理由のいかんを問わず，その合意（協議）によって，内

縁を解消することができる。この場合,当事者の一方は,相手方に対して民法768条の規定を類推適用して,**財産分与を請求することができる**(最決平12.3.10参照,広島高決昭38.6.19)。

また,当事者は,家庭裁判所に対して,協議に代わる処分を請求することができる(民§768Ⅱ)。 `H5-18`

(3) 一方的な意思表示による解消

内縁の当事者は,**一方的な意思表示によって内縁関係を解消することができる**。内縁は,事実上の共同生活を基礎とするものであり,その事実が失われた以上,内縁関係も解消するとみるほかないからである。

この場合,正当な理由なくして内縁関係を破棄された者は,相手方に対して債務不履行による損害賠償を求めることができ,また,不法行為を理由として精神的・財産的損害の賠償を請求することができる(最判昭33.4.11)。 `H28-20` `H5-18`

6 内縁関係についての婚姻の規定の準用の有無

(○:準用あり,×:準用なし)

身分関係	・同居,協力,扶助義務(民§752)	○
	・貞操義務(大判大8.5.12)	○
	・夫婦同氏の原則(民§750)	×
	・相続権(民§890)	×
	・嫡出子の推定(民§772)	×
財産関係	・婚姻費用の分担(民§760)	○
	・日常家事債務の連帯責任(民§761)	○
	・帰属不明財産の共有推定(民§762Ⅱ)	○
	・財産分与(民§768Ⅰ)	○
	・夫婦間の契約取消権(民§754)	×

第4章
親　子

第1節　実　子

Topics ・嫡出子については，推定される嫡出子，推定の及ばない嫡出子，推定されない嫡出子に分けて，それぞれの意義・訴えの形式の違いを理解すること。

・嫡出でない子については，本試験でも多く出題されているところなので，任意認知と強制認知に分けて，しっかり整理しておくこと。

・準正については，婚姻準正と認知準正の違いに注意すること。

1　総　説

実子とは，親との間に生理的な血のつながりがあると法律上認められる子をいう。

実子には，嫡出子と嫡出でない子があり，法律上正当な婚姻関係にある夫婦の間に生まれた子を嫡出子といい，婚姻関係にない夫婦の間に生まれた子を嫡出でない子（非嫡出子）という。

嫡出子は，その身分取得が出生によるかどうかによって，生来の嫡出子と準正による嫡出子に分かれる。

また，生来の嫡出子は，民法772条の嫡出推定を受けるかどうかによって，推定される嫡出子と推定されない嫡出子に分かれる。

さらに，準正による嫡出子は，婚姻準正による嫡出子と認知準正による嫡出子に分かれる。

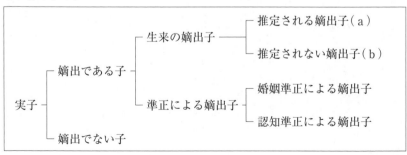

2 嫡出子

1 推定される嫡出子

> （嫡出の推定）
> **第772条** 妻が婚姻中に懐胎した子は，夫の子と推定する。
> 2 婚姻の成立の日から200日を経過した後又は婚姻の解消若しくは取消しの日
> から300日以内に生まれた子は，婚姻中に懐胎したものと推定する。

(1) 意 義

　　嫡出子とは，法律上正当な婚姻関係にある夫婦の間で懐胎，出生した子の
ことをいう。

(2) 要 件

　　嫡出子であるためには，①母が妻としての身分を有すること，②婚姻の継 `H5-19`
続中に懐胎したものであること，③夫の子であること，の３つの要件が必要
になる。

　　要件①については，戸籍の記載によって容易に判明するが，②③を直接・
正確に証明することは極めて困難である。そこで，民法は二重の推定規定を
置き，㋐まず妻が婚姻中に懐胎した子は夫の子と推定する（民§772Ⅰ）が，
妻がいつ懐胎したかを直接に証明することはできないため，さらに，㋑婚姻
成立の日から200日を経過した後または婚姻の解消もしくは取消しの日から
300日以内に生まれた子は，婚姻中に懐胎したものと推定している（同Ⅱ）。
この嫡出推定の及ぶ子を，「推定される嫡出子」という。

　　なお，「婚姻の成立の日」とは，婚姻の届出の日をいい，内縁が成立した `H24-21`
日から200日を経過して生まれても，婚姻の届出の日から200日以内に生まれ
た子は，嫡出の推定を受けるわけではない（最判昭41.2.15）。

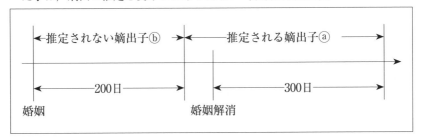

(3)　例　外

　　離婚後300日以内に出生した子についても，早産であったため離婚後に前夫ではない男性との間に子を懐胎したとして，血縁上の父を法律上の父としたいという場合には，裁判手続により審判書等の謄本を添付して出生の届出をすれば裁判内容に従った出生届が受理され，また，いったん前夫を父とする出生届をしている場合には，裁判手続を経て戸籍を訂正することができる。

　　さらに，離婚後に懐胎したことが医学的に証明できる場合には，医師が作成した「懐胎時期に関する証明書」が添付され，当該証明書の記載から，推定される懐胎の時期の最も早い日が婚姻の解消または取消しの日より後の日である場合に限り，前婚の夫を父としない母の嫡出でない子としての出生届出または後婚の夫を父とする嫡出子出生届出をすることができる（平成19.5.7民一第1007民事局長通達）。この届出が受理されると，子の身分事項欄には出生事項とともに「民法第772条の推定が及ばない」旨が記載されることになる。

H24-21 ### (4)　嫡出否認の訴え

（嫡出の否認）
第774条　第772条の場合において，夫は，子が嫡出であることを否認することができる。
（嫡出否認の訴え）
第775条　前条の規定による否認権は，子又は親権を行う母に対する嫡出否認の訴えによって行う。親権を行う母がないときは，家庭裁判所は，特別代理人を選任しなければならない。
（嫡出の承認）
第776条　夫は，子の出生後において，その嫡出であることを承認したときは，その否認権を失う。
（嫡出否認の訴えの出訴期間）
第777条　嫡出否認の訴えは，夫が子の出生を知った時から1年以内に提起しなければならない。
第778条　夫が成年被後見人であるときは，前条の期間は，後見開始の審判の取消しがあった後夫が子の出生を知った時から起算する。

　　夫は，訴訟において，その子が自分の子でないという事実を証明することによって，子の嫡出性を否認することができる（民§774）。これを嫡出否認

の訴えという。

子の嫡出性を否認するものであるから，嫡出否認の訴えが許されるためには，次のような厳格な制約がある。

① 提訴権者

嫡出否認の訴えを提起することができるのは，原則として夫だけである（民§774）。

ただし，夫が成年被後見人であるとき，または嫡出否認の訴えを提起しないで死亡したときなどに例外が認められる（人訴§14，41Ⅰ前段）。

② 相手方

嫡出否認の訴えの相手方は，子または親権を行う母であり（民§775前 `H31-20`
段），親権を行う母がないときは，家庭裁判所は，特別代理人を選任しな `H14-19`
ければならない（民§775後段）。 `H9-18`

なお，認知の場合と異なり，胎児や死亡した子の嫡出性を否認することはできない（民§783参照）。

③ 提訴期間

嫡出否認の訴えの提訴期間は，夫が子の出生を知った時から1年以内で `H27-20`
あり，この期間を経過すると否認権は消滅する（民§777）。 `H24-21`
`H18-21`

🖐理由　これは，嫡出子であることを否認されるかどうかわからない不安定な状態を長期間認めることは好ましくなく，また，証拠の保存上も問題となるから認められたものである。

ただし，この期間は，夫が成年被後見人である場合に限り，後見開始の `H14-19`
審判の取消しがあった後，夫が子の出生を知った時から起算する（民§778）。

④ 否認権の消滅

否認権は，夫が子の出生後にその嫡出であることを承認したときは消滅する（民§776）。

ただし，子の出生届は親の義務であるから，夫が子の出生届をしたとい `H9-18`
うだけでは，子の嫡出性を承認したことにはならない（戸§52Ⅰ，53参照，先例明32.1.10-2289）。

⑸　**父を定めることを目的とする訴え**

（父を定めることを目的とする訴え）
第773条　第733条第1項（再婚禁止期間）の規定に違反して再婚をした女が出産した場合において，前条の規定によりその子の父を定めることができないときは，裁判所が，これを定める。

趣旨

　女が再婚禁止期間（民§733）の制限を遵守しないで再婚し，その届出が誤って受理された場合に，前婚の解消後300日以内，後婚が成立してから200日以後に子が生まれると，その子には前夫と後夫の両者につき嫡出の推定が及ぶことになり（民§772），父が不明の場合が生じる。そこで，このような場合に，その子の父を確定する必要があることから，父を定めることを目的とする訴えが定められた。

H5-19　　　　　父を定めることを目的とする訴えとは，嫡出推定が重複する場合に，裁判所が一切の事情を審査して，その子の父を定めることをいう（民§773）。

H9-18　　　　　ただし，この場合でも，その子は，前夫または後夫の推定される嫡出子であることには変わりないことから，前夫もしくは後夫またはその双方から嫡出否認の訴えを提起することもできる（民§774）。

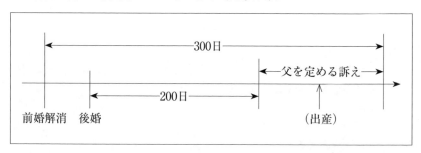

2　推定の及ばない子
⑴　**意　義**
　　　　推定の及ばない子とは，形式的には民法772条の嫡出の推定を受けるが，実質的には妻が夫の子を懐胎することが不可能な事実がある場合の子をいう。

例えば，妻の懐胎期間中に夫が長期に渡り不在あるいは生死不明であったり，刑務所に収監されているような場合でも，民法772条によっては，嫡出子とされるべき状態にあるため，戸籍上は嫡出子として記載されることになる。しかし，そのような場合にも，その子の出生から1年以内に嫡出否認の訴えを提起しなければ，もはや嫡出性を争うことができなくなるとするのは不当な結果を生ずることになる。そこで，判例は，「推定の及ばない子」という概念を設けて，実質上，嫡出推定を受けない嫡出子として取り扱うことにしている（最判昭44.5.29）。

(2) 親子関係不存在確認の訴え

推定の及ばない子と父との父子関係を否定するには，親子関係不存在確認の訴えによる（大判昭15.9.20）。

この訴えは，提訴権者や提訴期間の制限がある嫡出否認の訴えと異なり，利害関係人であれば誰からでも，いつでも提訴することができる。

＋アルファ

親子関係不存在確認の訴えは，他に適切な手段がない場合に限って認められる。したがって，嫡出否認の訴えが可能な場合に提起された親子関係不存在確認の訴えは，不適法となる（最判平10.8.31）。

3　推定されない嫡出子
(1) 意　義

推定されない嫡出子とは，民法772条によっては嫡出子の推定を受けないが，嫡出子としての身分を有する子をいう。

婚姻前に懐胎し，婚姻成立後200日が経過しないうちに生まれた子は，たとえ夫婦の間の子であることが明らかであっても，嫡出の推定を受けない（最判昭41.2.15）。しかし，この結果は，婚姻届出前にすでに内縁が成立し，事実上の夫婦共同生活が営まれていることを考えると，極めて不合理である。
そこで，判例は，婚姻に先行する内縁関係の継続中に懐胎があれば，婚姻成立後200日が経過しないうちに生まれた子でも，認知をまたず当然に生来の嫡出子としての身分を取得するものとしている（大判昭15.1.23）。

(2) 親子関係不存在確認の訴え
推定されない嫡出子は，生来の嫡出子ではあるが，嫡出子の推定を受ける

51

わけではないので，嫡出の事実を争う者は，嫡出否認の訴えではなく，一般

H4-21

の親子関係不存在確認の訴えによることになる（大判昭15.9.20）。

4 各種訴えの比較

	嫡出否認の訴え（民§774〜778）	親子関係不存在確認の訴え	父を定めることを目的とする訴え（民§773）
適用される場合	推定される嫡出子について，その父子関係を否定する場合（民§772）	推定されない嫡出子および推定の及ばない子について，その父子関係を否定する場合	再婚禁止期間に違反して女が再婚したため，生まれた子に嫡出推定が重複して及ぶときに，その子の父を定める場合
提訴権者	夫のみ（民§774）	利害関係人であれば誰でも可	子，母，前夫，後夫（人訴§43Ⅰ）
相手方	子または親権を行う母，それがいない場合は特別代理人（民§775）	確認を求める当事者。当事者の一方が死亡した場合は検察官	子または母が原告の場合は，前夫および後夫。被告が死亡の場合は検察官
提訴期間	夫（夫が成年被後見人であるときは後見開始の審判の取消しがあった後）が，子の出生を知った時から1年以内（民§777, 778）	な し	な し
消滅事由	夫が子の嫡出を承認した場合（民§776）	な し	な し

3 嫡出でない子（非嫡出子）

1 意 義

嫡出でない子（非嫡出子）とは，婚姻関係にない男女から生まれた子（婚外子）をいう。

嫡出でない子と父の間に法律上の親子関係を生じさせるためには，認知が必要となる（民§779, 787）。

認知とは，嫡出でない子と父（または母）との間に，意思表示または裁判によって法的な親子関係を発生させる制度をいう。

認知には，⑴父または母から行う**任意認知**（民§779）と，⑵子から父に対して行う**強制（裁判）認知**（民§787）がある。

2 任意認知

> （認知）
> **第779条** 嫡出でない子は，その父又は母がこれを認知することができる。

⑴ 意 義

任意認知とは，嫡出でない子に対して，父または母が任意に行う認知をいう（民§779）。

⑵ 要 件

> ① 認知者と被認知者との間に真実の親子関係が存在すること
> ② 父または母がこれを認知すること
> ③ 認知者が意思能力を有すること
> ④ 認知される者の承諾は不要

① 認知者と被認知者との間に真実の親子関係が存在すること
　　任意に認知がされても，真実の親子関係が存在しないときにはその効力は生じない。

② 父または母がこれを認知すること
　　民法779条は，「嫡出でない子は，その父又は母がこれを認知することができる」と規定しているが，母子関係は分娩の事実によって客観的に明らかであるから，原則として，**母の認知は不要**である（最判昭37.4.27）。　`H31-20`

③ 認知者が意思能力を有すること　`R4-20`

> （認知能力）
> **第780条** 認知をするには，父又は母が未成年者又は成年被後見人であるときであっても，その法定代理人の同意を要しない。

`H22-20`
`H16-24`
`H12-20`
`H11-18`
`H6-22`
`H元-19`

　　認知をするには，認知者に意思能力があれば足り，行為能力を必要としないので，制限行為能力者（未成年者および成年被後見人）は，法定代理

人の同意なく認知をすることができる（民§780）。

🖐理由　任意認知は，親族的身分関係を形成する法律行為であるから，認知者は，たとえ未成年者や成年被後見人であっても，**意思能力さえあれば**，法定代理人の同意を必要とすることなく，単独で，**有効に認知をすることができる**としたものである。

➕アルファ

意思能力を欠く者が行った認知は，無効となる。

④　認知される者の承諾は不要

原則として，認知される者の承諾は不要であるが，例外として，次の場合はその承諾を得なければならない。

㋐　成年の子を認知する場合

> （成年の子の認知）
> **第782条**　成年の子は，その承諾がなければ，これを認知することができない。

H30-21
H6-22

　　　　　父が，成年の子を認知する場合は，その承諾を得なければならない（民§782）。

🖐趣旨

未成年者である間は認知することなく，成年に達した後に認知をして親子関係から生じる扶養などの法的効果のみを享受しようとする無責任な父親の利己的な恣意を制限しようとするものである。

R4-20
H30-21
H16-24
H6-22

㋑　胎児を認知する場合

> （胎児又は死亡した子の認知）
> **第783条**　父は，胎内に在る子でも，認知することができる。この場合においては，母の承諾を得なければならない。

父が胎児を認知する場合には，**母の承諾**を得なければならない。

（趣旨）
母の名誉・利益を守るためと認知の真実性を確保するためである。

➕ アルファ
なお，胎児の側から認知を請求することはできない。

　　㋒　死亡した子を認知する場合　　H9-22

（胎児又は死亡した子の認知）
第783条
2　父又は母は，死亡した子でも，その直系卑属があるときに限り，認知することができる。この場合において，その直系卑属が成年者であるときは，その承諾を得なければならない。

　　　　子が死亡している場合には，その直系卑属があるときに限り，死亡した子の認知をすることができる。
　　➡　死亡した子に直系卑属がいなければ，その子を認知することはできない。

（趣旨）
　死亡した子に直系卑属がいない場合に認知を認めると，認知者は子の相続人として相続利益を得ることができるのに，死亡した子には何らの利益もないからである。

(3)　**任意認知の方式**

（認知の方式）
第781条　認知は，戸籍法の定めるところにより届け出ることによってする。
2　認知は，遺言によっても，することができる。

　①　任意認知は，戸籍法の定めるところにより届け出ることによってする（民§781Ⅰ，戸§60，61）。認知の効力は，認知の届出の受理によって生ずる（創設的届出）。

　②　認知は，遺言によってもすることができる（遺言認知：民§781Ⅱ）。こ　H元-20
　　の遺言による認知は，認知者（遺言者）の死亡の時に認知がされたものと

みなされる（民§985Ⅰ参照）。

　　この場合，遺言執行者は，就職の日から10日以内に戸籍の届出をしなければならないが（戸§64），この届出は報告的届出である。

　　なお，遺言による認知は，いつでも遺言の方式に従って撤回することが可能である（民§1022）。

(4)　無効な出生届と認知

　①　父が他人との間に生まれた子を自己の妻との子として虚偽の嫡出子の出生届をした場合でも，それによってその子が嫡出子となることはないが，その無効な出生届には認知の効力が認められる（最判昭53.2.24）。

> 👈 **理由**　嫡出子としての実質要件を欠く虚偽の嫡出子の出生届により，嫡出子となることはないが，その届出には自己の子であるとの意思表示が含まれていると解することができるからである。

　　なお，他人の夫婦間に生まれた子を，自己の妻との間の嫡出子として届け出て，その旨が戸籍に記載されたとしても，その戸籍の記載は無効であり，何らの血族関係も生じない。
　➡　上記①とは異なり，自分の子ではないからである。

　②　嫡出でない子の父が，その子をいったん他人夫婦間の嫡出子として届出をさせた上，その戸籍上の親の代諾によって自己の養子として届け出ても，認知の効力は生じない（大判昭4.7.4）。

(5)　認知の取消しの禁止

> （認知の取消しの禁止）
> **第785条**　認知をした父又は母は，その認知を取り消すことができない。

　　認知を「取り消す」とは，文字通りの取消しを意味するのか，それとも自由意思による撤回を意味するのかにつき，争いがある。
　➡　民法総則編の取消事由がある場合に，取り消すことができるのか否か？

　①　取消肯定説
　　民法785条の取消しとは，撤回の意味であり，真実の親子関係が存在し，無効原因となるような手続上の瑕疵が存在しない場合には，認知者が自ら

した認知の意思表示を勝手に撤回することは，身分関係の安定を損なうことになるから，被認知者の利益を重視して撤回を許さないという趣旨であり，意思表示の瑕疵（詐欺等）を理由として認知を取り消すことはできる。

② 取消否定説

認知は事実の確認であるという点を重視すべきであるから，真実に親子関係が存在するならば，たとえ意思表示に瑕疵（詐欺等）があっても認知を取り消すことができない。

(6) 認知の無効

① 意 義

いったん認知がされると，認知に無効原因があっても，判決によってその無効が確認されない限り，認知は無効とならない（大判大11.3.27）。

② 無効原因

任意認知行為は，認知者と被認知者との間に自然血縁関係が存在するという客観的事実を表示する行為であるから，㋐認知者と被認知者との間に真実の親子関係がないとき，㋑認知者が認知時に意思能力を欠いていたとき，㋒認知届が認知者の意思に基づかないとき（最判昭52.2.14）などの場合には，認知は無効となる。 `H16-24`

③ 無効の主張

> （認知に対する反対の事実の主張）
> **第786条** 子その他の利害関係人は，認知に対して反対の事実を主張することができる。

子その他の利害関係人は，認知が事実に反し無効である旨を主張することができる（民§786）。 `H30-21`

血縁上の親子関係がないことを知りながら認知した場合，認知者も当該認知の効力について強い利害関係を有するので，利害関係人に当たり，認知を受けた子の保護の観点からも，自らした認知の無効を主張することができる（最判平26.1.14）。

認知無効の主張はいつでもすることができる。また，認知者が死亡した後は，検察官を被告として認知無効の訴えを提起することができる（人訴§12Ⅲ，最判平元.4.6）。

3　強制認知（認知の訴え）

（認知の訴え）
第787条　子，その直系卑属又はこれらの者の法定代理人は，認知の訴えを提起することができる。ただし，父又は母の死亡の日から3年を経過したときは，この限りでない。

(1)　意　義

　　強制認知とは，父（または母）が任意に認知をしないときに，裁判によって認知を強制することをいう。

(2)　提訴権者

　　提訴権者は，子，その直系卑属（子の死亡後のみ），これらの者の法定代理人である（民§787本文）。

　　子は行為能力がなくとも，意思能力があれば，法定代理人の同意を得ることなく独立して訴えを提起することができる。

　　また，法定代理人は，代理人としての資格で訴えを提起することができ，子が意思能力を有するときでも，子を代理して訴えを提起することができる（最判昭43.8.27）。

H11-18 　　なお，胎児およびその母は，強制認知を求めることはできない（大判明32.1.12）。

(3)　提訴期間

H元-22 　　認知の訴えは，父の生存している限り，いつでも提起することができる（最判昭37.4.10，同昭46.3.19）。

H11-18
H4-21 　　被告となるべき父が死亡した後は，検察官を相手として認知の訴えを提起することができる（人訴§42Ⅰ）。

　　ただし，父の死亡が客観的に明らかになった日から3年を経過したときは，もはや認知の訴えを提起することはできない（民§787ただし書，最判昭57.3.19）。

> **理由**　父の死亡後も長期間にわたって身分関係を不安定な状態におくことは身分関係の法的安定性を害し，また，証拠が散逸することで事実関係が不明確となり，濫用による弊害を生ずるおそれもあるからである。

⑷ **認知請求権の放棄**

　　父は，その嫡出子でない子に対して，認知請求権を放棄することを約束させることは許されない（大判昭6.11.13）。

4　認知の効力

（認知の効力）

第784条　認知は，出生の時にさかのぼってその効力を生ずる。ただし，第三者が既に取得した権利を害することはできない。　　`H27-20`

　　認知により，認知者と被認知者との間に法的な父子関係が発生するので，　`H16-24`
親子間に扶養義務が生じ（民§877Ⅰ），また相続権が認められる（民§887Ⅰ）。　`H12-20`
　　しかし，認知によって父が当然に親権者となるわけではない（民§819Ⅳ　`H11-18`
Ⅵ参照）。　　`H8-18`　`H7-18`

（認知後の子の監護に関する事項の定め等）

第788条　第766条（離婚後の監護に関する事項の定め等）の規定は，父が認知する場合について準用する。

5　任意認知と強制認知の比較

	任意認知		強制認知
	生前認知	遺言による認知	
方　式	戸籍法の定める届出（民§781Ⅰ）	遺言（民§781Ⅱ）	認知の訴え（民§787）
届出の性質	創設的届出	報告的届出	報告的届出
親子関係の確定時期	届出の時	遺言の効力の発生の時	認知の裁判確定の時
父が死亡した場合	認知をする方法はない。	死亡により認知の効力が生ずる。	父（または母）の死亡後3年経過前であればできる（民§787ただし書）。
子が死亡した場合	子の直系卑属がある限り，認知することができる（直系卑属が成年者であるときは，その承諾が必要）（民§783Ⅱ）。		子の直系卑属または法定代理人が認知の訴えをすることができる（民§787本文）。
子が胎児の場合	母の承諾があればできる（民§783Ⅰ）。		できない（大判明32.1.12）。
認知に対する反対事実の主張	できる（民§786）。主張権者：子その他の利害関係人		できない。
認知の効力	子の出生時にさかのぼる（民§784）。		

6　準　正

(1)　意　義

　　準正とは，父の認知と父母の婚姻を要件として，嫡出でない子に嫡出子としての身分を取得させる制度をいう（民§789）。

H18-22　　準正は，子とその父母の間に法的親子関係（認知）が生じることと，父母が婚姻すること，の2つの要件が具備することによって生じる。

　　そして，認知が婚姻の前後いずれであるかによって，①婚姻準正または②認知準正となる。

> （準正）
> 第789条　父が認知した子は，その父母の婚姻によって嫡出子の身分を取得する。
> 2　婚姻中父母が認知した子は，その認知の時から，嫡出子の身分を取得する。
> 3　前二項の規定は，子が既に死亡していた場合について準用する。

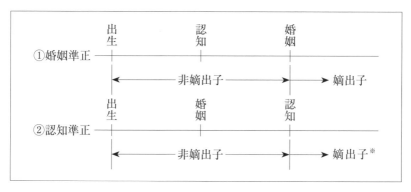

※　先例は，婚姻の時から準正の効果が生ずるものとしている（先例昭
42.3.8 – 373）。

(2)　**婚姻準正**

①　意 義

婚姻準正とは，父母の婚姻前に父が任意認知した子または強制認知を受 `H8-18`
けた子が，その父母の婚姻によって嫡出子の身分を取得することをいう（民 `H元-22`
§789Ⅰ）。

なお，準正が成立した後に，夫婦が婚姻を解消しても，子の嫡出子とし `H18-22`
ての身分は失われない。

②　効力発生時期

認知の効力は出生時にさかのぼって生じるが，準正の効力は婚姻の時か
ら生じる（通説）。

(3)　**認知準正**

①　意 義

認知準正とは，婚姻中に父が認知することによって，父母の婚姻前に生
まれた子が，嫡出子の身分を取得することをいう（民§789Ⅱ）。

H18-22
H5-19

　　　　父母の婚姻が，母の死亡，離婚その他の事由によって解消した後でも，父が子を認知したときは，準正が生じる（先例昭23.12.4 - 3089）。

　　　　また，父が認知せずに死亡した場合でも，死後3年以内であれば，検察官を相手に認知の訴えを提起することができ（民§787），訴えにおいて認知が認められれば，準正が生ずる（先例昭25.12.28 - 3358）。

　　②　効力発生時期

H30-21
H18-22
H12-20
H6-22

　　　　民法789条2項（認知準正）は，「認知の時」から嫡出子としての身分を取得すると規定しているが，先例は，婚姻準正の場合と同様，**準正の効力は婚姻の時から生ずる**としている（先例昭42.3.8 - 373）。

(4)　死後準正

H18-22

　　　　準正の生ずるべき子が既に死亡していても，準正の要件を具備すれば，準正の効果が生ずる（民§789Ⅲ）。これは，婚姻準正，認知準正のいずれの場合でも同様である。

４　人工授精子・代理出産

H31-20
H20-22

1　人工授精子

　　夫の死亡後，夫の冷凍保存精子を用いた人工生殖によって生まれた子と夫との間には，法律上の親子関係は認められない（最判平18.9.4）。

> **理由**　民法は，人工生殖により出生した子（死後懐胎子）と死亡した父との親子関係を想定していないからである。

2　代理出産

H31-20

　　女性が自己以外の女性の卵子を用いた生殖補助医療により子を懐胎し出産した場合，その出生した子の母は，その子を懐胎し出産した女性であり，出生した子と卵子を提供した女性との間には，母子関係の成立は認められない（最決平19.3.23）。

> **理由**　実親子関係が公益および子の福祉に深くかかわるものであるから，出産という一義的に明確な基準によって決定すべきだからである。

⑤　子の氏

> （子の氏）
> **第790条**　嫡出である子は，父母の氏を称する。ただし，子の出生前に父母が
> 　離婚したときは，離婚の際における父母の氏を称する。
> 2　嫡出でない子は，母の氏を称する。

1　嫡出である子

　嫡出である子は，父母の氏を称する（民§790Ⅰ本文）。

　ただし，子の出生前に父母が離婚したときは，離婚の際における父母の氏を
称する（同Ⅰただし書）。

H23-20
H13-18
H11-20
H元-20

2　嫡出でない子

　嫡出でない子は，母の氏を称する（民§790Ⅱ）。

　嫡出でない子が，胎児中または出生後に父に認知されても，子の氏は，当然に
父の氏に変更されることはなく，母の氏を称することになる（先例昭23.4.21－
54）。

H11-20
H元-20

3　子の氏の変更

> （子の氏の変更）
> **第791条**　子が父又は母と氏を異にする場合には，子は，家庭裁判所の許可を
> 　得て，戸籍法の定めるところにより届け出ることによって，その父又は母の
> 　氏を称することができる。
> 2　父又は母が氏を改めたことにより子が父母と氏を異にする場合には，子は，
> 　父母の婚姻中に限り，前項の許可を得ないで，戸籍法の定めるところにより
> 　届け出ることによって，その父母の氏を称することができる。
> 3　子が15歳未満であるときは，その法定代理人が，これに代わって，前二項
> 　の行為をすることができる。
> 4　前三項の規定により氏を改めた未成年の子は，成年に達した時から1年以
> 　内に戸籍法の定めるところにより届け出ることによって，従前の氏に復する
> 　ことができる。

第4章　親　子

　父母の離婚，父または母の再婚，父母を養子とする縁組，父の認知等によって，子が，父または母と氏を異にする場合がある。これらの場合の子の不便を考えて，民法は子の氏を変更して親の氏と一致させる途を開いている。

H23-20
H8-18
(1)　子が父または母と氏を異にする場合

　子は，家庭裁判所の許可を得て，戸籍法の定めるところにより届け出ることによって，その父または母の氏を称することができる（民§791Ⅰ）。

　【例】　①　子がいる母が離婚により復氏し，あるいは夫の死亡後に復氏した場合
　　　　②　子の出生前に母が離婚して復氏した場合
　　　　③　父が子を認知した場合

H29-20
H元-20
(2)　父または母が氏を改めたことにより子が父母と氏を異にする場合

　子は，父母の婚姻中に限り，戸籍法の定めるところにより届け出ることによって，その父母の氏を称することができる（民§791Ⅱ，戸籍§98）。

　【例】　認知された嫡出でない子の父母の婚姻による準正が生じた場合

(3)　子が15歳未満の場合

　上記(1)(2)の場合において，子が15歳未満であるときは，子の氏の変更の許可の申立ておよび届出は，その法定代理人が子に代わってすることができる（民§791Ⅲ，戸籍§98Ⅰ）。

(4)　氏を改めた未成年者の子が成年者に達した場合

　上記の規定により氏を改めた未成年の子は，成年に達した時から1年以内であれば，戸籍法の定めるところにより届け出るだけで，家庭裁判所の許可を得ることなく，従前の氏に復することができる（民§791Ⅳ，戸籍§98Ⅰ）。

Topics ・養子の論点についても，本試験では頻繁に問われているので，普通養子と特別養子に分けて，それぞれ成立要件・効力，縁組の無効・取消し，離縁等について整理しておくこと。

1　総　説

養子制度とは，自然血縁による親子関係のない者の間に，法的に親子関係を創設する制度をいう。

養子縁組には，当事者間の法律関係によって成立する普通養子縁組と，家庭裁判所の審判によって成立する特別養子縁組がある。

2　普通養子縁組の要件

1　縁組意思の合致（実質的要件）

縁組をするには，当事者間に縁組をする意思の合致のあることが必要である（民§802①参照）。

「縁組をする意思」とは，養親になる者と養子になる者との間において，社会 H19-22 習俗的観念からみて，真に親子と認められるような身分関係の設定を欲する意思をいう（実質的意思説；最判昭23.12.23）。

専ら相続税の節税のために養子縁組をする場合であっても，相続税の節税の動機と「縁組をする意思」とは併存し得るものであるので，直ちに縁組意思がないときには当たらない（最判平29.1.31）。

養子縁組は，身分行為であるから，当事者本人の独立した意思であることが必要である。

したがって，養子となる者が未成年者であっても，15歳に達した者は，養 H22-20 親子関係の設定の意義を理解できることから，単独で縁組の承諾をすることができ，父母の同意を得る必要はない。

また，成年被後見人も本心に復していれば，成年後見人の同意を得ないで， H22-20 単独で縁組の意思表示をすることができる（民§799，738）。

ただし，養子となる者が15歳未満であるときは，例外的にその法定代理人が本人に代わって縁組の承諾をする（代諾縁組；§797）。

2　縁組障害のないこと（実質的要件）

縁組の成立には，民法792条から798条に規定する要件を満たすこと（縁組障害のないこと）が必要となる。縁組障害に反してされた縁組は，縁組の取消事由となる。

（養親となる者の年齢）
第792条　20歳に達した者は，養子をすることができる。

（尊属又は年長者を養子とすることの禁止）
第793条　尊属又は年長者は，これを養子とすることができない。

（後見人が被後見人を養子とする縁組）
第794条　後見人が被後見人（未成年被後見人及び成年被後見人をいう。以下同じ。）を養子とするには，家庭裁判所の許可を得なければならない。後見人の任務が終了した後，まだその管理の計算が終わらない間も，同様とする。

（配偶者のある者が未成年者を養子とする縁組）
第795条　配偶者のある者が未成年者を養子とするには，配偶者とともにしなければならない。ただし，配偶者の嫡出である子を養子とする場合又は配偶者がその意思を表示することができない場合は，この限りでない。

（配偶者のある者の縁組）
第796条　配偶者のある者が縁組をするには，その配偶者の同意を得なければならない。ただし，配偶者とともに縁組をする場合又は配偶者がその意思を表示することができない場合は，この限りでない。

（15歳未満の者を養子とする縁組）
第797条　養子となる者が15歳未満であるときは，その法定代理人が，これに代わって，縁組の承諾をすることができる。

2　法定代理人が前項の承諾をするには，養子となる者の父母でその監護をすべき者であるものが他にあるときは，その同意を得なければならない。養子となる者の父母で親権を停止されているものがあるときも，同様とする。

（未成年者を養子とする縁組）
第798条　未成年者を養子とするには，家庭裁判所の許可を得なければならない。ただし，自己又は配偶者の直系卑属を養子とする場合は，この限りでない。

`H24-20`
`H元-19`

(1)　**養親となる者が20歳に達していること（民§792）**

養親となることができるのは，20歳以上の者である。

➡　たとえ成年者であっても，20歳未満の者は養親となることができない。

(2) **養子となる者が養親となる者の尊属・年長者でないこと（民§793）** H24-20 / H元-21

尊属または年長者を養子とすることはできない。

理由　常識的に考えて，何かおかしい。

　これ以外は，養子となる者について特に制限はない。したがって，一般的な成年者を養子とすることは問題なく，また自己の直系卑属(嫡出でない子，孫など) や自己の弟妹などを養子とすることもできる。

(3) **後見人が未成年被後見人または成年被後見人を養子とするには，家庭裁判所の許可を得ること（民§794前段）**

　被後見人の利益を保護するためである。したがって，後見の任務の終了後でも，管理の計算が終わらないうちに縁組をするには，家庭裁判所の許可が必要となる（同後段）。

(4) **配偶者のある者が未成年者を養子とするには，夫婦共同で縁組をすること（民§795本文）** H26-20 / H20-21 / H19-22 / H13-20 / H9-22

① 原　則

　配偶者のある者が未成年者を養子とするには，配偶者と共にしなければならない。

理由　未成年の養子にとって，養育の観点から，夫婦がそろって養親となるのが望ましいからである。

② 例　外　H元-21

　ただし，配偶者の嫡出子を養子にする場合，あるいは養親となる者の配偶者がその意思を表示することができない場合には，例外的に単独で縁組をすることができる（同ただし書）。

　なお，配偶者の嫡出でない子を養子とする場合は，原則どおり夫婦が共同して縁組をする必要がある。そして，その子は，実親と養親の共同親権に服することになる（先例昭25.9.22－2573）。

理由　この場合に，単独での縁組を認めると，縁組をした者と子の関係は嫡出親子関係が生ずるのに対して，他方との関係では嫡出でない子のままということになってしまうからである。

③　違反の効力

判例は,相手方の名前を勝手に使用して行った共同縁組の効力について,原則として縁組全体が無効であるが,配偶者の利益,家庭の平和,子の福祉の観点から民法795条の趣旨にもとるものでないと認められる特段の事情がある場合には,縁組意思のある者と子との縁組は有効であるとする(最判昭48.4.12)。

H26-20
H8-19
(5)　**配偶者の一方が縁組をするには,他方の配偶者の同意を得ること(民§796本文)**

①　原　則

配偶者の一方が縁組するには,**他方の配偶者の同意**を要する。

> **理由**　配偶者の一方が縁組をすると,他方の配偶者の法律上の地位あるいは生活上の地位に影響を及ぼすことから,他方の配偶者の同意を必要としたのである。

②　例　外

H13-20
H元-21
配偶者とともに縁組をする場合,または配偶者がその意思を表示することができない場合は,例外的に同意を要しない(同ただし書)。

(6)　**養子となる者が15歳未満であるときは,その法定代理人が,養子となる者に代わって縁組の承諾(代諾)をすること(民§797Ⅰ)**

ただし,法定代理人が縁組の承諾をする場合に,養子となる者の父母でその監護をすべき者であるものが他にあるときは,その同意を得なければならない。養子となる者の父母で親権を停止されているものがあるときも,同様である(同Ⅱ)。

(7)　**養子となる者が未成年者である場合には,家庭裁判所の許可を得ること(民§798本文)**

H13-20
養子となる者が15歳未満であって法定代理人の代諾によって養子縁組をする場合であっても,養子となる者が未成年者である以上,家庭裁判所の許可を得ることが必要である。

R4-20
R2-20
H26-20
H24-20
H9-22
ただし,**自己または配偶者の直系卑属**を養子とする場合には,家庭裁判所の許可を要しない(同ただし書)。

3　養子縁組の届出（形式的要件）

（婚姻の規定の準用）
第799条　第738条及び第739条の規定は，縁組について準用する。
（縁組の届出の受理）
第800条　縁組の届出は，その縁組が第792条から前条までの規定その他の法令の規定に違反しないことを認めた後でなければ，受理することができない。

(1)　縁組の届出

　　縁組の実質的要件を満たした上で，戸籍法の定めるところに従い，養子縁組の届出をすることによって，縁組は成立する（民§799，739Ⅰ）。

　　この届出は，いわゆる**創設的届出**であり，届出の日に縁組が成立することになる。

　　なお，縁組当事者が，縁組届出書作成時に意思能力を有していれば，届出　H19-22　の受理当時に意識を失っていても，それ以前に届出意思を翻意したなど特段の事情がない限り，養子縁組は有効に成立する（最判平4.11.24）。

(2)　虚偽の出生届等

　①　養子縁組は，縁組届の形式を必要とする厳格な要式行為であるから，他　H24-20　の届出，たとえば虚偽の嫡出子出生届に**縁組届の効力を認めることはでき**　H19-22　**ない**（最判昭25.12.28，同昭50.4.8）。　H13-20

　　　また，養子縁組として無効なものに認知届としての効力を認めること，あるいは，事実に反する無効な認知届に養子縁組届としての効力を認めることはできない（最判昭54.11.2）。

　②　表見的代諾権者，すなわち真実の父母でない者の代諾により15歳未満の　H19-22　未成年者の養子縁組がされた場合は，一種の無権代理行為として無効であ　H13-20　るが，満15歳に達した養子は有効に追認することができ，追認がされたときには，養子縁組は初めから有効となる（最判昭27.10.3，同昭38.12.24）。

3　縁組の無効・取消し

1　縁組の無効

（縁組の無効）
第802条　縁組は，次に掲げる場合に限り，無効とする。
一　人違いその他の事由によって当事者間に縁組をする意思がないとき。
二　当事者が縁組の届出をしないとき。ただし，その届出が第799条において準用する第739条第2項に定める方式を欠くだけであるときは，縁組は，そのためにその効力を妨げられない。

(1)　**無効原因**
①　縁組意思の不存在
人違いその他の事由によって当事者間に縁組をする意思がないときは，縁組は無効である（民§802①）。

②　届出の不存在
当事者が縁組の届出をしないときは，縁組は無効である（民§802②本文）
ただし，その届出が民法799条において準用する民法739条2項に定める方式を欠くだけであるときは，縁組は，そのためにその効力を妨げられない（同ただし書）。

(2)　**手　続**
縁組の無効は，利害関係人であれば誰でも主張することができ，また，縁組の取消しと異なり，訴えによる必要はない。

(3)　**効　果**
縁組の無効は，当然に無効であって，何ら縁組の効果を生じない。

2　縁組の取消し

（縁組の取消し）
第803条　縁組は，次条から第808条までの規定によらなければ，取り消すことができない。

H31-21　　縁組を取り消すためには，取消権者が，家庭裁判所に対してその請求をする

70

ことを必要とし，裁判外で取消しの意思表示をしても何らの効力も生じない。

(1)　縁組の取消事由・取消権者・取消期間等

（養親が20歳未満である場合の縁組の取消し）
第804条　第792条の規定に違反した縁組は，養親又はその法定代理人から，その取消しを家庭裁判所に請求することができる。ただし，養親が，20歳に達した後6箇月を経過し，又は追認をしたときは，この限りでない。
（養子が尊属又は年長者である場合の縁組の取消し）
第805条　第793条の規定に違反した縁組は，各当事者又はその親族から，その取消しを家庭裁判所に請求することができる。
（後見人と被後見人との間の無許可縁組の取消し）
第806条　第794条の規定に違反した縁組は，養子又はその実方の親族から，その取消しを家庭裁判所に請求することができる。ただし，管理の計算が終わった後，養子が追認をし，又は6箇月を経過したときは，この限りでない。
2　前項ただし書の追認は，養子が，成年に達し，又は行為能力を回復した後にしなければ，その効力を生じない。
3　養子が，成年に達せず，又は行為能力を回復しない間に，管理の計算が終わった場合には，第1項ただし書の期間は，養子が，成年に達し，又は行為能力を回復した時から起算する。
（配偶者の同意のない縁組等の取消し）
第806条の2　第796条の規定に違反した縁組は，縁組の同意をしていない者から，その取消しを家庭裁判所に請求することができる。ただし，その者が，縁組を知った後6箇月を経過し，又は追認をしたときは，この限りでない。
2　詐欺又は強迫によって第796条の同意をした者は，その縁組の取消しを家庭裁判所に請求することができる。ただし，その者が，詐欺を発見し，若しくは強迫を免れた後6箇月を経過し，又は追認をしたときは，この限りでない。
（子の監護をすべき者の同意のない縁組等の取消し）
第806条の3　第797条第2項の規定に違反した縁組は，縁組の同意をしていない者から，その取消しを家庭裁判所に請求することができる。ただし，その者が追認をしたとき，又は養子が15歳に達した後6箇月を経過し，若しくは追認をしたときは，この限りでない。
2　前条第2項の規定は，詐欺又は強迫によって第797条第2項の同意をした者について準用する。
（養子が未成年者である場合の無許可縁組の取消し）
第807条　第798条の規定に違反した縁組は，養子，その実方の親族又は養子に

代わって縁組の承諾をした者から，その取消しを家庭裁判所に請求すること
ができる。ただし，養子が，成年に達した後6箇月を経過し，又は追認をし
たときは，この限りでない。

　縁組の実質的要件を欠く場合であっても，一度縁組が成立した以上，な
るべくこれを有効なものとして，存続させることが公益上望ましい。そこ
で，以下の取消事由のいずれかに該当する場合に限って，これを取り消す
ことができることになる。

取消事由	取消権者	取消期間等
20歳未満の者が養親である場合（民§804）	①養親自身 ②養親の法定代理人	20歳に達した後6か月を経過し，または追認したときは取り消すことができない。 　なお，養子の側から取り消すことはできない。
尊属または年長者を養子にした場合(民§805)	①各当事者 ②各当事者の親族	取消期間等に関する制限はない。また，取消権についての総則の消滅時効に関する規定の適用もない。
後見人と被後見人間の無許可縁組（民§806）	①養子 ②養子の実方の親族	管理の計算の終了後（計算終了後も養子が未成年被後見人・成年被後見人であるときは成年・能力を回復した後），養子が追認または6か月を経過したときは取り消すことができない。
配偶者の同意のない縁組および詐欺・強迫により同意を得た縁組(民§806の2)	①同意をしていない者 ②詐欺・強迫により同意をした者	同意をすべき者がその縁組を知った後，あるいは詐欺を発見し，もしくは強迫を免れた後，6か月を経過し，または追認したときは取り消すことができない。

監護者の同意のない縁組，詐欺・強迫により同意を得た縁組（民§806の3，797Ⅱ）	①同意をしていない者 ②詐欺・強迫により同意をした者	同意をすべき者が追認したとき，または養子が15歳に達した後，6か月を経過し，もしくは追認したときは取り消すことができない。 また，同意すべき者が詐欺を発見し，もしくは強迫を免れた後，6か月を経過し，または追認したときは取り消すことができない。
未成年者の無許可縁組（民§807）	①養子 ②養子の実方の親族 ③代諾者	養子が成年に達した後，6か月を経過し，もしくは追認したときは取り消すことができない。
詐欺・強迫による縁組（民§808Ⅰ，747）	詐欺・強迫によって縁組をした者	縁組をした者が詐欺を発見し，もしくは強迫を免れた後6か月を経過し，または追認したときは取り消すことができない。

(2) **効 果**

　縁組の取消しの効果は，婚姻の取消しと同様に，将来に向かってのみ生ずる（民§808Ⅰ，748Ⅰ）。

　ただし，財産関係についてはある程度，遡及するような効果が認められ，縁組により財産を取得した善意の当事者は現に利益を受ける限度で，また，悪意の当事者は，縁組によって得た利益の全部を返還しなければならず，さらに悪意の当事者は，相手方が善意のときには損害賠償の責任を負うことになる（民§808Ⅰ，748ⅡⅢ）。

4 縁組の効力

1 嫡出親子関係の発生
(1) 嫡出子の身分の取得

（嫡出子の身分の取得）
第809条 養子は，縁組の日から，養親の嫡出子の身分を取得する。

　養子は，縁組の日から，養親の嫡出子となる。

➡ 縁組の，もっとも重要な効力である。

- 養子が未成年者であるときは，養親の親権に服する（民§818Ⅱ）。

- 扶養義務（民§877Ⅰ），相続権（民§887Ⅰ）等が発生する。

(2) 法定血族関係

> （縁組による親族関係の発生）
> **第727条**　養子と養親及びその血族との間においては，養子縁組の日から，血族間におけるのと同一の親族関係を生ずる。

　いわゆる法定血族関係である。
　なお，普通養子縁組があっても，養子と実親および実方親族との関係には影響がない。
➡　養子は，実方と養方との二面の親族関係に経つ。

2　養子の氏

> （養子の氏）
> **第810条**　養子は，養親の氏を称する。ただし，婚姻によって氏を改めた者については，婚姻の際に定めた氏を称すべき間は，この限りでない。

　養子は，養親の氏を称する。
➡　これが大原則である。

　ただし，婚姻によって氏を改めた者は，婚姻の際に定めた氏を称すべき間は，その婚姻の際に定めた氏を称する。

【例】　A山花子は，婚姻し，B田花子となった。その後，花子は，C川太郎の養子となった。
➡　花子は，婚姻によって氏を改めているので，養子になっても（その時点では）養親の氏を称することはない。つまり，「B田」のままである。

- 婚姻している者が養子となった場合でも，"婚姻によって氏を改めた者ではない"場合には，原則どおり，養親の氏を称する。
➡　これに伴い，他方の配偶者もまた，養親の氏を称することになる（夫

婦同氏の原則，民§750)。

【例】　D山太郎は，E内良子と婚姻した。この婚姻では，夫の氏を称するものとされた。

➡　D山太郎，良子夫婦である。

その後，D山太郎は，F岡正三の養子となった。この場合，D山夫婦は，F岡の氏を称することになる。

・　婚姻の際に定めた氏を称していたが，その後，離婚または婚姻の取消しがあったときは，「婚姻の際に定めた氏を称すべき間」ではなくなったので，養親の氏を称することになる。

5　縁組の解消

1　意　義

縁組の解消とは，いったん有効に成立した縁組の効果を，縁組後に生じた事由に基づき将来に向かって消滅させることをいう。

民法上，縁組の解消原因は，離縁（協議上の離縁，裁判上の離縁）のみとされており，一方当事者の死亡によっては，縁組は解消されない。 `H21-22`

なお，縁組の当事者の一方が死亡した場合には，生存当事者は，家庭裁判所の許可を得て離縁することができる（死後離縁；民§811Ⅵ）。 `H10-19` `H7-20`

2　協議上の離縁

> （協議上の離縁等）
> **第811条**　縁組の当事者は，その協議で，離縁をすることができる。

(1)　意　義

協議上の離縁とは，縁組当事者が，その協議によって離縁することをいう（民§811Ⅰ）。

協議上の離縁は，離縁の合意と戸籍の届出によってその効力を生ずる。

(2)　手　続

H31-21
H15-21
H9-20
H7-20

①　養子が15歳未満の場合

（協議上の離縁等）
第811条

2　養子が15歳未満であるときは，その離縁は，養親と養子の離縁後にその法定代理人となるべき者との協議でこれをする。

3　前項の場合において，養子の父母が離婚しているときは，その協議で，その一方を養子の離縁後にその親権者となるべき者と定めなければならない。

4　前項の協議が調わないとき，又は協議をすることができないときは，家庭裁判所は，同項の父若しくは母又は養親の請求によって，協議に代わる審判をすることができる。

5　第2項の法定代理人となるべき者がないときは，家庭裁判所は，養子の親族その他の利害関係人の請求によって，養子の離縁後にその未成年後見人となるべき者を選任する。

②　縁組の当事者の一方が死亡した場合

（協議上の離縁等）
第811条

6　縁組の当事者の一方が死亡した後に生存当事者が離縁をしようとするときは，家庭裁判所の許可を得て，これをすることができる。

趣旨

縁組の当事者の一方が死亡した場合，当然に縁組関係を解消させるのではなく，生存当事者が養親子関係を終了させようとする場合に限り，離縁を認めたものである（死後離縁）。

H31-21
H15-21
H10-19

③　夫婦である養親と未成年者の場合

（夫婦である養親と未成年者との離縁）
第811条の2　養親が夫婦である場合において未成年者と離縁をするには，夫婦が共にしなければならない。ただし，夫婦の一方がその意思を表示するこ

とができないときは，この限りでない。

④　離縁の届出の受理

（離縁の届出の受理）
第813条　離縁の届出は，その離縁が前条において準用する第739条第2項の規定並びに第811条及び第811条の2の規定その他の法令の規定に違反しないことを認めた後でなければ，受理することができない。
2　離縁の届出が前項の規定に違反して受理されたときであっても，離縁は，そのためにその効力を妨げられない。

(3)　**協議上の離縁の無効・取消し**
　　協議上の離縁の無効・取消しは，協議上の離婚の場合に準じて認められる（民§812）。
　　したがって，例えば，縁組当事者の一方が成年被後見人であっても，離縁に際して成年後見人の同意を必要とせず（民§738），協議離縁の効果の発生には届出を必要とし（民§739Ⅰ），詐欺または強迫により離縁した場合には，離縁を取り消すことができる（民§747，808Ⅰ）。

3　裁判上の離縁

（裁判上の離縁）
第814条　縁組の当事者の一方は，次に掲げる場合に限り，離縁の訴えを提起することができる。
　一　他の一方から悪意で遺棄されたとき。
　二　他の一方の生死が3年以上明らかでないとき。
　三　その他縁組を継続し難い重大な事由があるとき。
2　第770条第2項（裁判所の裁量による離婚の請求の棄却）の規定は，前項第1号及び第2号に掲げる場合について準用する。

(1)　**離縁原因**
　①　他の一方から悪意で遺棄されたとき（同Ⅰ①）
　②　他の一方の生死が3年以上明らかでないとき（同Ⅰ②）
　③　その他縁組を継続し難い重大な事由があるとき（同Ⅰ③）

(2)　裁判所の裁量棄却

　　離縁原因の①②があっても，裁判所は一切の事情を考慮して縁組の継続を相当と認めるときは，離縁の請求を棄却することができる（民§814Ⅱ，770Ⅱ）。

(3)　養子が15歳未満である場合

（養子が15歳未満である場合の離縁の訴えの当事者）

第815条　養子が15歳に達しない間は，第811条の規定により養親と離縁の協議をすることができる者から，又はこれに対して，離縁の訴えを提起することができる。

4　効　果

(1)　親族関係の消滅

　　離縁は，将来に向かってのみその効力を生ずる。

　　離縁によって，養子は養親の嫡出子としての身分を失うため，養親子間のみならず，養子と養親の法定血族関係，姻族関係は一切消滅する（民§729）。

　　また，養子縁組の後に婚姻した配偶者，養子縁組の後に生まれた養子の直系卑属と養親およびその血族との間に存在した親族関係も同様に消滅する（同）。

　　ただし，養親子関係に基づく婚姻障害は，離縁後も継続する（民§736）。

(2)　氏の変更

（離縁による復氏等）

第816条　養子は，離縁によって縁組前の氏に復する。ただし，配偶者とともに養子をした養親の一方のみと離縁をした場合は，この限りでない。

2　縁組の日から7年を経過した後に前項の規定により縁組前の氏に復した者は，離縁の日から3箇月以内に戸籍法の定めるところにより届け出ることによって，離縁の際に称していた氏を称することができる。

H13-18　　①　原　則

　　養子は，離縁によって縁組前の氏に復する（民§816Ⅰ本文）。これは，養子が特別養子の場合でも同様である。

② 例 外

H13-18
H11-20
H10-19

　㋐　夫婦共同縁組において，養子が養親の一方のみと離縁した場合には，縁組前の氏に復しない（民§816Ⅰただし書）。

　　　養親夫婦が婚姻中でも，また婚姻が解消していても，一方との離縁であれば，復氏しない。

　㋑　縁組の日から7年を経過した後に離縁によって縁組前の氏に復したときは，3か月以内に戸籍法の定めるところにより届け出ることによって，離縁の際に称していた氏を称することができる（民§816Ⅱ）。H7-20

6　特別養子

（特別養子縁組の成立）
第817条の2　家庭裁判所は，次条から第817条の7までに定める要件があるときは，養親となる者の請求により，実方の血族との親族関係が終了する縁組（以下この款において「特別養子縁組」という。）を成立させることができる。
2　前項に規定する請求をするには，第794条又は第798条の許可を得ることを要しない。

1　意　義

　特別養子縁組とは，家庭裁判所の審判によって養子と実方との親族関係を終了させる縁組制度をいう（民§817の2Ⅰ）。

　養子縁組は，養親となる者と養子となる者との間に法的親子関係を創設することを目的とした法律行為であり，養子と実方の血族との親族関係には影響を及ぼさないことを原則とする。しかし，養子となる子の福祉にとっては，実親を含め，実方の親族との法律関係を終了させることの方が望ましい場合もあり，このような場合に備えて設けられたのが特別養子縁組の制度である。

2　要　件

　特別養子縁組は，家庭裁判所が，民法817条の3から817条の7までに定める要件を満たした場合に，原則として6か月以上の試験養育を行い，その間の監護状況を観察し，養親としての適格性や養親子の適合性等を調査した上で，審判により成立する（民§817の2）。H元-21

第4章　親　子

（1）　**実質的要件**
　　①　養親の夫婦共同縁組

（養親の夫婦共同縁組）
第817条の3　養親となる者は，配偶者のある者でなければならない。
2　夫婦の一方は，他の一方が養親とならないときは，養親となることができ
　ない。ただし，夫婦の一方が他の一方の嫡出である子（特別養子縁組以外の
　縁組による養子を除く。）の養親となる場合は，この限りでない。

　　　㋐　原　則
H6-20
　　　　　養親となる者は，配偶者のある者でなければならない（民§817の3Ⅰ）。
　　　　夫婦の一方は，他の一方が養親とならないときは，養親となることが
　　　できない（同Ⅱ本文；夫婦共同縁組の原則）。

　　　㋑　例　外
　　　　　夫婦の一方が，他の一方の嫡出である子（特別養子縁組以外の縁組に
　　　　よる養子を除く。）の養親となる場合は，単独縁組が認められる（民§
　　　　817の3Ⅱただし書）。

　　　【例】　妻の前夫の子を再婚した夫が特別養子とする場合や，妻と前夫と
　　　　　の特別養子を再婚した夫が特別養子とする場合である。

　　②　養親の年齢制限

（養親となる者の年齢）
第817条の4　25歳に達しない者は，養親となることができない。ただし，養
　親となる夫婦の一方が25歳に達していない場合においても，その者が20歳に
　達しているときは，この限りでない。

　　　㋐　原　則
　　　　　25歳に達しない者は，養親となることができない（民§817の4本文）。

　　　㋑　例　外
H31-21
　　　　　養親となる夫婦の一方が25歳に達していない場合においても，その者
　　　　が20歳に達しているときは，養親となることができる（同ただし書）。

③　養子の年齢制限

（養子となる者の年齢）
第817条の5　第817条の2に規定する請求の時に15歳に達している者は，養子となることができない。特別養子縁組が成立するまでに18歳に達した者についても，同様とする。
2　前項前段の規定は，養子となる者が15歳に達する前から引き続き養親となる者に監護されている場合において，15歳に達するまでに第817条の2に規定する請求がされなかったことについてやむを得ない事由があるときは，適用しない。
3　養子となる者が15歳に達している場合においては，特別養子縁組の成立には，その者の同意がなければならない。

⑦　原　則
　　家庭裁判所に審判を請求する時に15歳に達している者は，養子となることができない（民§817の5Ⅰ前段）。
➡　特別養子縁組が成立するまでに18歳に達した者も同様（同後段）。

　理由　特別養子は，いろいろな事情があるために実親や実方の親族との親族関係を終了させる養子であり，まさに養親を親とするものである。そのため，養子となる者は，未成熟の子(15歳未満）である必要がある。

④　例　外
　　養子となる者が15歳に達する前から引き続き養親となる者に監護されている場合において，15歳に達するまでに特別養子縁組の請求がされなかったことについてやむを得ない事由があるときは，15歳に達している者でも特別養子とすることができる（民§817の5Ⅱ）。

④　父母の同意

（父母の同意）
第817条の6　特別養子縁組の成立には，養子となる者の父母の同意がなければならない。ただし，父母がその意思を表示することができない場合又は父母による虐待，悪意の遺棄その他養子となる者の利益を著しく害する事由がある場合は，この限りでない。

㋐　原　則

　特別養子縁組の成立には，養子となる者の**父母の同意**がなければならない（民§817の6本文）。

㋑　例　外

　父母がその意思を表示することができない場合，または父母による虐待，悪意の遺棄その他，養子となる者の利益を著しく害する事由がある場合は，父母の同意を要しない（民§817の6ただし書）。

⑤　特別養子縁組の必要性

> （子の利益のための特別の必要性）
> **第817条の7**　特別養子縁組は，父母による養子となる者の監護が著しく困難又は不適当であることその他特別の事情がある場合において，子の利益のため特に必要があると認めるときに，これを成立させるものとする。

趣旨

　特別養子は，実方との親族関係を消滅させ，養親との間に実親子と同様の身分関係を作ろうとするものであるため，縁組をすることが子の利益のために特に必要であること（要保護児童）を要件にしたものである。

⑥　試験養育期間の前置

> （監護の状況）
> **第817条の8**　特別養子縁組を成立させるには，養親となる者が養子となる者を6箇月以上の期間監護した状況を考慮しなければならない。
> **2**　前項の期間は，第817条の2に規定する請求の時から起算する。ただし，その請求前の監護の状況が明らかであるときは，この限りでない。

趣旨

　特別養子縁組は，実親子関係を切断し，養親との間では容易に離縁しえない実親子同様の関係をつくるものであるから，慎重な判断をするために，養親による監護状況を考慮する必要がある。

(2)　形式的要件

家庭裁判所は，民法817条の3から817条の7までに規定する要件があるときには，養親となる者の請求により，実方の血族との親族関係が終了する縁組を成立させることができる（民§817の2）。

特別養子縁組は審判によって成立し，戸籍法上の届出は，報告的届出にすぎない。

3　効　果

① 養子は，縁組の日から，養親の嫡出子の身分を取得する。

したがって，養子と養親およびその血族との間に親族関係が生じ（民§727），養子は養親の氏を称することになる（民§810本文）。

② 養子と実方の父母およびその血族との親族関係は終了する。

> （実方との親族関係の終了）
> **第817条の9**　養子と実方の父母及びその血族との親族関係は，特別養子縁組によって終了する。ただし，第817条の3第2項ただし書に規定する他の一方及びその血族との親族関係については，この限りでない。

養子と実方の父母およびその血族との親族関係は，特別養子縁組によって終了する（民§817の9本文）。

➡　普通養子縁組との1番の相違点である。

・　実親が死亡した場合，養子は，相続人とはならない。

・　特別養子縁組が成立すると，養子の実親は，その子を認知することができない（最判平7.7.14参照）。また，特別養子は，実方の親族の扶養義務を負うこともない。

4　特別養子縁組の離縁

> （特別養子縁組の離縁）
> **第817条の10**　次の各号のいずれにも該当する場合において，養子の利益のため特に必要があると認めるときは，家庭裁判所は，養子，実父母又は検察官の請求により，特別養子縁組の当事者を離縁させることができる。
> 一　養親による虐待，悪意の遺棄その他養子の利益を著しく害する事由があ

　　るること。
　　二　実父母が相当の監護をすることができること。
　2　離縁は，前項の規定による場合のほか，これをすることができない。

(1)　要　件

H15-21
H6-20
H元-21
　　家庭裁判所は，①「養親による虐待，悪意の遺棄その他養子の利益を著しく害する事由があること」，②「実父母が相当の監護をすることができること」のいずれにも該当する場合において，養子の利益のために特に必要があると認めるときには，養子，実父母，検察官の請求により，審判をもって特別養子縁組の当事者を離縁させることができる（民§817の10Ⅰ）。

H31-21
　　特別養子縁組の離縁は，上記の場合のほかはすることができないため（民§817の10Ⅱ），協議上の離縁や裁判上の離縁は認められない。

(2)　効　果

（離縁による実方との親族関係の回復）
第817条の11　養子と実父母及びその血族との間においては，離縁の日から，特別養子縁組によって終了した親族関係と同一の親族関係を生ずる。

　①　離縁の審判が確定すると，特別養子と養親およびその血族との間の親族関係は終了する（民§729）。

H6-20
　②　養子と実父母およびその血族との間においては，離縁の日から，特別養子縁組によって終了した親族関係と同一の親族関係を生ずる（民§817の11）。

5　普通養子縁組と特別養子縁組の比較

H2-20

	普通養子縁組	特別養子縁組
届　出	戸籍法の定めるところによる届出（創設的届出；民§799，739Ⅰ）	養親となる者の請求による家庭裁判所の審判の確定後に戸籍法の定める届出（報告的届出；戸§68の2，63Ⅰ）
養　親	20歳に達した者（民§792，753）	25歳に達した者（民§817の4）（注1）
養　子	養親の尊属または養親より年長者でないこと（民§793）	原則として，養親となる者が縁組の請求をした時に15歳未満であること（民§817の5本文）（注2）
配偶者の有無	配偶者のない者でもよい。	配偶者のある者でなければならない（民§817の3Ⅰ）。
養子の父母の同意	不要（ただし，民§797参照）	必要（民§817の6本文）（注3）
効　果	普通養子縁組が成立しても，養子とその実方の父母およびその血族との親族関係は終了しない。	特別養子縁組が成立すると，養子と実方の父母およびその血族との親族関係は終了する（民§817の9本文）。
協議離縁	可能	不可能

（注1）　養親となる夫婦の一方が25歳に達していれば，もう一方は20歳に達していればよい（民§817の4ただし書）。

（注2）　15歳に達する前から引き続き養親となる者に監護されているような場合は，15歳に達していてもよい（民§817の5Ⅱ）。

（注3）　以下の場合は，父母の同意は不要である（民§817の6ただし書）。

　　①　父母がその意思表示をすることができないとき

　　②　父母による虐待，悪意の遺棄その他養子となる者の利益を著しく害する事由があるとき

第3節 親 権

Topics ・親権については，親権を行使する者が誰であるかを押さえておくこと。
・親権の効力については，利益相反行為を中心に整理しておくこと。特
に，利益相反行為にあたる場合とあたらない場合の判例の事例は，しっかり覚えておくこと。
・親権の喪失については，条文を読んでおけば足りる。

1 総 説

1 意 義

親権とは，父母の養育者としての地位，職分から流出する権利義務をいう。

未成年者は，社会的に未成熟な者として，その身上の養育監護および財産の保護をする者が必要になる。その役割を担うのは，第1に親権者，すなわち父母・養親であるが（民§818），親権者が欠けた場合には未成年後見人がその任務にあたることになる（民§838①）。

2 親権に服する子

親権に服するのは，「成年に達しない子」，すなわち未成年者に限られる（民§818Ⅰ）。

未成年者であれば，実子，養子（同Ⅱ），嫡出でない子を問わない。

3 親権者

> （親権者）
> **第818条** 成年に達しない子は，父母の親権に服する。
> 2　子が養子であるときは，養親の親権に服する。

H12-22
H9-20

親権者となる者は，原則として，その未成年者の父母であり（民§818Ⅰ），その未成年者が養子である場合は，養父母が親権者となる（同Ⅱ）。

なお，父母あるいは養父母の双方が死亡した場合には，未成年後見が開始する（民§838①，先例昭23.11.12－3585）。

4　親権共同行使の原則

> （親権者）
> **第818条**
> 3　親権は，父母の婚姻中は，父母が共同して行う。ただし，父母の一方が親権を行うことができないときは，他の一方が行う。

(1)　原　則

親権は，父母の婚姻中は，父母が共同して行う（民§818Ⅲ本文）。　R2-20

父母の一方が，単独で子の財産に関してした行為は無効となる（最判昭28.11.16，同昭42.9.29）。

父母の一方が単独名義で代理行為をすることを他方が同意している場合　H19-21
は，単独名義でした代理行為も有効となる（最判昭32.7.5）。

(2)　例　外

父母の一方が，法律上の障害(後見開始の審判(民§7)，親権喪失宣告(民　H26-21
§834）を受けるなど)，事実上の障害（行方不明など）により親権を行うことができないときは，他の一方が行う（民§818Ⅲただし書）。

(3)　父母の一方が共同名義でした行為の効力

> （父母の一方が共同の名義でした行為の効力）
> **第825条**　父母が共同して親権を行う場合において，父母の一方が，共同の名義で，子に代わって法律行為をし又は子がこれをすることに同意したときは，その行為は，他の一方の意思に反したときであっても，そのためにその効力を妨げられない。ただし，相手方が悪意であったときは，この限りでない。

① 　父母の一方が共同の名義で子に代わってした法律行為の効力　R3-21
相手が善意の場合は有効，悪意の場合は追認のない限り無効。

② 　父母の一方が共同の名義で子が法律行為をすることに同意したときの効力
相手が善意の場合は有効，悪意の場合は追認のない限り取り消し得る。

5　親権者の決定
(1)　父母の離婚の場合

> （離婚又は認知の場合の親権者）
> **第819条**　父母が協議上の離婚をするときは，その協議で，その一方を親権者と定めなければならない。
> 2　裁判上の離婚の場合には，裁判所は，父母の一方を親権者と定める。
> 3　子の出生前に父母が離婚した場合には，親権は，母が行う。ただし，子の出生後に，父母の協議で，父を親権者と定めることができる。

①　父母が協議上の離婚をするときは，その協議で，その**一方を親権者と定めなければならない**（民§819Ⅰ）。

この場合，「親権者は，子が小学校に入学するまでは母が，その後は父とする」旨のような指定をすることはできない（先例昭31.11.13-2394）。

R3-20
なお，親権者の指定は離婚の要件であり，未成年の子がいるのに親権者の記載のない離婚届は受理されないが（民§765Ⅰ），誤って離婚届が受理された場合，離婚は有効となる（同Ⅱ）。この場合には，親権者が指定されるまでは婚姻関係にない父母の共同親権とならざるを得ないため，協議または審判で親権者を定め，親権者指定の届出をしなければならない（先例昭24.3.7-499）。

また，父母が裁判上の離婚をするときは，裁判所が，その一方を親権者と定める（民§819Ⅱ）。

H26-21
②　子の出生前に，父母が離婚した場合は，その後に生まれた子については，**母が親権者**となる（民§819Ⅲ本文）。

ただし，子の出生後に，父母の協議で父を親権者と定めた場合には，父が親権者となることができる（同Ⅲただし書）。

(2)　父が認知した場合

> （離婚又は認知の場合の親権者）
> **第819条**
> 4　父が認知した子に対する親権は，父母の協議で父を親権者と定めたときに限り，父が行う。

　嫡出でない子の親権者は母であるが，父が認知した後に父母の協議で父を親権者と定めた場合は，父が親権者となる（民§819Ⅳ）。

R3-21
H12-20
H8-18

(3)　協議に代わる審判

（離婚又は認知の場合の親権者）
第819条

5　第1項，第3項又は前項の協議が調わないとき，又は協議をすることができないときは，家庭裁判所は，父又は母の請求によって，協議に代わる審判をすることができる。

　父母が協議離婚するときに父母の協議で親権者を定める場合（民§819Ⅰ），子の出生前に父母が離婚し子の出生後に父母の協議で親権者を定める場合（民§819Ⅲ），父が認知した子の対する親権者を父母が協議で定める場合（民§819Ⅳ）に，父母の協議が調わないとき，または協議することができないときは，家庭裁判所は，父または母の請求によって，協議に代わる審判をすることができる（民§819Ⅴ）。

6　親権者の変更

（離婚又は認知の場合の親権者）
第819条

6　子の利益のため必要があると認めるときは，家庭裁判所は，子の親族の請求によって，親権者を他の一方に変更することができる。

趣旨

　単独親権者となった父または母が，後に子の福祉のため親権者であることが不適当であることが分かったり，その他の事情の変更によって，親権者を他方に交替するのが適切の場合に，変更することができるようにしたものである。

R2-20
H12-22

アルファ

　親権者の変更は，必ず家庭裁判所の審判または調停によって行うことが必要であり，当事者の協議だけで親権者を変更することはできない。

2 親権の効力

1 子の身上監護権
(1) 身上監護権

> （監護及び教育の権利義務）
> **第820条** 親権を行う者は，子の利益のために子の監護及び教育をする権利を有し，義務を負う。

民法は，この監護教育権の具体的な内容として，居所指定権（民§821），懲戒権（民§822），職業許可権（民§823Ⅰ）を定めている。

> （居所の指定）
> **第821条** 子は，親権を行う者が指定した場所に，その居所を定めなければならない。
> （懲戒）
> **第822条** 親権を行う者は，第820条の規定による監護及び教育に必要な範囲内でその子を懲戒することができる。
> （職業の許可）
> **第823条** 子は，親権を行う者の許可を得なければ，職業を営むことができない。
> 2 親権を行う者は，第6条第2項の場合には，前項の許可を取り消し，又はこれを制限することができる。

(2) 子の引渡請求権

親権者または監護者は，その親権または監護権の義務履行として，子の最善の環境または最善の利益を確保するために，子と同居し，または子の居所を指定して，監護教育に努めなければならない（民§820以下）。そこで，親権者や監護者の同意がないのに子が第三者の下で養育されているようなときは，親権者や監護権者に，妨害排除的効力として，子の引渡請求が認められる（最判昭35.3.15）。

➡ 子の引渡しについて，強制執行も認められている（民執§174）。

2　子の財産管理

(1)　財産管理権と代理権・同意権

（財産の管理及び代表）

第824条　親権を行う者は，子の財産を管理し，かつ，その財産に関する法律行為についてその子を代表する。ただし，その子の行為を目的とする債務を生ずべき場合には，本人の同意を得なければならない。

① 親権者は，子の財産を管理し，また，その財産に関する法律行為について，その子を代表（代理）する（民§824本文）。

次の場合は，親権者である父または母の管理には属しない。

㋐ 親権者が処分を許した財産（民§5）

㋑ 営業の許可を受けた子が管理する営業財産（民§6）

㋒ 第三者が，親権を行う父または母にこれを管理させない意思を表示して，無償で子に与えた財産（民§830Ⅰ）。

② 親権者が子の行為を目的とする債務を生じさせる場合には，本人の同意を要する。

(2)　親権者の代理権濫用

親権者が子を代理する権限を濫用して法律行為をした場合に，相手方が濫用の事実を知り，または知ることができたときは，その行為の効果は子に及ばない（最判平4.12.10)。

(3)　親権者の注意義務

（財産の管理における注意義務）

第827条　親権を行う者は，自己のためにするのと同一の注意をもって，その管理権を行わなければならない。

親権者とその親権に服する子は，親子という特別な関係にあるため，他人のための委任事務（民§644）等の善良な管理者の注意義務を軽減したものである。

H28-21
H19-21
H6-21

H6-21 　(4)　財産管理の計算等

（財産の管理の計算）

第828条　子が成年に達したときは，親権を行った者は，遅滞なくその管理の計算をしなければならない。ただし，その子の養育及び財産の管理の費用は，その子の財産の収益と相殺したものとみなす。

（第三者が無償で子に与えた財産の管理）

第830条　無償で子に財産を与える第三者が，親権を行う父又は母にこれを管理させない意思を表示したときは，その財産は，父又は母の管理に属しないものとする。

2　前項の財産につき父母が共に管理権を有しない場合において，第三者が管理者を指定しなかったときは，家庭裁判所は，子，その親族又は検察官の請求によって，その管理者を選任する。

3　第三者が管理者を指定したときであっても，その管理者の権限が消滅し，又はこれを改任する必要がある場合において，第三者が更に管理者を指定しないときも，前項と同様とする。

4　第27条から第29条までの規定は，前二項の場合について準用する。

（委任の規定の準用）

第831条　第654条及び第655条の規定は，親権を行う者が子の財産を管理する場合及び前条の場合について準用する。

（財産の管理について生じた親子間の債権の消滅時効）

第832条　親権を行った者とその子との間に財産の管理について生じた債権は，その管理権が消滅した時から5年間これを行使しないときは，時効によって消滅する。

2　子がまだ成年に達しない間に管理権が消滅した場合において子に法定代理人がないときは，前項の期間は，その子が成年に達し，又は後任の法定代理人が就職した時から起算する。

H12-22 　(5)　子の親権の代行

（子に代わる親権の行使）

第833条　親権を行う者は，その親権に服する子に代わって親権を行う。

【例】　父母の親権に服している未成年の娘Aが婚姻外で生んだ子Bに対して

は，父母が娘Aに代わって親権を行使する。

3　利益相反行為

（利益相反行為）
第826条　親権を行う父又は母とその子との利益が相反する行為については，親権を行う者は，その子のために特別代理人を選任することを家庭裁判所に請求しなければならない。
2　親権を行う者が数人の子に対して親権を行う場合において，その1人と他の子との利益が相反する行為については，親権を行う者は，その一方のために特別代理人を選任することを家庭裁判所に請求しなければならない。

(1)　意　義

利益相反行為とは，単に親権者と未成年の子との間の法律行為に限らず，**親権者のために利益となり未成年の子のために不利益となる法律行為**をいう（大判大10.8.10）。

(2)　特別代理人の選任

①　親権者の一方と利益相反関係となる場合

親権を行う父または母とその子の間で利益が相反する行為については，親権を行う者は，その子のために特別代理人の選任を家庭裁判所に請求しなければならない（民§826Ⅰ）。

そして，その特別代理人と，利益相反関係にない他方の親権者が共同して代理行為をする（最判昭35.2.25）。

②　数人の子の間の利益相反の場合

親権を行う者が数人の子に対して親権を行う場合において，その1人と他の子との利益が相反する行為については，親権を行う者は，その一方のために，特別代理人を選任することを家庭裁判所に請求しなければならない（民§826Ⅱ）。

(3)　利益相反行為の判断基準

⬚ケーススタディ

次の@ⓑの親権者の行為は，利益相反行為となるか。

@　親権者が，他人の債務について子と共に連帯保証人になるとともに，
子との共有不動産の全部につき抵当権を設定した場合。

ⓑ　借受金を親権者自身の用途に充当する意図で，親権者が子の名におい
て，金員を借り受け，子の不動産に抵当権を設定した場合。

H17-21　<論点>

具体的にどのような行為が利益相反行為に該当するかの判断基準をめぐ
っては，形式的判断説と実質的判断説の対立がある。

①　形式的判断説（最判昭37.10.2，同昭42.4.18）

利益相反行為に該当するかどうかは，**行為自体を外形的・客観的に判断
すべきであって，**親権者の動機・意図をもって判断すべきでないとする見
解。

②　実質的判断説

行為の動機，目的，実際的効果などの一切の事情を考慮して判断すべき
であるとする見解。

	形式的判断説	実質的判断説
判断基準	利益相反行為に該当するかどうかは，行為自体を外形的・客観的に判断すべきである。	利益相反行為に該当するかどうかは，行為の動機，目的，実際的効果などの一切の事情を考慮して判断すべきである。
根　拠	行為の相手方が，利益相反行為に当たるか否かの判断を行い易くすることによって，取引の安全をより重視すべきである。	親権を行う者が，子の利益を無視して自己の利益を図るためにする行為を広く制限すべきであり，子の利益の保護をより重視すべきである。
批　判	子の利益保護という民法826条の趣旨に反する危険性がある。	行為の相手方である第三者にとっては，利益相反行為に当たるか否かの判断が困難となり，取引の安全が害されるおそれがある。

反　　論	利益相反行為に当たらない場合でも，法定代理権（民§824）を濫用して法律行為をしたときには，「代理権の濫用」の法理によりその行為の効果は子に及ばないとすることにより，子の利益を図ることができる。	利益相反行為に当たる場合でも，親権者の意図につき，行為の相手方が善意無過失のときは，民法110条の表見代理の法的構成によって相手方を保護することにより，取引の安全を図ることができる。
ⓐの帰結	利益相反行為となる。	利益相反行為となる。
ⓑの帰結	利益相反行為とならない。	利益相反行為となる。

⑷　具体的ケース

以下の分類は，形式的判断説（判例）の立場によるものである。

① 　利益相反行為となるもの

㋐ 　親権を行う者の債務につき，子を連帯債務者（大判大3.9.28），または保証人（大判昭11.8.7）とする場合。

㋑ 　子の財産を親権者に譲渡する場合（債権につき大判昭6.3.9，不動産につき大判昭10.9.20）。 `H3-5`

㋒ 　養育費に充てるためであっても，親権者自身が金銭を借り受け，その債務について子の財産に抵当権を設定すること（最判昭37.10.2），または，親権者の債務につき，子の財産をもって代物弁済契約を締結すること（最判昭35.2.25）。 `H26-21` `H3-5`

㋓ 　親権者が，他人の債務について子と共に連帯保証人になるとともに，子との共有不動産の全部につき抵当権を設定する場合（最判昭43.10.8）。 `H19-21` `H7-22`

㋔ 　親権者と子が共同相続人である場合に，遺産分割協議をすること（大阪高決昭41.7.1）。

🖐 理由 　遺産分割とは，相続財産を各相続人に分配する手続である。乱暴にいえば，財産を取り合う行為であるので，利益が相反する行為に当たる。

【例】　Aが死亡し，妻のB，成年の子Cおよび未成年の子Dが相続人となった。この場合，遺産分割協議をすることは，BとDの間で利益が相反する行為となり，BはDを代理できない。

➡　Bは，Dのために特別代理人を選任することを家庭裁判所に請求することを要する。

➡　家庭裁判所によって選任された特別代理人がDを代理して，他の相続人と遺産分割協議をする。

㋕　相続権を有しない親権者が，共同相続人である数人の子を代理して遺産分割の協議をする場合（最判昭49.7.22）。

➡　子の1人と他の子との利益が相反する行為に当たる。

【例】　Aが死亡し，妻のB，未成年の子CおよびDが相続人となった。その後，Bは，相続の放棄をした（相続人はC・Dの2人となった）。

この場合に，遺産分割協議をすることは，CとDの間で利益が相反する行為となり，親権者Bは子のうち1人（たとえばC）しか代理することができない。そして，他の子（D）のために，特別代理人の選任を請求することを要する。

② 利益相反行為とならないもの

㋐　親権を行う者が子に財産を無償で譲渡する場合（大判昭6.11.24）。

㋑　親権者が未成年である**子を債務者**として金銭を借り入れ，その担保のために子が所有する不動産に抵当権を設定する場合（大判昭9.12.21）。

㋒　親権者である母が未成年の子の継父である夫の債務の担保のため，未成年の子の法定代理人として，未成年の子が所有する不動産に抵当権を設定する場合（最判昭35.7.15）。

㋓　未成年者が自己を債務者として第三者から金銭を借り入れ，その際，親権者が連帯保証人となる場合（最判昭42.4.18）。

㋔　共同相続人である親権者が，自ら相続の放棄をした後または同時に，未成年者全員を代理して相続の放棄をする場合（最判昭53.2.24参照）。

㋕　借受金を親権者自身の用途に充当する意図で，親権者が子の名におい

て金員を借り受け，子の不動産に抵当権を設定する場合（最判平4.12.10）

(5) 利益相反行為の効力

① 親権者が，利益相反行為について，子を代理してした行為は，**無権代理**　`H26-21`
行為となり，子が成年に達した後は，これを追認することができる（大判　`H6-21`
昭11.8.7，最判昭46.4.20）。　`H2-18`

② 特別代理人の同意を得ることなく，親権者が同意を与え，これに基づい
て子が自ら利益相反行為をした場合は，適法な同意がなかったものとして
取り消すことのできる法律行為となる（大判昭9.5.2）。

(6) 利益相反行為と親権者の法定代理権濫用（最判平4.12.10）

実質的判断説からは利益相反行為となるが，形式的判断説からは利益相反
行為とならない場合でも，親権者の代理権濫用の問題として，その行為の効
果が子に及ばないとすることができるか否かが問題となる。

① 利益相反行為に当たらない場合，特段の事情が存しない限り，親権者に
よる代理権の濫用に当たると解することはできない（最判平4.12.10）。

② 利益相反行為に当たらない場合であっても，親権者が，子の利益を無視
してもっぱら自己または第三者の利益を図ることのみを目的として行うな
ど，その法定代理権（民§824）を濫用して法律行為をした場合において，
その行為の相手方が当該濫用の事実を知りまたは知ることができたとき
は，改正前の民法93条ただし書の規定を類推適用して（現行民§107），そ
の行為の効果は子に及ばないとして，子の利益の保護を図ることができる
（同判例）。

3 親権の喪失

1 総　説

父母の行状が，子の福祉および子の財産の保全を図る目的からみて親権者と　`H8-19`
して相当でない場合，あるいは管理が失当であったことにより子の利益を著し　`H6-21`
く害した場合には，子の福祉のために，**親権を喪失・停止あるいは財産管理権
を喪失**させる必要がある。そこで，家庭裁判所は，子の親族等一定の者からの
請求によって，その親権あるいは管理権を喪失させたり，親権を停止させたり

することができるものとして（民§834，835），子の福祉および子の財産の保全を図っている。

2　親権喪失・停止の審判
(1)　親権喪失の審判

> （親権喪失の審判）
> **第834条**　父又は母による虐待又は悪意の遺棄があるときその他父又は母による親権の行使が著しく困難又は不適当であることにより子の利益を著しく害するときは，家庭裁判所は，子，その親族，未成年後見人，未成年後見監督人又は検察官の請求により，その父又は母について，親権喪失の審判をすることができる。ただし，2年以内にその原因が消滅する見込みがあるときは，この限りでない。

① 要　件
　　⑦　父または母による虐待または悪意の遺棄があるとき。
　　④　父または母による親権の行使が著しく困難または不適当であることにより子の利益を著しく害するとき。

② 請求者
　　子，その親族，未成年後見人，未成年後見監督人または検察官。

③ 例　外
　　家庭裁判所は，2年以内にその原因が消滅する見込みがあるときは，親権喪失の審判をすることができない。

④ 効　果
　　父母が共同で親権を行使していた場合に，父母の一方が，子に対する親権を喪失したときは，他方が単独で親権を行使することになる（民§818Ⅲただし書）。
　　また，父母が共同で，または単独で親権を行使していた場合に，親権喪失の審判を受けて，親権を行使する者がいなくなったときは，後見が開始する（民§838①）。

➕ **アルファ**

　親権を喪失した場合は，身上監護権も管理権も行使することができなくなるが，親子関係まで喪失するわけではないので，親子間の相続などは当然に認められる。

(2)　親権停止の審判

> （親権停止の審判）
> **第834条の2**　父又は母による親権の行使が困難又は不適当であることにより子の利益を害するときは，家庭裁判所は，子，その親族，未成年後見人，未成年後見監督人又は検察官の請求により，その父又は母について，親権停止の審判をすることができる。
> 2　家庭裁判所は，親権停止の審判をするときは，その原因が消滅するまでに要すると見込まれる期間，子の心身の状態及び生活の状況その他一切の事情を考慮して，2年を超えない範囲内で，親権を停止する期間を定める。

　① 要　件
　　父または母による親権の行使が困難または不適当であることにより子の利益を害するとき。

`R3-21`
`H26-21`

　② 請求者
　　子，その親族，未成年後見人，未成年後見監督人または検察官。

　③ 停止期間
　　家庭裁判所が**2年を超えない範囲内**で期間を定める。

　④ 効　果
　　親権停止の期間中は，親権喪失と同様の効果が生ずる。

3　管理権喪失の審判

（管理権喪失の審判）
第835条　父又は母による管理権の行使が困難又は不適当であることにより子の利益を害するときは，家庭裁判所は，子，その親族，未成年後見人，未成年後見監督人又は検察官の請求により，その父又は母について，管理権喪失の審判をすることができる。

(1)　**要　件**

　　父または母による管理権の行使が困難または不適当であることにより子の利益を害するとき。

(2)　**請求者**

　　子，その親族，未成年後見人，未成年後見監督人または検察官。

(3)　**効　果**

　　父母が共同で親権を行使していた場合に，父母の一方が，子の財産に対する管理権を喪失したときは，**他方が単独で財産管理権を行使**することになる（民§824本文参照）。

　　また，父母が共同で，または単独で親権を行使していた場合に，管理権喪失の審判を受けて，管理権を行使する者がいなくなったときは，財産に関する権限だけの未成年後見人が選任される（民§838Ⅰ，868）。

➕ アルファ

　　管理権喪失の効果は，管理権を失わせるだけであるから，身上監護権は，なお共同して行使される。

4　親権喪失・停止または管理権喪失の審判の取消し

（親権喪失，親権停止又は管理権喪失の審判の取消し）
第836条　第834条本文，第834条の2第1項又は前条に規定する原因が消滅したときは，家庭裁判所は，本人又はその親族の請求によって，それぞれ親権喪失，親権停止又は管理権喪失の審判を取り消すことができる。

5　親権または管理権の辞任・回復

（親権又は管理権の辞任及び回復）
第837条　親権を行う父又は母は，やむを得ない事由があるときは，家庭裁判所の許可を得て，親権又は管理権を辞することができる。
2　前項の事由が消滅したときは，父又は母は，家庭裁判所の許可を得て，親権又は管理権を回復することができる。

⑴　**親権または管理権の辞任**

　　親権は，義務的性格を内容とする権能であるから，みだりに辞任することは許されない。しかし，親権を行う父または母は，やむを得ない事由があるときは，家庭裁判所の許可を得て，親権または管理権を辞することができる（民§837Ⅰ）。

⑵　**親権または管理権の回復**

　　親権または管理権を辞任した後，やむを得ない事由が消滅したときは，父または母は，家庭裁判所の許可を得て，親権または管理権を回復することができる（民§837Ⅱ）。

第5章
後見・保佐・補助

第1節　後　見

Topics ・制限行為能力者制度については，民法総則の条文とともに理解する必要があるが，ここでは，その者たちを保護する側について学習する。
・後見の開始原因・機関については，未成年後見と成年後見の違いに注意しながら，まとめておくこと。
・後見の事務・終了については，本試験で出題されていないので，一通り読んでおけば足りる。

1　後見の開始

1　意　義

　　後見とは，親権による保護を受けることのできない未成年者や精神上の障害により事理を弁識する能力を欠く常況にある成年被後見人のために，国家的監督のもとにその身上および財産上の保護を行うことを目的とする制度をいう。
　　このうち未成年者のための後見を未成年後見，成年被後見人のための後見を成年後見という。

(1)　未成年後見

　　わが国では，未成年者の保護は，原則として親権の問題とされている。
　　したがって，未成年後見は，その未成年者に親権者がいないとき，あるいは親権者が親権を喪失したり管理権を喪失することによって，未成年者を保護することができない場合に限って，例外的に開始する（民§838①）。

(2)　成年後見

　　心神喪失の常況にある者として家庭裁判所によって後見開始の審判（民§7）がされた者には，その財産の管理，および療養看護をするための保護者が必要となる。このために設けられた制度が成年後見である（民§838②）。
そして，成年被後見人には，成年後見人が必ず付される。

2　後見開始事由

> 第838条　後見は，次に掲げる場合に開始する。
> 一　未成年者に対して親権を行う者がないとき，又は親権を行う者が管理権
> 　を有しないとき。
> 二　後見開始の審判があったとき。

(1)　未成年後見の場合

① 　未成年者に対して親権を行う者がないとき（民§838①）　　　　　H22-21

「未成年者に対して親権を行う者がないとき」とは，親権者の死亡あるい
は親権の喪失・停止の審判，辞任（民§834，834の2，837Ⅰ）により未
成年者に対する親権者が存在しないときのほか，親権者がいる場合でも，
法律上または事実上の理由により親権を行うことができないときをいう。

⑦ 　父母が離婚した後に，親権者と定められた一方が死亡した場合

この場合は，未成年後見が開始する（大阪高決昭28.9.3，先例昭
23.8.12-2370）。生存する父母の他方が，必ずしも親権者としてふさわ
しいとはいえないからである。

⑦ 　養親の双方が死亡した場合

この場合は，実父母がいてもその親権は復活することなく，未成年後
見が開始する（東京高決昭56.9.2，先例昭23.8.12-2370）。

⑦ 　養親の一方が死亡した後，他方の親権者と未成年者の養子が離縁した
場合

この場合は，実父母の親権は復活することなく，未成年後見が開始す
る（先例昭25.3.30-859）。

㊀ 　養親が養親の一方を親権者と定めて離婚した後，未成年者である養子
が養親と離縁した場合

この場合，他方の養親が生存していても，後見が開始する（通説）。

㊄ 　養父母双方と未成年者の養子が離縁した場合　　　　　　　　　　H12-22

この場合は，実父母の親権が回復し，未成年後見は開始しない（多数説）

H12-22 ② 未成年者に対して親権を行う者が管理権を有しないとき（民§838①）

「未成年者に対して親権を行う者が管理権を有しないとき」とは，親権者が管理権の喪失の審判を受けた場合(民§835)や，管理権を辞した場合(民§837Ⅰ)をいう。

これらの場合には，未成年者の財産管理のためだけに未成年後見が開始する。

(2) 成年後見の場合

H22-21 成年後見は，後見開始の審判（民§7）があったときに開始する（民§838②）。

2 後見の機関

1 後見人

(1) 後見の機関

後見の機関には，執行機関としての後見人と，監督機関としての後見監督人および家庭裁判所の三者がある。

後見人は，必須の機関であるのに対して（民§839，840），後見監督人は，任意の機関である（民§849）。

また，家庭裁判所も後見事務の適正を期すため，後見の監督について重要な機能を営んでいる。

(2) 後見人の指定・選任

① 未成年後見の場合

㋐ 未成年後見人の指定

（未成年後見人の指定）

第839条 未成年者に対して最後に親権を行う者は，遺言で，未成年後見人を指定することができる。ただし，管理権を有しない者は，この限りでない。

2 親権を行う父母の一方が管理権を有しないときは，他の一方は，前項の規定により未成年後見人の指定をすることができる。

H29-21 未成年後見人として指定された者を，指定後見人という。

「最後に親権を行う者」とは，その者が死亡すれば親権を行う者がいなくなる場合をいう。したがって，未成年者が父母の共同親権に服している場合は，一方の親権者は，遺言によって未成年後見人を指定すること

はできない。

　　もっとも，父母が共同で親権を行使する場合でも，その一方が管理権を有しないときは，他の一方は遺言によって管理権のみの未成年後見人を指定することができる（同Ⅱ）。

➕ アルファ

　　指定後見人となる者は，未成年者に対して最後に親権を行う者が指定した者であって，指定自体を家庭裁判所等の第三者に委託することはできない。

　　㋑　未成年後見人の選任

（未成年後見人の選任）　　　　　　　　　　　　　　　　　　　H29-21

第840条　前条（未成年後見人の指定）の規定により未成年後見人となるべき者がないときは，家庭裁判所は，未成年被後見人又はその親族その他の利害関係人の請求によって，未成年後見人を選任する。未成年後見人が欠けたときも，同様とする。

2　未成年後見人がある場合においても，家庭裁判所は，必要があると認めるときは，前項に規定する者若しくは未成年後見人の請求により又は職権で，更に未成年後見人を選任することができる。

3　未成年後見人を選任するには，未成年被後見人の年齢，心身の状態並びに生活及び財産の状況，未成年後見人となる者の職業及び経歴並びに未成年被後見人との利害関係の有無（未成年後見人となる者が法人であるときは，その事業の種類及び内容並びにその法人及びその代表者と未成年被後見人との利害関係の有無），未成年被後見人の意見その他一切の事情を考慮しなければならない。

　　　　指定後見人が定められなかった場合，一度定まった後見人が死亡その他の事由で欠けた場合に，選定された後見人を，選定後見人という。

　　㋒　父母による未成年後見人の選任の請求

（父母による未成年後見人の選任の請求）

第841条　父若しくは母が親権若しくは管理権を辞し，又は父若しくは母について親権喪失，親権停止若しくは管理権喪失の審判があったことによって未成年後見人を選任する必要が生じたときは，その父又は母は，遅滞なく未成年後見人の選任を家庭裁判所に請求しなければならない。

H29-21
H22-21
　　　　㋔　未成年後見人の人数等

　　　　　　未成年後見人は，１人に限らず，複数人であってもよい。また，未成
　　　　年後見人は法人であってもよい（民§840Ⅲ参照）。

　　　② 成年後見の場合
　　　　㋐　成年後見人の選任

（成年後見人の選任）

第843条　家庭裁判所は，後見開始の審判をするときは，職権で，成年後見人
を選任する。

2　成年後見人が欠けたときは，家庭裁判所は，成年被後見人若しくはその親
族その他の利害関係人の請求により又は職権で，成年後見人を選任する。

3　成年後見人が選任されている場合においても，家庭裁判所は，必要がある
と認めるときは，前項に規定する者若しくは成年後見人の請求により又は職
権で，更に成年後見人を選任することができる。

　　　　㋑　選任の方法

（成年後見人の選任）

第843条

4　成年後見人を選任するには，成年被後見人の心身の状態並びに生活及び財
産の状況，成年後見人となる者の職業及び経歴並びに成年被後見人との利害
関係の有無（成年後見人となる者が法人であるときは，その事業の種類及び
内容並びにその法人及びその代表者と成年被後見人との利害関係の有無），成
年被後見人の意見その他一切の事情を考慮しなければならない。

　　　　㋒　成年後見人の人数等

H27-21
　　　　　　成年後見人は，複数人でもよい（民§859の２参照）。また，成年後見
　　　　人は，法人であってもよい（民§843Ⅳ参照）。

(3)　後見人の欠格事由

（後見人の欠格事由）

第847条　次に掲げる者は，後見人となることができない。

一　未成年者
二　家庭裁判所で免ぜられた法定代理人，保佐人又は補助人
三　破産者
四　被後見人に対して訴訟をし，又はした者並びにその配偶者及び直系血族
五　行方の知れない者

趣旨

　後見人は，被後見人の身上および財産上の保護を行う者であるから，そのために十分な能力を備え被後見人の利益を図ることができる者である必要がある。

　　次に掲げる者は，後見人の職務を行うのに適しない事由（欠格事由）のある者として，後見人になることができず，これらの者を後見人としても無効である。また，後見人に就職した後に欠格事由に該当した場合は，当然に後見人としての資格を失う（民§847）。

① 　未成年者（同①）
② 　家庭裁判所で免ぜられた法定代理人，保佐人または補助人（同②）
③ 　破産者（同③）
④ 　被後見人に対して訴訟をし，またはした者ならびにその配偶者および直系血族（同④）
　➡ 　この場合，後見人が原告であるか被告であるかは問わない。
⑤ 　行方の知れない者（同⑤）

⑷ 後見人の辞任・解任
① 　後見人の辞任

R2-21
H22-21

（後見人の辞任）
第844条 　後見人は，正当な事由があるときは，家庭裁判所の許可を得て，その任務を辞することができる。
（辞任した後見人による新たな後見人の選任の請求）
第845条 　後見人がその任務を辞したことによって新たに後見人を選任する必要が生じたときは，その後見人は，遅滞なく新たな後見人の選任を家庭裁判所に請求しなければならない。

趣旨

　後見は，公共的意義を有するものであるから，後見人はみだりに辞任すること
は許されず，正当な事由があり，かつ**家庭裁判所の許可**を受けた場合にのみ辞任
することができるとしたものである。

　　②　後見人の解任

> （後見人の解任）
> **第846条**　後見人に不正な行為，著しい不行跡その他後見の任務に適しない事
> 　由があるときは，家庭裁判所は，後見監督人，被後見人若しくはその親族若
> 　しくは検察官の請求により又は職権で，これを解任することができる。

　　　　解任は，後見人である資格を全面的に失わせることであり，後見人の職
　　務の一部のみを解任することはできない。

2　後見監督人
　後見人が権限を濫用して，被後見人に不利な後見事務が行われることがない
ようにするために，**必要に応じて**，後見人の監督機関として後見監督人を設け
ることができる。

(1)　後見監督人の指定・選任
　　①　未成年後見監督人の指定

> （未成年後見監督人の指定）
> **第848条**　未成年後見人を指定することができる者は，遺言で，未成年後見監
> 　督人を指定することができる。

　　②　後見監督人の選任

R4-21

> （後見監督人の選任）
> **第849条**　家庭裁判所は，必要があると認めるときは，被後見人，その親族若
> 　しくは後見人の請求により又は職権で，後見監督人を選任することができる。

⑵　**後見監督人の欠格事由および辞任・解任**
　①　欠格事由

（後見監督人の欠格事由）
第850条　後見人の配偶者，直系血族及び兄弟姉妹は，後見監督人となることができない。

　　　後見人の欠格事由の規定（民§847）が準用される（民§852）ほか，後見監督人特有のものとして，後見人の配偶者，直系血族，兄弟姉妹は，監督機関としては不適当であるため，後見監督人となることができない（民§850）。

　②　後見監督人の辞任・解任
　　　後見人の場合と同様である（民§852，844，846）。

③　後見の事務

1　総　説
⑴　**後見人の職務の内容**
　　　後見の事務については，後見人の職務，後見監督人の職務，および家庭裁判所による監督に分けることができる。
　　　そして後見人の職務の内容には，就職時の事務，被後見人の身上に関する事務，被後見人の財産に関する事務がある。とくに，身上に関する事務については，未成年後見の場合と成年後見の場合とで異なることになる。すなわち，未成年後見人には，親権の延長として，身上の監護，財産の管理権（民§859Ⅰ前段），財産行為の代表権（同Ⅰ後段）および同意権（民§5Ⅰ）があり，成年後見人には，身上に関しての療養看護，財産の管理権（民§859Ⅰ前段），財産行為の代表権（同Ⅰ後段）はあるが，同意権はない。

⑵　**就職時の事務**
　　　後見人の就職時の事務として，①財産の調査および目録の作成，②財産の目録の作成前の権限，③後見人の被後見人に対する債権または債務の申出義務が規定されている。

（財産の調査及び目録の作成）
第853条　後見人は，遅滞なく被後見人の財産の調査に着手し，1箇月以内に，

その調査を終わり，かつ，その目録を作成しなければならない。ただし，この期間は，家庭裁判所において伸長することができる。

2　財産の調査及びその目録の作成は，後見監督人があるときは，その立会いをもってしなければ，その効力を生じない。

（財産の目録の作成前の権限）

第854条　後見人は，財産の目録の作成を終わるまでは，急迫の必要がある行為のみをする権限を有する。ただし，これをもって善意の第三者に対抗することができない。

（後見人の被後見人に対する債権又は債務の申出義務）

第855条　後見人が，被後見人に対し，債権を有し，又は債務を負う場合において，後見監督人があるときは，財産の調査に着手する前に，これを後見監督人に申し出なければならない。

2　後見人が，被後見人に対し債権を有することを知ってこれを申し出ないときは，その債権を失う。

2　未成年後見人の事務

⑴　被後見人の身上に関する事務

① 監護・教育する権利義務（民§820），居所指定権（民§821），懲戒権（民§822），職業許可権（民§823）

（未成年被後見人の身上の監護に関する権利義務）

第857条　未成年後見人は，第820条から第823条までに規定する事項について，親権を行う者と同一の権利義務を有する。ただし，親権を行う者が定めた教育の方法及び居所を変更し，営業を許可し，その許可を取り消し，又はこれを制限するには，未成年後見監督人があるときは，その同意を得なければならない。

② 未成年被後見人に代わる親権の行使

H29-21

（未成年被後見人に代わる親権の行使）

第867条　未成年後見人は，未成年被後見人に代わって親権を行う。

⑵　**被後見人の財産に関する事務**

　　後見人は，被後見人の財産の管理をし，その財産に関する法律行為について被後見人を代表する（民§859Ⅰ）。

①　財産管理の善管注意義務（民§869，644）　　　　　　　　H22-21

②　財産調査・財産目録作成の義務（民§853，854）

③　未成年被後見人に対する債権・債務の申出（民§855）

④　利益相反取引の特別代理人の選任請求（民§860）

⑤　支払金額の予定（民§861）

⑥　親権を行う者が管理権を有しない場合には，未成年後見人は財産に関する権限のみを有する（民§868）。

⑶　**未成年後見人が数人ある場合の権限の行使等**

（未成年後見人が数人ある場合の権限の行使等）

第857条の2　未成年後見人が数人あるときは，共同してその権限を行使する。

2　未成年後見人が数人あるときは，家庭裁判所は，職権で，その一部の者に　　　　　H28-21
　ついて，財産に関する権限のみを行使すべきことを定めることができる。

3　未成年後見人が数人あるときは，家庭裁判所は，職権で，財産に関する権限について，各未成年後見人が単独で又は数人の未成年後見人が事務を分掌して，その権限を行使すべきことを定めることができる。

4　家庭裁判所は，職権で，前二項の規定による定めを取り消すことができる。

5　未成年後見人が数人あるときは，第三者の意思表示は，その一人に対してすれば足りる。

3　成年後見人の事務

⑴　**成年後見人の配慮義務**

（成年被後見人の意思の尊重及び身上の配慮）

第858条　成年後見人は，成年被後見人の生活，療養看護及び財産の管理に関する事務を行うに当たっては，成年被後見人の意思を尊重し，かつ，その心身の状態及び生活の状況に配慮しなければならない。

---

(2) 財産管理権・代理権等
① 代理権

R2-21

> （財産の管理及び代表）
> **第859条**　後見人は，被後見人の財産を管理し，かつ，その財産に関する法律行為について被後見人を代表する。

　　ただし，成年被後見人の行為を目的とする債務を生じさせる場合には，本人の同意を得なければならない（民§859Ⅱ，824ただし書）。

R2-21
H27-21

② 取消権
　　後見人は，日用品の購入その他日常生活に関する行為を除き，成年被後見人の法律行為を**取り消すことができる**（民§9）。

③ 成年後見人が数人ある場合

> （成年後見人が数人ある場合の権限の行使等）
> **第859条の2**　成年後見人が数人あるときは，家庭裁判所は，職権で，数人の成年後見人が，共同して又は事務を分掌して，その権限を行使すべきことを定めることができる。
> **2**　家庭裁判所は，職権で，前項の規定による定めを取り消すことができる。
> **3**　成年後見人が数人あるときは，第三者の意思表示は，その一人に対してすれば足りる。

④ 成年後見人による居住建物等の処分

H28-21

> （成年被後見人の居住用不動産の処分についての許可）
> **第859条の3**　成年後見人は，成年被後見人に代わって，その居住の用に供する建物又はその敷地について，売却，賃貸，賃貸借の解除又は抵当権の設定その他これらに準ずる処分をするには，家庭裁判所の許可を得なければならない。

 趣旨

被後見人の居住環境の変化は，その心身の状況に大きな影響を与えるおそれが

あることから，成年後見人が成年被後見人の居住不動産を処分する場合には，家庭裁判所の許可を得なければならないとしたものである。

⑤ 成年後見人と成年被後見人の利益相反行為

H27-21

（利益相反行為）
第860条 第826条（親権者と子の利益相反行為と特別代理人の選任）の規定は，後見人について準用する。ただし，後見監督人がある場合は，この限りでない。

⑥ 被後見人からの財産等の譲受け

（被後見人の財産等の譲受けの取消し）
第866条 後見人が被後見人の財産又は被後見人に対する第三者の権利を譲り受けたときは，被後見人は，これを取り消すことができる。

　この場合においては，制限行為能力者の相手方の催告権（民§20）の規定を準用する（民§866Ⅰ）。
　この規定は取り消すことができる法律行為の取消しの効果・追認（民法121条から126条まで）の規定の適用を妨げない（同Ⅱ）。

(3) 後見人の費用・報酬
① 支出金額の予定・費用の支弁

（支出金額の予定及び後見の事務の費用）
第861条 後見人は，その就職の初めにおいて，被後見人の生活，教育又は療養看護及び財産の管理のために毎年支出すべき金額を予定しなければならない。
2 後見人が後見の事務を行うために必要な費用は，被後見人の財産の中から支弁する。

H28-21

② 後見人の報酬

（後見人の報酬）
第862条 家庭裁判所は，後見人及び被後見人の資力その他の事情によって，被後見人の財産の中から，相当な報酬を後見人に与えることができる。

　　　　後見人は，原則として無報酬である。しかし，後見事務を行うことは，
　　事情によっては後見人にとって大きな負担となるため，報酬を支払うこと
　　ができるとしたものである。

4　後見監督人の職務

(1)　後見監督人の職務

（後見監督人の職務）

第851条　後見監督人の職務は，次のとおりとする。

　一　後見人の事務を監督すること。

　二　後見人が欠けた場合に，遅滞なくその選任を家庭裁判所に請求すること。

　三　急迫の事情がある場合に，必要な処分をすること。

R4-21

　四　後見人又はその代表する者と被後見人との利益が相反する行為について
　　　被後見人を代表すること。

(2)　委任および後見人の規定の準用

R4-21

　　民法644条（善管注意義務），654条（委任終了後の処分），655条（委任終
了の対抗要件），844条（後見人の辞任），846条（後見人の解任），847条（後
見人の欠格事由），861条2項（後見事務の費用）および862条（後見人の報酬）
の規定は，後見監督人に準用する（民§852）。

　　民法840条3項（未成年後見人の選任）および857条の2（未成年後見人が
数人ある場合の権限の行使等）の規定は未成年後見監督人について，843条
4項（成年後見人の選任），859条の2（成年後見人が数人ある場合の権限の
行使等）および859条の3（成年被後見人の居住用不動産の処分についての
許可）の規定は，成年後見監督人に準用する（同）。

(3)　後見監督人の同意を要する行為

（後見監督人の同意を要する行為）

第864条　後見人が，被後見人に代わって営業若しくは第13条第1項各号に掲
　　げる行為（保佐人の同意を要する行為）をし，又は未成年被後見人がこれを
　　することに同意するには，後見監督人があるときは，その同意を得なければ
　　ならない。ただし，同項第1号に掲げる元本の領収については，この限りで
　　ない。

後見人が，この規定に反してし，または同意を与えた行為は，被後見人ま ▐R4-21▐
たは後見人が取り消すことができる。この場合においては，制限行為能力者
の相手方の催告権（民§20）の規定を準用する（民§865Ⅰ）。

5 家庭裁判所の監督
後見事務の監督機関である後見監督人は必須の機関でないので，後見の監督
を十分にするために家庭裁判所が監督機関として機能することになる。

（後見の事務の監督） ▐H27-21▐

第863条 後見監督人又は家庭裁判所は，いつでも，後見人に対し後見の事務
の報告若しくは財産の目録の提出を求め，又は後見の事務若しくは被後見人
の財産の状況を調査することができる。

2 家庭裁判所は，後見監督人，被後見人若しくはその親族その他の利害関係
人の請求により又は職権で，被後見人の財産の管理その他後見の事務につい
て必要な処分を命ずることができる。

---

④ 後見の終了

1 後見の終了原因
後見の終了には，後見そのものが全面的に消滅し，以後，後見を必要としな
くなる場合（絶対的終了）と，後見は終了しないが後見人が交代する場合（相
対的終了）の2つがある。

⑴ 絶対的終了原因としては，被後見人の死亡，未成年者の成年到達，養子縁
組，後見開始の審判の取消しなどがある。

⑵ 相対的終了原因としては，後見人の辞任・解任・欠格・死亡が主なもので
ある。

2 後見終了時の後見人の任務等

（後見の計算）

第870条 後見人の任務が終了したときは，後見人又はその相続人は，2箇月
以内にその管理の計算（以下「後見の計算」という。）をしなければならない。
ただし，この期間は，家庭裁判所において伸長することができる。

第871条　後見の計算は，後見監督人があるときは，その立会いをもってしなければならない。

第2節　保佐・補助

Topics ・保佐・補助については，機関，同意権・取消権・代理権を中心に，一
通り読んでおけば足りる。
・保佐・補助は，民法総則と合わせて確認しておくこと。

1 保　佐

1 意　義

　保佐とは，精神上の障害により事理を弁識する能力が著しく不十分であるた
めに，家庭裁判所により保佐開始の審判を受けた者（民§11）を保護する制度
をいう。

　保佐は，被保佐人の保護のために設けられた制度であり，制限行為能力者を
保護するための制度である点で，未成年者，成年被後見人に対する後見制度と
趣旨を同じくするものであるため，後見に関する規定が多く準用されている。

2 保佐の開始

（保佐の開始）
第876条　保佐は，保佐開始の審判によって開始する。

3 保佐の機関

(1) 保佐人の選任

　保佐の機関としては，執行機関としての**保佐人**（民§12）と，監督機関と
しての**保佐監督人**（民§876の3Ⅰ）および家庭裁判所がある。

（保佐人及び臨時保佐人の選任等）
第876条の2　家庭裁判所は，保佐開始の審判をするときは，職権で，保佐人
を選任する。

　保佐監督人は**任意機関**であるので，必ずしも選任する必要はない（民§
876の3Ⅰ）。

(2) 保佐人の人数

　保佐人・保佐監督人は，複数人でもよいし（民§876の2Ⅱ，876の3Ⅱ），

　　法人でもよい（民§876の2Ⅱ，876の3Ⅱ，843Ⅳ）。

⑶　保佐人の欠格事由，辞任，解任

　　保佐人・保佐監督人の辞任，解任，欠格事由などは，後見人・後見監督人に関する規定が準用される（民§876の2Ⅱ，876の3Ⅱ）。

⑷　臨時保佐人・保佐監督人

（保佐人及び臨時保佐人の選任等）

第876条の2

3　保佐人又はその代表する者と被保佐人との利益が相反する行為については，保佐人は，臨時保佐人の選任を家庭裁判所に請求しなければならない。ただし，保佐監督人がある場合は，この限りでない。

（保佐監督人）

第876条の3　家庭裁判所は，必要があると認めるときは，被保佐人，その親族若しくは保佐人の請求により又は職権で，保佐監督人を選任することができる。

　　保佐人またはその代表する者と被保佐人との利益が相反する行為については，保佐人は，臨時保佐人の選任を家庭裁判所に請求しなければならない。ただし，保佐監督人がある場合は，この限りでない（民§876の2Ⅲ）。

4　保佐人の同意権・取消権および代理権

⑴　同意権・取消権

①　同意権

　　保佐人は，民法13条1項各号の行為について同意権を有する（民§13Ⅰ）。

②　取消権

　　保佐人は，保佐人の同意を得ないでされた被保佐人の行為を取り消すことができる（民§120Ⅰ）。

⑵　代理権

（保佐人に代理権を付与する旨の審判）

第876条の4　家庭裁判所は，第11条本文に規定する者又は保佐人若しくは保佐監督人の請求によって，被保佐人のために特定の法律行為について保佐人

に代理権を付与する旨の審判をすることができる。

2　本人以外の者の請求によって前項の審判をするには，本人の同意がなければならない。

3　家庭裁判所は，第1項に規定する者の請求によって，同項の審判の全部又は一部を取り消すことができる。

保佐人は，当然に被保佐人の財産に関する行為についての代理権を有するものではない。一定の者からの請求＋家庭裁判所の審判により，**特定の法律行為についての代理権**が付与される。

➡　あくまで「特定の法律行為」についての代理権である。被保佐人の財産全般についての代理権ではない。

・　（被保佐人）本人以外の者の請求によって代理権付与の審判をするには，**本人の同意が必要**となる。

➡　本人の自己決定権の尊重である。

5　保佐の事務・任務の終了
(1)　保佐の事務
①　身上配慮義務

（保佐の事務及び保佐人の任務の終了等）
第876条の5　保佐人は，保佐の事務を行うに当たっては，被保佐人の意思を尊重し，かつ，その心身の状態及び生活の状況に配慮しなければならない。

②　保佐の事務に関する準用規定

保佐の事務に関しては，善管注意義務（民§644），保佐人が数人ある場合の権限行使制限（民§859の2），被保佐人の居住用不動産の処分許可（民§859の3），保佐の事務の必要費（民§861Ⅱ），保佐人の報酬（民§862），保佐の事務の監督（民§863）について，後見の事務に関する各規定が準用される（民§876の5Ⅱ）。

③　代理権行使についての本人の同意

保佐人が代理権付与の審判に基づき被保佐人を代表する場合において，被保佐人の行為を目的とする債務を生じさせるときは，本人の同意を得なければならない（民§876の5Ⅱ，824ただし書）。

⑵　**任務の終了**

　　保佐人の任務が終了した場合には，保佐の事務の終了後の処分（民§654），保佐の事務の終了の対抗要件（民§655），保佐の計算（民§870，871），返還金に対する利息の支払い（民§873）の各規定が，準用される（876の5Ⅲ）。

2　補　助

1　意　義

　　補助とは，精神上の障害により事理を弁識する能力が不十分であるために，家庭裁判所により補助開始の審判を受けた者（民§15Ⅰ）を保護する制度をいう。

　　補助は，被補助人の保護のために設けられた制度であり，制限行為能力者を保護するための制度である点で，未成年者，成年被後見人に対する後見制度，被保佐人に対する保佐制度と趣旨を同じくするものであるため，後見に関する規定が多く準用されている。

2　補助の開始

（補助の開始）
第876条の6　補助は，補助開始の審判によって開始する。

3　補助の機関

⑴　**補助人の選任**

　　補助の機関としては，執行機関としての**補助人**（民§16）があり，監督機関としては**補助監督人**（民§876の8Ⅰ）および家庭裁判所がある。

（補助人及び臨時補助人の選任等）
第876条の7　家庭裁判所は，補助開始の審判をするときは，職権で，補助人を選任する。

　　補助監督人は**任意機関**であり，必ずしも選任する必要はない（民§876の8Ⅰ）。

(2)　**補助人の人数**

　　補助人・補助監督人は，複数人でもよいし（民§876の7Ⅱ，876の8Ⅱ），法人でもよい（民§876の7Ⅱ，876の8Ⅱ，843Ⅳ）。

(3)　**臨時補助人・補助監督人**

（補助人及び臨時補助人の選任等）

第876条の7

3　補助人又はその代表する者と被補助人との利益が相反する行為については，補助人は，臨時補助人の選任を家庭裁判所に請求しなければならない。ただし，補助監督人がある場合は，この限りでない。

（補助監督人）

第876条の8　家庭裁判所は，必要があると認めるときは，被補助人，その親族若しくは補助人の請求により又は職権で，補助監督人を選任することができる。

　　補助人またはその代表する者と被補助人との利益が相反する行為については，補助人は，臨時補助人の選任を家庭裁判所に請求しなければならない。ただし，補助監督人がある場合は，この限りでない（民§876の7Ⅲ）。

4　補助人の同意権・取消権および代理権

(1)　**同意権・取消権**

　　①　家庭裁判所は，民法15条1項本文に規定する者または補助人もしくは補助監督人の請求により，被補助人が特定の法律行為（民法13条1項に規定する行為の一部）をするためにはその補助人の同意を得なければならない旨の審判をすることができる（民§17Ⅰ）。

　　　　ただし，本人以外の者の請求によって同意権付与の審判をするには，本人の同意がなければならない（同Ⅱ，876の4Ⅱ）。

　　②　補助人は，同意権を付与されているときには，その同意を得ないでされた被補助人の行為を取り消すことができる（民§120Ⅰ）。

(2)　**代理権**

（補助人に代理権を付与する旨の審判）

第876条の9　家庭裁判所は，第15条第1項本文に規定する者又は補助人若し

くは補助監督人の請求によって，被補助人のために特定の法律行為について
補助人に代理権を付与する旨の審判をすることができる。

　　ただし，本人以外の者の請求によって代理権付与の審判をするには，本人
の同意がなければならない（民§876の9Ⅱ，876の4Ⅱ）。

5　補助の事務・任務の終了

(1)　補助の事務に関する準用規定

　　補助の事務に関しては，善管注意義務（民§644），補助人が数人ある場合
の権限行使制限（民§859の2），被補助人の居住用不動産の処分許可（民§
859の3），補助の事務の必要費（民§861Ⅱ），補助人の報酬（民§862），補
助の事務の監督（民§863），身上配慮義務（民§876の5Ⅰ）について，後
見の事務等に関する各規定が準用される（民§876の10Ⅰ）。

(2)　代理権行使についての本人の同意

　　補助人が代理権付与の審判に基づき被補助人を代表する場合において，被
補助人の行為を目的とする債務を生じさせるときは，本人の同意を得なけれ
ばならない（民§876の10Ⅰ，824ただし書）。

(3)　任務の終了

　　補助人の任務が終了した場合には，補助の事務の終了後の処分（民§
654），補助の事務の終了の対抗要件（民§655），補助の計算（民§870,
871），返還金に対する利息の支払い（民§873）の各規定が，準用される（876
の10Ⅱ）。

第6章
扶　養

Topics ・扶養については，最近，本試験で出題されているので，扶養の当事者，過去の扶養料の求償，扶養請求権の一身専属性を中心に押さえておくこと。

1　意　義

　　扶養とは，肉体的，精神的，社会的事情によって，自己の資産・労力によって生活のできない者の生活を維持するために，その者と一定の親族的身分関係にある者が必要な生活資料を与える制度をいう。

　　ここにいう扶養は，夫婦あるいは親と未成熟子間以外の親族間の扶養をいい，義務者が自己の地位相応の生活をしてなお余裕がある場合に，その限りにおいて相手方を援助することをいう（生活扶助義務；大津家審昭46.8.4）。

2　扶養義務者

　　扶養をする義務のある者（扶養義務者）は，第1次的には直系血族・兄弟姉妹であり，第2次的には直系血族・兄弟姉妹以外の三親等内の親族である。

（扶養義務者）
第877条　直系血族及び兄弟姉妹は，互いに扶養をする義務がある。
2　家庭裁判所は，特別の事情があるときは，前項に規定する場合のほか，3親等内の親族間においても扶養の義務を負わせることができる。
3　前項の規定による審判があった後事情に変更を生じたときは，家庭裁判所は，その審判を取り消すことができる。

---

(1)　直系血族・兄弟姉妹

　　直系血族および兄弟姉妹は，法律上当然に，互いに扶養をする義務がある `H7-18`（民§877Ⅰ）。

　　「直系血族」は，実親子でも養親子でもよく，また，嫡出子でも非嫡出子で `H9-20` もよい。

　　父は，直系血族として，未成年の子に対して扶養義務を負うが，この場合，`H21-22` 父が親権者であることは必ずしも必要でない。

　　「兄弟姉妹」は，父母の双方を共通にする場合（同Ⅲ）でも一方のみを共通 `H9-22`

にする場合（半血）でもよく（東京地判昭5.4.30参照），また，養子と養親の実子や同一の養親の養子同士でもよい。

(2)　3親等内の親族

H20-21
H17-22
H8-19
H7-18

　　直系血族・兄弟姉妹以外の3親等内の親族は，当然に扶養義務者となるのではなく，**家庭裁判所が，特別の事情があると認めたときに，扶養義務者と**なる（民§877Ⅱ）。

　　なお，扶養義務の審判があった後，事情に変更が生じたときには，家庭裁判所は，その審判を取り消すことができる（同Ⅲ）。

3　扶養の順位および程度・方法

(1)　扶養の順位

> （扶養の順位）
> **第878条**　扶養をする義務のある者が数人ある場合において，扶養をすべき者の順序について，当事者間に協議が調わないとき，又は協議をすることができないときは，家庭裁判所が，これを定める。扶養を受ける権利のある者が数人ある場合において，扶養義務者の資力がその全員を扶養するのに足りないときの扶養を受けるべき者の順序についても，同様とする。

　①　扶養義務者が数人ある場合には，まず，当事者である扶養を受ける権利のある者（扶養権利者）と扶養義務者の協議によって扶養すべき者の順序を定める。しかし，当事者間に協議が調わないときまたは協議をすることができないときは，家庭裁判所がこれを定める（民§878前段）。

　②　扶養権利者が数人ある場合において，扶養義務者の資力がその全員を扶養するに足りないときの扶養を受けるべき者の順序については，①と同様である（民§878後段）。

(2)　扶養の程度・方法

> （扶養の程度又は方法）
> **第879条**　扶養の程度又は方法について，当事者間に協議が調わないとき，又は協議をすることができないときは，扶養権利者の需要，扶養義務者の資力その他一切の事情を考慮して，家庭裁判所が，これを定める。

⑶　事情の変更

> （扶養に関する協議又は審判の変更又は取消し）
> **第880条**　扶養をすべき者若しくは扶養を受けるべき者の順序又は扶養の程度若しくは方法について協議又は審判があった後事情に変更を生じたときは，家庭裁判所は，その協議又は審判の変更又は取消しをすることができる。

4　扶養請求権の一身専属性

> （扶養請求権の処分の禁止）
> **第881条**　扶養を受ける権利は，処分することができない。

　扶養を受ける権利（扶養請求権）は，扶養権利者本人の生存を確保・保障する制度であり，公益的性格を有するとともに，一定の親族的身分と結びついているものでもある。そのため，扶養請求権は，行使上の**一身専属的権利**であり，これを処分することはできない（民§881）。

　扶養請求権を債権者が代位行使することもできず（民§423Ⅰただし書），相 `H17-22`
殺の受働債権とすることもできない（民§510）。また，相続の対象ともならない（民§896ただし書）。さらに，扶養請求権を放棄することもできない。
　ただし，協議または審判によって具体的内容の形成された後の扶養請求権であって，すでに弁済期の到来したものは，別個独立の財産的権利であるから，扶養権利者がその意思に基づいて放棄することができる（東京高決昭52.10.25）。

5　過去の扶養料の求償
⑴　扶養義務者の場合
　扶養義務者が数人いる場合において，1人の扶養義務者が扶養料を支出し `H17-22`
た場合には，他の扶養義務者に対して，支出した過去の扶養料を求償することができる（最判昭26.2.13，同昭40.6.30）。
　過去の扶養料を他の扶養義務者に求償する場合にも，扶養の順序，扶養の `H17-22`
程度・その方法につき裁判所がこれを定める旨の規定（民§878，879）の適用があるので，各自の分担額は，協議が調わない限り，家庭裁判所が，各自の資力その他の一切の事情を考慮して審判で決定すべきであり，通常裁判所の判決手続で決定されることはない（最判昭42.2.17）。

⑵　**第三者の場合**

　　扶養義務を負わない第三者が，扶養権利者を事実上扶養したことによって
扶養料を支払った場合は，当該第三者は，扶養義務者の全員または任意の1
人に対して，その立替扶養料の全額を請求できることができる（神戸地判昭
56.4.28）。

　　理由　扶養義務を負わない第三者が支払った扶養料は，不当利得（民
§703，704）または事務管理（民§702Ⅰ）としての性質を有す
るからである。

第2編

相　続

第1章
相続総則

Topics・人が死亡したときは，その一切の権利義務が相続人に承継される。誰
が相続するのか，どれだけ相続するのかといったことを，これから学
習していく。

📖ケーススタディ

　令和4年5月10日，Aが，周囲に惜しまれながら亡くなった。Aは生前，
土地，建物や銀行預金等を有しており，また少々銀行からの借入れもあった。
　Aの有していたこれらの財産や債務は，どうなるのか。

1　相続の意義

　人は，いつか必ず死ぬ。

　そして，ある人が死亡したときは，その人が有していた**一切の権利義務**（一
部の例外を除く）は，その人と一定の身分上の関係を有していた人に承継され
る。

➕アルファ

　不動産，動産，現金等の積極財産だけでなく，借金等の消極財産も承継さ
れる。

　この場合，死んだ人のことを**被相続人**，権利義務を承継する者を**相続人**とい
う。
→　誰が相続人となるのかは，この後の第2章で解説する。

【例】　ケーススタディの事例では，被相続人であるAの有していた土地，建物，
　　　銀行預金（積極財産）だけでなく，銀行からの借金（消極財産）も，相続
　　　人に承継される。
　　➡　相続人は，Aから土地，建物，銀行預金を承継（取得）することがで
　　　きるが，反面，銀行に債務を返済しなければならない。

2 相続開始の原因

> （相続開始の原因）
> **第882条** 相続は，死亡によって開始する。

相続の開始の原因は，**死亡のみ**である。

➕ アルファ

そんなの当たり前だろうと思われるかもしれないが，戦前は，「隠居」によっても相続が開始するとされていた。

・ 失踪宣告を受けた者は，死亡したものとみなされるので（民§31），これも相続開始の原因となる。

3 相続開始の場所

> （相続開始の場所）
> **第883条** 相続は，被相続人の住所において開始する。

相続に関して紛争が生じた場合に裁判をするときは，被相続人の住所を基準として裁判の管轄を定める。

4 これから相続編において学習すること

(1) **相続人について**

まずは，**誰が相続人となるのか**（誰が権利義務を承継するのか）が重要である。

➡ 被相続人と一定の身分上の関係を有する者が相続人となる。

ただ，被相続人と一定の身分上の関係を有していても，（残念ながら）相続人として財産の承継を認めるべきではないような人間も存在する。

➡ 被相続人や，他の相続人などを殺害したような者。被相続人を虐待したような者。

これらの者は，相続人としての資格が剥奪されることがある（**欠格，廃除**）。

(2)　**相続される財産について**

　基本的には，被相続人の一切の権利義務が承継される。ただし，相続人に承継されないもの（被相続人の一身に専属したもの）もある。

➡　何が承継されて，何が承継されないかについて，試験で出題される。

(3)　**相続分について**

　相続人が数人いる場合は，その数人が共同で被相続人の権利義務を承継する。その承継の割合が相続分である。

➡　相続分は法定されているが，これが修正される場合もある（特別受益，寄与分）。

(4)　**遺産分割について**

　相続人が数人いる場合，その数人が共同で被相続人の権利義務を承継するが，土地，建物等の相続財産について，みんなで共有するというのは現実的ではない。

　なので，土地はAのもの，建物はBのものといったように，遺産を具体的に分配することができる。

　これが遺産分割である。

(5)　**相続の承認，放棄について**

　相続人は被相続人の一切の権利義務を承継する。これは，財産を貰える反面，債務も弁済しなければならないことを意味する。

　被相続人が債務超過だった場合，相続人は辛い。このような場合は，相続人は相続の放棄をすることができる。

(6)　**相続人の不存在について**

　被相続人が死亡したが，被相続人と一定の身分上の関係を有する者が存在しない場合もある（相続人の不存在）。

➡　独身で，子もおらず，親兄弟が既に死んでいるような場合。

　このような場合は，被相続人の財産を承継する者がいないので，相続財産の清算人の手を借りて，債権債務の清算等をする必要がある。

　また，残った財産について，被相続人と特別の関係があった者が取得することができる場合もある（特別縁故者への財産分与）。

(7) 遺言について

　　私有財産制のもとでは，人は，自分の財産を自由に処分することができるが，「遺言」という方法によって，自分が死んだ後に財産を第三者に譲渡することができる（遺贈）。

　　民法では，遺言の方法，遺言の効力，遺贈などについて細かく規定されている。

(8) 遺留分について

　　上記(7)のとおり，被相続人は遺言によって自分の財産を第三者に譲渡することができる。しかし，そうすると，被相続人の財産をアテにしていた相続人は困る。

　➡　自分が財産を相続できると思っていたのに，蓋を開けてみたら自分が承継する財産がなかった…

　　これでは相続人に酷なので，相続人は，被相続人が有していた財産のうち，一定の割合については取得することが保障されている（遺留分）。

5　相続回復請求
(1)　意　義

　　相続回復請求とは，真正ではない相続人が，真正相続人の相続権を否定し，相続の目的たる権利を侵害している場合に，真正相続人が自己の相続権に基づいてその侵害を排除し，相続権（相続財産）の回復を請求することをいう。

➕ アルファ

　"真正ではない相続人"とは，表見相続人（相続欠格者，廃除された者，戸籍上でのみ相続人とされている者のように，一見すると相続人に見えるが実は相続人でない者）や，僭称相続人（勝手に相続人と称する第三者等）をいう。

【例】　Aが死亡し，子のBが相続人となった。
　➡　Bは，Aのすべての財産を相続（承継）する。

　　しかし，何故だか知らぬが，相続人ではないCが，「自分はAの相続人だ」と称して，Aの遺産を占有し始めた。
　➡　Cは，Bの相続権を侵害しているといえる。

この場合，真正相続人のBは，Cに対し，相続財産の回復を請求することができる。

(2)　相続回復請求の当事者
① 相続回復請求をする者
相続権の侵害を受けている真正相続人である。

② 相手方
相続権がないにも関わらず，相続人であるとして相続財産の占有支配をしている者（表見相続人等）である。

➕アルファ

表見相続人等は，相続権を侵害する意思があることを要しない。現に相続財産を占有して，客観的に相続権が侵害されているような事実状態があれば足りる（最判昭39.2.27）。

(3)　相続回復請求権の行使方法
法律上，特に制限はない。必ずしも訴えの方法によることを要しない。
➡ 裁判外で請求をすることもできる。

(4)　期間の制限

（相続回復請求権）
第884条　相続回復の請求権は，相続人又はその法定代理人が相続権を侵害された事実を知った時から5年間行使しないときは，時効によって消滅する。相続開始の時から20年を経過したときも，同様とする。

相続回復請求権については，消滅時効が定められている。
具体的には，相続人またはその法定代理人が相続権を侵害された事実を知った時から5年間行使しないときは，相続回復請求権は消滅する。また，相続開始の時から20年を経過したときも，相続回復請求権は消滅する。

H4-23
・「相続権を侵害された事実を知った時」とは，単に相続開始の事実を知るだけでなく，"自分が真正な相続人であるのに相続から除外されていることを知った時"をいう（大判明38.9.19）。

・　相続開始の時から20年を経過したら，相続権侵害の事実を知らなかった H4-23
としても，相続回復請求権は消滅する。

⑸　共同相続人間でも民法884条が適用されるか

　　共同相続人の１人が相続財産を独り占めし，他の共同相続人の相続権を侵
害しているような場合に，民法884条の規定（消滅時効の規定）が適用され
るかが問題となる。

【例】　Aの相続人は子のB，Cである。そして，相続の開始後，BがCの相
　　　　続権を否定してAの相続財産を独り占めし，全部が自分のものであると
　　　　して占有管理をしているような場合，民法884条の規定の適用はあるのか。

➕ アルファ

　まず問題点を整理したい。
　民法884条の消滅時効の規定が適用されると，相続権を侵害している者に
とって有利（相続権を侵害されている真正相続人にとって不利）になるとい
う不条理な事態が生じてしまうことがある。

　たとえば，所有権に基づく物権的返還請求権であれば消滅時効にかからな
いので，真実の権利者は，不法占拠者に対し，いつでも「返せ」と請求する
ことができる。
　しかし，それが相続回復請求権に基づく返還請求だとすれば，不法占拠者
は，「あなたの相続回復請求権は時効消滅しているので，返しません」と言
える。
➡ "相続回復請求権"という名前だけを見ると，真正相続人にとって有難
　い権利のように見えるが，実は，これが適用されてしまうと真正相続人に
　とって不利な場合があるということである。

　だから，真正相続人が"これは相続回復請求権の規定の適用はない"と主
張し，表見相続人が"これは相続回復請求権の規定が適用される場面だ"と
主張するというヘンテコなことになってしまう。

　　では，共同相続人の１人が他の共同相続人の相続権を侵害しているような
　場合は，この規定の適用はあるのか。

　　判例は，共同相続人相互間における相続権の争いの場合においても，民法

884条の規定が適用されることを原則として肯定しつつも，一定の場合には，相続回復請求制度の適用が予定されている場合にあたらず，他の共同相続人の相続権を侵害している相続人は，相続権を侵害されている真正共同相続人からの排除請求に対し，相続回復請求権の消滅時効を援用してこれを拒むことができないとしている（最判昭53.12.20，**制限的肯定説**）。

重要❗ ‥‥‥‥‥‥‥‥‥‥‥‥‥‥‥‥‥‥‥‥‥‥‥‥

原則としては民法884条の規定の適用を肯定するが，一定の場合にはその消滅時効を援用することはできないということ。

では，その"一定の場合"とはどういう場合か。

➡ 共同相続人の１人が，他に共同相続人がいることを知りながら(つまり，自分が単独で相続したのではないと知りながら)，自分の本来の相続分を超える部分についても自分の持分に属すると称し，相続財産を占有管理しているような場合（そして，本来の相続分を超える部分についても自分に相続による持分があると信じるべき合理的な理由がない場合）。

🖐理由　このような場合に消滅時効の援用を認めることは不当である。

第2章
相続人

Topics ・大変に重要である。誰が被相続人の財産を承継するのかが確定しなければ，話は始まらない。
　　　　・民法の択一だけでなく，不動産登記法の記述式試験でも頻出。

① 相続人となる者

> **ケーススタディ**
>
> 　お父さんのAが死亡した。Aには妻のB，子のC及びDがおり，また父親のXと兄のYがいる。
>
> 　誰がAの相続人となるか。

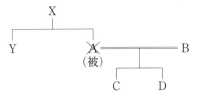

1 相続人の範囲

　被相続人と一定の身分上の関係を有していた者が相続人となるが，これには，2つの種類がある。

① 　まずは，血が繋がっている人である（**血族相続人**）。子，親，兄弟姉妹などである。

　➡　血族相続人には順位があるので，この全員が相続人となるわけではない（血族相続人の順位については，この次に解説する）。

② 　そして，被相続人と婚姻している人である（**配偶者相続人**）。

　➡　配偶者は，被相続人と血は繋がっていないが，婚姻というかなり深い関係を持っているので，相続人となる。

同時存在の原則について

　相続人となることができるのは，被相続人が死亡した瞬間にこの世に存在していた者に限られる（同時存在の原則）。

　法律上，相続人となる身分を有していた者でも，被相続人より先に死亡していたら，相続人とはならない。

2　血族相続人の順位

　被相続人と血の繋がっている者が複数いる場合，以下の順位で相続人となる。

(1)　第１順位

> （子及びその代襲者等の相続権）
> **第887条**　被相続人の子は，相続人となる。

　第１順位の血族相続人は，子である。

　【例】　ケーススタディの事例では，被相続人Aに子のCとDがいるので，この２人が相続人となる。

　　　　また，被相続人Aには配偶者のBがいるので，Bも相続人となる。

　　➡　結果として，Aの相続人はB，CおよびDである。

被相続人に子がいるときは，親や兄弟姉妹は相続人とはならない。

　➡　子だけが（血族）相続人となる（配偶者がいれば配偶者も相続人となる）。

　①　被相続人の実子だけでなく，養子も相続人となる。

　②　嫡出子だけでなく，嫡出でない子も相続人となる。

H17-23　③　胎児も，相続に関しては既に生まれたものとみなされるので（民§886 Ⅰ），子として相続人となる。

> （相続に関する胎児の権利能力）
> **第886条** 胎児は，相続については，既に生まれたものとみなす。

人は，出生の時から権利能力を有するのが原則であるが（民
§3Ⅰ），相続においてもこの原則を貫くのは妥当ではない。
生まれてくるのが数日違っただけで，相続人となる・ならない
が変わってくるのは，あまり公平ではない。

・ ただし，この規定は，胎児が死体で生まれてきたときは適用されない
（同Ⅱ）。

④ 被相続人より先に子が死亡しているときは，代襲相続が開始する（民§
887Ⅱ）。
→ 代襲相続については，後で詳しく解説する。

(2) **第2順位**

> （直系尊属及び兄弟姉妹の相続権）
> **第889条** 次に掲げる者は，第887条の規定により相続人となるべき者（子など）
> がない場合には，次に掲げる順序の順位に従って相続人となる。
> 一 被相続人の直系尊属。ただし，親等の異なる者の間では，その近い者を
> 先にする。
> 二 （省略）

第2順位の血族相続人は，直系尊属である。 H17-23

重要❗ ●●

直系尊属は，第1順位の血族相続人である子（またはその代襲相続人）が存在
しない場合に初めて相続人となることができる。
➡ 被相続人に子がいたら，直系尊属は相続人とはならない。

【例】 ケーススタディの事例では，被相続人Aには子がいるので，父親のX
は相続人とはならない。

【例】　Aが死亡した。AはBと婚姻しているが，子はいなかった。そして，Aには父Xと母Yがいる。

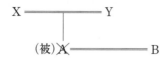

　➡　Aの相続人は，直系尊属のX，Yと配偶者のBである。

① 実父母だけでなく，養父母も相続人となる。

② 直系尊属が数人いる場合で，親等が異なる者がいるときは，親等が近い者のみが相続人となる。
　➡　被相続人に父母と祖父母がいる場合は，親等が近い父母のみが相続人となる。

【例】　Aが死亡した（Aは結婚しておらず子もいない）。そして，Aの父Xは健在だが，母のYは既に死亡している。なお，Yの母（Aの祖母）Zは生きている。

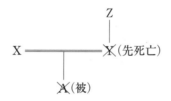

　➡　親等が近いXのみが相続人となる。Zは相続人とならない。

(3)　第3順位

（直系尊属及び兄弟姉妹の相続権）

第889条　次に掲げる者は，第887条の規定により相続人となるべき者（子など）がない場合には，次に掲げる順序の順位に従って相続人となる。
　一　被相続人の直系尊属。ただし，親等の異なる者の間では，その近い者を先にする。
　二　被相続人の兄弟姉妹

第3順位の血族相続人は，兄弟姉妹（けいていしまい）である。

　兄弟姉妹は，第1順位（子など），第2順位（直系尊属）の血族相続人が存在しない場合に初めて相続人となることができる。

➡　被相続人に子や直系尊属がいたら，兄弟姉妹は相続人とはならない。

【例】　ケーススタディの事例では，被相続人Aには子がいるので，兄のYは相続人とはならない。

【例】　Aが死亡した。AはBと結婚しているが，子はいなかった。そして，親や祖父母は既に死亡しており，兄のKがいる。

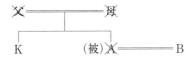

➡　Aの相続人は，兄のKと配偶者のBである。
　　AとKがどんなに疎遠であっても（数十年連絡をとっていなくても），相続人となる。

・　被相続人と父母が同じである兄弟姉妹と，父母の一方のみが同じである兄弟姉妹がいる場合，どちらも相続人となる。
　➡　ただし，相続分には差がでる。

3　配偶者について

（配偶者の相続権）
第890条　被相続人の配偶者は，常に相続人となる。この場合において，第887条又は前条の規定により相続人となるべき者があるときは，その者と同順位とする。

　配偶者は常に相続人となる（民§890）。そして，他に血族相続人が存在するときは，配偶者はその者と同順位で相続人となる。

【例】　被相続人に配偶者と子がいるときは，配偶者と子が同順位で相続人となる。

① 離婚している場合は，現在は配偶者ではないので，相続人とはならない。

➡　離婚しなければよかったと悔やんでも，後の祭り。

② 　被相続人と内縁関係にある者は，法律上の配偶者ではないので，相続人とはならない。

➡　籍を入れておけばよかったと悔やんでも，後の祭り。

② 代襲相続

┌─ 📖ケーススタディ ─────────────────────────┐

Aは，Bと婚姻しており，子のCがいた。しかし，Cは既に死亡している。なお，CはDと婚姻しており，子のEがいる。また，Aの父Xも健在である。
その後，Aが死亡した。
Aの相続人はだれか。

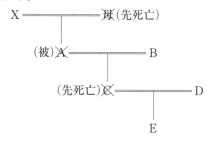

└──────────────────────────────────────┘

1 代襲相続の意義

┌──────────────────────────────────────┐
（子及びその代襲者等の相続権）
第887条
2 　被相続人の子が，相続の開始以前に死亡したとき，又は第891条の規定に該当し，若しくは廃除によって，その相続権を失ったときは，その者の子がこれを代襲して相続人となる。ただし，被相続人の直系卑属でない者は，この限りでない。
└──────────────────────────────────────┘

H31-23　　代襲（だいしゅう）相続とは，被相続人より先に子が死亡してしまったような場合に，その死亡した子の子（被相続人の孫）が子に代わって相続人となることをいう。

【例】 　ケーススタディの事例では，本来であれば，配偶者Bのほか，Aの子で

あるCがAの相続人となるはずであった。しかし，子CはAよりも先に死亡しており，相続人となることができない（同時存在の原則）。

このような場合は，Cの子であるEが，Cを代襲して，Aの相続人となる。

➡ Aの相続人はB，Eとなる。第1順位の血族相続人がいるので，直系尊属のXは相続人とならない。

重要❗ ••••••••••••••••••••••••••••••••

代襲相続は，司法書士の試験において大変に重要である。

2 どのような場合に代襲相続が発生するか

(1) 被相続人の子が，相続の開始以前に死亡したとき

被相続人の子が，被相続人より先に死亡した場合に代襲相続が発生する。

➡ ケーススタディの事例である。

・ 被相続人と被相続人の子が同時に死亡した場合，また同時に死亡したと推定される場合（民§32の2）も，代襲相続が発生する。　**H23-22** **H17-23**

【例】　父Aと子Bは，一緒に旅行をした。そして，旅先で事故に遭い，2人とも死亡してしまった。AとBの死亡の先後は明らかでない。
　➡　AとBは同時に死亡したものと推定される（民§32の2）。

この場合，BはAの相続人となることができず，Bの子がBを代襲してAの相続人となる。

(2) 被相続人の子が民法891条の規定に該当し，相続権を失ったとき

民法891条は，相続欠格に関する規定である。相続欠格はこの後で解説するが，"被相続人を殺したような人は相続権が剥奪される"という制度である。　**H17-23**

➡ 殺して財産を相続する，ということはあってはならない。

被相続人の子が欠格事由に該当して相続権が剥奪された場合は，代襲相続が発生する。

【例】　Aには子のBがいる。そして，AとBにトラブルが生じ，BがAを殺害した（刑に処せられた）。
　➡　BはAの相続について欠格者となり，相続人となることができない。

この場合，Bの子がBを代襲してAの相続人となる。

(3) 被相続人の子が廃除によって相続権を失ったとき

推定相続人の廃除についてはこの後で解説するが，"被相続人を虐待したH23-22
H2-6
ような者は，被相続人の意思によって相続権が剥奪される"という制度である。

➡ 欠格事由に該当するほど悪くはないが，でもやっぱり悪い人については，被相続人の意思で相続権を奪うことができる。

被相続人の子が廃除されて相続権が剥奪された場合は，代襲相続が発生する。

【例】　Aには子のBがいる。Bは乱暴者で，Aのことを虐待していた。この場合，Aは，家庭裁判所にBの廃除を請求することができる。そして，家庭裁判所は，申立てどおりにBを廃除する審判をした。
➡ BはAの相続人となることができない。

この場合，Bの子がBを代襲してAの相続人となる。

重要

H27-22
H23-22
H17-23
被相続人の子が相続を放棄した場合，代襲相続は発生しない。
➡ 民法の条文で，相続の放棄は代襲原因とされていない。

【例】　Aには子のBがいる。そして，Bには子のCがいる。また，Aの父Xも健在である。
その後，Aが死亡した。そして，Bは，Aの相続について放棄した。
➡ Bの子Cは，Bを代襲してAの相続人とはならない。第1順位の血族相続人が存在しないことになるので，直系尊属のXがAを相続する。

3　代襲することができる者

代襲して相続人となるのは，代襲される者（被代襲者）の子である。

H23-22 ・　被代襲者の配偶者は，代襲相続人とはならない。

【例】　Aが死亡した。Aには子のBがいたが，既に死亡している。なお，BはCと婚姻しており，子のDがいる。

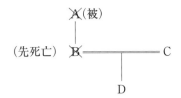

➡ Aより先に子のBが死亡しているので，代襲相続となる。この場合
は，被代襲者Bの子であるDがAの相続人となる。Bの配偶者Cは，
Aの相続人とはならない。

また，代襲して相続人となるのは，被相続人の直系卑属に限られる。
➡ 被相続人の子の子であっても，被相続人の直系卑属でなければ，代襲相続
人とはなれない。

➕ アルファ

被相続人の子の子は，当然，被相続人の直系卑属のはずだと思うところだ
が，そうとも限らない。養子縁組が絡んでくる場合（縁組前の子である場合）
である。

【例】 AはBを養子にした。なお，AとBが養子縁組をした時点で，Bには子 H15-24
のCがいた。 H14-21
そして，Bが死亡し，その後にAが死亡した。

➡ Aの相続について考えると，BはAより先に死亡しているので，代襲
相続となるはずである。そして，CはBの子なので，Bを代襲してAの
相続人となりそうである。しかし，Cは（AB間の）縁組前に生まれた
子であるため，Aと法定の血族関係は生ぜず，Aの直系卑属ではない。
そのため，CはAの相続人とはならない。

【例】 AはBを養子にした。そして，この後にBの子Cが生まれた（縁組後に
生まれた子）。

そして，Bが死亡し，その後にAが死亡した。

A（被）

B（先死亡）

C（縁組後の子）

➡　養子縁組の後に生まれた養子の子（C）は，Aと血族関係を生ずる。そのため，CはAの直系卑属といえるので，CはBを代襲してAの相続人となる。

4　代襲相続人について代襲原因が発生した場合（再代襲）

> （子及びその代襲者等の相続権）
> **第887条**
> 3　前項の規定（代襲相続に関する規定）は，代襲者が，相続の開始以前に死亡し，又は第891条の規定に該当し，若しくは廃除によって，その代襲相続権を失った場合について準用する。

　代襲相続人となるべき者についてさらに代襲原因が生じた場合は，その者の子がこれを代襲して相続人となる（再代襲）。
➡　また，再再代襲もあり得る。

【例】　Aには子のBがいたが，Bは既に死亡している。Bには子のCがいたが，Cは既に死亡している。Cには子のDがいる。
　　　この後にAが死亡したときは，DがAの相続人となる。

➕アルファ

　兄弟姉妹が相続人となる場合にも代襲相続は認められるが（民§889Ⅱ），再代襲は認められていない（詳しくは後述）。

5　兄弟姉妹の代襲相続
　兄弟姉妹が相続人となるべき場合において，その兄弟姉妹が被相続人より先に死亡し，もしくは欠格事由に該当するために相続権を失ったときは，その者の子（甥・姪）がこれを代襲して相続人となる（民§889Ⅱ）。

【例】　Aには子はおらず，また直系尊属も既に死亡している。そして，Aには H27-22
兄のBがいたが，Bは既に死亡している。Bには子のCがいる。
その後，Aが死亡した。

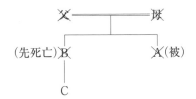

(先死亡)B　　　　　　A(被)

C

➡　第1順位，第2順位の血族相続人がいないので，兄のBが相続人とな
るはずであったが，被相続人より先に死亡してしまった。
この場合は，Bの子CがBを代襲して，Aの相続人となる。

重要❗● ●

兄弟姉妹が相続人となる場合は，再代襲は認められない。 H23-22
H14-21
➡　民法889条2項は，887条2項の規定（代襲相続の規定）を準用しているが，
887条3項の規定（再代襲の規定）は準用していない。

理由　兄弟姉妹の子の子は，被相続人とほとんど縁がないので，相続人
として認めるのは適当でない。また，これらの者も相続人としてし
まうと，遺産分割もかなり面倒になる。

【例】　上記の事例において，Aが死亡する以前にBだけでなくCも死亡してい
た場合，Cの子はAの相続人とはならない。
➡　結果として，Aには相続人がまったく存在しないこととなる（相続人
不存在，後述）。

③　相続欠格

ケーススタディ

Aには，子のB，C，D，Eがいる。そして，Bは，「Aが死んだらAの
財産は4人で分けることになるのか。それは嫌だ。全部自分のものにしたい」
と思って，『私の全財産をBに相続させる』というAの名義の遺言書を偽造
した。
その後，Aが死亡した。
Bは，Aの財産を相続することができるか。

1 意 義

　相続欠格とは，本来ならば相続人となるべき者について，一定の重大な非行がある場合に，その者の相続権を剥奪する制度である。

➡ 　一般の法感情（常識）から考えて，"この人が相続人として財産を承継することは許し難い"といえるような事情がある場合である。

　相続欠格に該当する者は相続人となれないので，もちろん，被相続人の財産（権利義務）を承継することはできない。

　民法は，相続欠格になるものとして，5つの事由を定めている。

2 相続欠格事由

> （相続人の欠格事由）
> 第891条　次に掲げる者は，相続人となることができない。
> 一　故意に被相続人又は相続について先順位若しくは同順位にある者を死亡するに至らせ，又は至らせようとしたために，刑に処せられた者
> 二　被相続人の殺害されたことを知って，これを告発せず，又は告訴しなかった者。ただし，その者に是非の弁別がないとき，又は殺害者が自己の配偶者若しくは直系血族であったときは，この限りでない。
> 三　詐欺又は強迫によって，被相続人が相続に関する遺言をし，撤回し，取り消し，又は変更することを妨げた者
> 四　詐欺又は強迫によって，被相続人に相続に関する遺言をさせ，撤回させ，取り消させ，又は変更させた者
> 五　相続に関する被相続人の遺言書を偽造し，変造し，破棄し，又は隠匿した者

　相続欠格事由は，大きく2つに分けることができる。
① 　被相続人や他の相続人の生命侵害に関する事由
② 　被相続人の相続に関する遺言についての不正な干渉に関する事由

　以下，個々の事由について詳しく解説する。

⑴ 「故意に被相続人又は相続について先順位若しくは同順位にある者を死亡するに至らせ，又は至らせようとしたために，刑に処せられた者」（891条の1号）

被相続人を殺害し，または殺害しようとしたために刑に処せられた者は， H17-23
相続欠格に該当し，相続人となることができない。

➡ 言うまでもないだろう。

また，相続について先順位もしくは同順位にある者を殺害し，または殺害
しようとしたために刑に処せられた者も，同様である。

➡ 自分が相続人になれるようにするため，あるいは自分の相続分を増やそ
うといった理由で殺人（未遂等も含む）をしたような者は，相続人として
認めるべきではない。

【例】 Aには子のBCがいる。そして，CはBを殺害し，刑に処せられた。
➡ Cは，Aの相続について相続欠格に該当する。
Aの相続について，BとCは同順位の相続人である。そのため，同
順位の相続人を殺害し，刑に処せられた場合に該当する。

① 「死亡するに至らせ，または至らせようとした」とあるので，殺人の既 H14-22
遂だけでなく，殺人未遂，殺人予備も含まれる。

② 「故意に」とあるので，殺人や殺人未遂等に限られ，過失致死や傷害致 R4-22
死は含まれない。 H14-22

③ 「刑に処せられた者」とあるので，執行猶予が付され，その猶予期間を
無事に終了した場合は含まれない。

(2) 「被相続人の殺害されたことを知って，これを告発せず，又は告訴しなか
った者」

🖝 理由 　被相続人が殺害されたことを知った場合には，速やかに告発，
告訴をして，早く犯人を逮捕してもらうようにするのが相続人の
義務である。これを怠って犯罪の発覚を妨げたり，遅延させた場
合の制裁として，相続欠格事由とされた。

・ ただし，その者に是非の弁別がないとき，または殺害者が自己の配偶者
若しくは直系血族であったときは，相続欠格事由に該当しない。

> 🖐 **理由** 是非の弁別（物事の善し悪しを判断する能力）がなければ仕方がない。また、自分の配偶者や直系血族を告発、告訴するのは人情において難しく、これも仕方がない面がある。

H14-22
・ 殺害者が自己の兄である場合は、告発または告訴をしないと、欠格事由に該当する。

H3-15
(3) 「詐欺又は強迫によって、被相続人が相続に関する遺言をし、撤回し、取り消し、又は変更することを妨げた者」

(4) 「詐欺又は強迫によって、被相続人に相続に関する遺言をさせ、撤回させ、取り消させ、又は変更させた者」

(5) 「相続に関する被相続人の遺言書を偽造し、変造し、破棄し、又は隠匿した者」

　この(3)から(5)までは、被相続人の相続に関する**遺言について不正な干渉行為をした場合**の規定である。

　このような行為をした者は相続欠格となり、相続人となることができない。

> 🖐 **理由** このような著しく不当な干渉行為をした者に、民事上の制裁を課す趣旨である。

➕ **アルファ**

　(3)と(4)は、詐欺または強迫によって、被相続人に相続に関する遺言等をさせたり、あるいは遺言等をすることを妨げた場合である。

　(5)は、自らの手で遺言の偽造等をした場合である。

① 被相続人の"相続に関する遺言"について不正な干渉行為をした場合に、欠格事由に該当する。
　➡ "相続に関する遺言"とは、未成年後見人や未成年後見監督人の指定を除くすべての内容である。

【例】 被相続人Aの子Bが、「土地をBに単独で相続させる」というA名義の遺言を偽造した場合は、まさに相続に関する遺言書を偽造したといえるので、BはAの相続について欠格事由に該当し、Aの相続人となることができない。

【例】　被相続人Aが，子Bの詐欺により，相続に関する遺言をした。しか
し，後になって詐欺であることに気付いて，Aはその遺言を取り消し
た。
　この場合でも，Bは相続欠格となり，Aの相続人となることはでき
ない。
➡　Bが，詐欺によって相続に関する遺言をさせた事実に変わりはな
い。

② 相続人が，被相続人の相続に関する遺言書を破棄し，または隠匿した場 R4-22
合でも，その行為が相続に関して不当な利益を得ることを目的とするもの H14-22
ではなかったときは，相続欠格には当たらないとされている（最判平
9.1.28）。
➡　確かに不当な行為ではあるが，相続欠格とするほど著しく不当な行為
とまではいえない。

③ 被相続人の相続に関する遺言書について，必要な押印がなかったため本
来であれば無効な場合に，相続人が，これを有効なものにしてあげようと
して，法律上の形式を整える趣旨で押印をした場合，その相続人は相続欠
格には該当しないとされている（最判昭56.4.3）。
➡　相続人が勝手に押印しているので，確かに相続に関する遺言書の変造
行為といえるが，被相続人の意思を実現するためにその法形式を整える
趣旨でこの行為をしたに過ぎないので，欠格者とするべきではない。

3　欠格事由に該当する場合の効果
(1)　欠格の効果
相続欠格事由に該当すると，当然に相続人となる資格を喪失する。

重要❗・・・・・・・・・・・・・・・・・・・・・・・・・・・・・・
家庭裁判所の審判を経る必要はない。瞬時に相続資格を失う。 H10-21
➡　後述する「推定相続人の廃除」は，家庭裁判所の審判によって効力が生ずる H3-15
ので，これとは区別する必要がある。

・　相続開始後に欠格事由が生じた場合は，相続開始の時にさかのぼって欠
格の効果が発生する。
➡　相続開始後に遺言書を偽造したような場合。

- 被相続人の子が欠格事由に該当する場合は，その者の子が代襲して相続人となる（民§887Ⅱ）。

- 相続欠格に該当する者は，その被相続人からの遺贈も受けることができない（民§965）。

【例】　Aは，「子のBに甲土地を遺贈する」という遺言をしていた。そして，その後，BがAを殺害した。
➡　Bは，Aの相続について欠格事由に該当するので，相続人とはならない。また，Aからの遺贈を受けることもできない。

(2) 相対効

H10-21

相続欠格の効果は，特定の被相続人との関係においてのみ生ずる。他の者が死亡した場合は，その相続人となることができる。

【例】　Aには妻のBと子のCがいる。そして，Cは，Aの名義とする遺言書を偽造した。
➡　Cは，Aの相続人となることはできないが，Bの相続人となることはできる。

ただし，以下のような場合は注意しなければならない。

H27-22
H14-22

【例】　Aには妻のBと子のCがいる。そして，CがAを殺害した（刑に処せられた）。
➡　Cは被相続人Aを殺害したので，CはAの相続人となることができない。

では，後にBが死亡した場合に，CはBの相続人となることができるかといったら，そうではない。Cは，Bの相続について同順位の相続人であるAを殺害しているので，Bの相続についても欠格事由に該当する。

(3) 欠格の宥恕（ゆうじょ）

被相続人が，相続欠格者の行為を許すという宥恕をしたときは，相続権の回復が認められるだろうか。

H10-21

これについて民法では規定がないが，近時では，これを肯定する見解が多

くなってきている。

4 推定相続人の廃除

1 意 義

> （推定相続人の廃除）
> **第892条** 遺留分を有する推定相続人（中略）が，被相続人に対して虐待をし，若しくはこれに重大な侮辱を加えたとき，又は推定相続人にその他の著しい非行があったときは，被相続人は，その推定相続人の廃除を家庭裁判所に請求することができる。

推定相続人の廃除とは，遺留分を有する推定相続人が被相続人に対して虐待 `H3-15` 等をしていた場合に，被相続人からの請求により，家庭裁判所の審判を経てその者の相続資格を剥奪する制度である。

＋ アルファ

「推定相続人」とは，相続が開始した場合に相続人となるべき者をいう。

推定相続人が被相続人に対して虐待をしたり，重大な侮辱を加えたような場合でも，相続欠格事由（民§891）には該当しないので，当然に相続権が剥奪されることはない。

このような行為がされた場合で，その者に対して相続させたくないと被相続 `H10-21` 人が思う場合は，被相続人が家庭裁判所に請求し，その審判を経ることにより，相続権を剥奪することができる。

＋ アルファ

相続欠格は，被相続人を殺害したといったように，本当に本当に悪い行為がされた場合にその相続権を当然に剥奪する制度である。

被相続人を虐待するのも悪いことに違いはないが，法律上当然に相続権を剥奪するほどではないといえる。

2 廃除の要件
(1) 遺留分を有する推定相続人であること

廃除の対象となるのは，遺留分を有する推定相続人に限られる。 `H10-21`

➕アルファ

　遺留分については第9章で解説するが，遺留分とは，被相続人が死んだ場合に，最低限取得することが保障されている相続財産の一定割合をいう。

　つまり，被相続人が，全財産を第三者に遺贈する旨の遺言をした場合でも，遺留分を有する相続人は，「自分は遺留分を持っているので，その割合に相当する額について支払ってください」と請求することができる。

・　民法1042条は，兄弟姉妹以外の相続人は遺留分を有すると規定しているので，配偶者，子（直系卑属），直系尊属が廃除の対象となる。

`R4-22`
`H27-22`
　➡　兄弟姉妹を廃除することはできない。

➕アルファ

　推定相続人たる兄弟姉妹が被相続人を虐待していた場合，その相続権を奪うことができないのか，つまりその者は財産を承継できるのか，と憤りを覚えるところだが，そういうわけではない。

　その兄弟姉妹に財産を承継させたくなければ，別の誰かに財産を遺贈する遺言をしておけばよい。

　➡　兄弟姉妹は遺留分がないのだから，その遺贈を受けた者に対し，「一定の割合に相当する額を支払ってくれ」と請求することはできない。

　つまり，兄弟姉妹については，わざわざ家庭裁判所の手を借りて廃除をする必要はないということである。

(2)　**遺留分を有する推定相続人が，被相続人に対して虐待をし，もしくはこれに重大な侮辱を加え，または推定相続人にその他の著しい非行があったこと**
　➡　相続権を剥奪されてもやむを得ないような行為をしたこと。

3　廃除の手続

　廃除は，被相続人が生前にすることができるし，また遺言によって廃除をすることもできる（民§893）。

（遺言による推定相続人の廃除）
`R4-22`
第893条　被相続人が遺言で推定相続人を廃除する意思を表示したときは，遺言執行者は，その遺言が効力を生じた後，遅滞なく，その推定相続人の廃除を家庭裁判所に請求しなければならない。この場合において，その推定相続人の廃除は，被相続人の死亡の時にさかのぼってその効力を生ずる。

・　生前に廃除をする場合も，遺言によって廃除をする場合も，家庭裁判所に請求し，その審判を経ることによって廃除がされる。

➕ アルファ

被相続人が生前に廃除の請求をする場合は，被相続人自ら家庭裁判所に請求することになるが，遺言によって廃除の意思表示をしたときは，遺言執行者が遺言の効力が生じた後に遅滞なく，家庭裁判所に請求することを要する。

・　他の推定相続人が，廃除の請求をすることはできない。

👉理由　廃除は，被相続人の意思に基づいて請求するものである。他人が口を出すべきものではない。

【例】　Aの推定相続人が子のBとCである場合，Bが，「CはAを虐待しているので，Aの相続について廃除してください」と請求することはできない。

4　廃除の効果

家庭裁判所において廃除の審判が確定したときは，廃除の効果が生ずる。つまり，その被相続人に対する相続権を失う。

・　あくまで，廃除の請求をした被相続人の相続人となることができないだけ H10-21 であり，他の者の相続人となることはできる（相対効）。

・　廃除の審判が確定する前に被相続人が死亡した場合，その後に廃除の審判が確定したときは，相続開始の時にさかのぼって廃除の効力が生ずる。

・　廃除がされたときは，戸籍の届出をする必要があるが（戸籍§97，63Ⅰ），これは報告的届出である。
　➡　戸籍の届出をすることによって廃除の効果が生ずるわけではない。

・　被相続人の子が廃除されたときは，その者の子が代襲して相続人となる（民§887Ⅱ）。

・　廃除された者であっても，被相続人からの遺贈を受けることができる。

🖐理由　その者に遺贈するという被相続人の意思があれば，それを認めて差し支えない。

➡　いったん遺言書を作成したが，「虐待されたのでやっぱり遺贈したくない」と思ったら，その遺言を撤回（民§1022）すればいい。

➕アルファ

相続欠格者は遺贈を受けることもできないので，それとは区別すること。

➡　相続欠格の場合は，被相続人の知らないところで欠格事由が生ずることがある。そのような場合には，遺贈を撤回する機会がない。

5　廃除の取消し

（推定相続人の廃除の取消し）
第894条　被相続人は，いつでも，推定相続人の廃除の取消しを家庭裁判所に請求することができる。
2　前条の規定（遺言によってすることができる）は，推定相続人の廃除の取消しについて準用する。

R4-22
H10-21
廃除は，被相続人の意思によって，推定相続人の相続権を剥奪するものである。そのため，被相続人の意思が変われば，これを取り消すこともできる。

・　廃除を取り消す場合も，家庭裁判所に請求し，その審判によって効力が生ずる。

H27-22
・　遺言によって廃除の取消しの意思を表示することもできる。

・　（廃除の取消しとは違うが）被相続人が嫡出でない子を廃除したが，その後にその者と養子縁組をしたような場合は，縁組によって新たな身分関係が形成されたと考えることができるので，その者は相続人となることができる（大判大9.2.28）。

第３章
相続の効力

第1節 相続財産

Topics ・まずは，相続によってどういった財産を承継するのか（しないのか）をしっかりと理解すること。試験でもちょこちょこ出題される。

1 相続財産の包括承継
(1) 包括承継の原則とその例外

（相続の一般的効力）
第896条 相続人は，相続開始の時から，被相続人の財産に属した一切の権利義務を承継する。ただし，被相続人の一身に専属したものは，この限りでない。

　相続が開始したときは，相続人は，被相続人の財産に属した一切の権利義務を承継する（包括承継）。
➡ 基本的に，被相続人の権利義務が丸ごと承継される。

➕アルファ

相続人が，相続の開始を知らなくても，当然に承継する。

　ただし，被相続人の一身に専属したものは，承継されない。
➡ 被相続人の一身に専属したものだから，他の者に帰属することはない。

　"被相続人の一身に専属したもの"の判断は難しいが，以下，相続人に承継されないものを掲げる。

(2) 相続人に承継されないもの
① 扶養の権利義務　　　　　　　　H9-21

【例】 扶養の権利者と義務者の間で，「毎月３万円を月末までに支払う」といった合意がされていた場合でも，権利者または義務者が死亡したときは，扶養の請求権は消滅する。

➕ **アルファ**

　ただし，上記のような合意がされていて，履行遅滞に陥った過去の扶養の債権（期限までに払ってくれなかった分）は，通常の金銭債務と同様に相続される（東京高決昭52.10.25）。

　② 　生活保護法による保護受給権（最判昭42.5.24）
　➡ 　保護されるべき個人に対して認められた請求権なので，まさにその者の一身に専属する権利といえる。

　③ 　身元保証の債務（大判昭18.9.10）
　➡ 　この保証は，責任の範囲が極めて広汎であり，当事者間の人的な信頼関係を基礎とするものであるから，当事者が死亡した場合にはその相続人に承継されない。

重要❗ ●
通常の保証債務（知人の借金を保証したような場合）は，相続人に承継される。

　④ 　使用貸借における借主の地位（民§597Ⅲ）
　➡ 　使用貸借は，借主の死亡によって終了する。借主の地位は相続人に承継されない。

　👉 **理由**　使用貸借は，借主の側が（たとえば住むところがなくて）困っている場合に，貸主と借主の間の個人的な信頼関係に基づいて設定されるものである。そのため，借主が死亡した場合には，契約はそこで終了となる。

重要❗ ●
使用貸借における貸主が死亡した場合は，使用貸借関係は消滅しない。
　➡ 　貸主の地位は相続される。

H9-21　⑤ 　委任契約における当事者（委任者，受任者）の地位（民§653①）
　➡ 　委任契約は，当事者間の信頼関係に基づいてされるものである。そのため，当事者の一方が死亡したときは，その関係を終了させるべきである。

➕ **アルファ**

代理権も，本人または代理人の死亡により消滅する（民§111Ⅰ）。

⑥ 民法上の組合員たる地位（民§679①）

➡ 組合員は，死亡により組合を脱退する。

> **理由** 組合は，中にいる人の結びつきが強いものであるから，当然に相続人が組合員となるというのは，適当でない。

2 相続財産について具体的に

相続が開始したときは，相続人は，（被相続人の一身専属権を除き）被相続人の財産に属した一切の権利義務を承継するが，承継する財産について具体的に検討する。

(1) 物権について

被相続人が所有権等の物権を有していたときは，それは当然に相続人に承継される。

➡ これは問題ない。被相続人が所有していた土地や建物は，当然に相続人に承継される。

・ 占有権も，当然に相続人に承継される。

> **理由** 占有権は，本来，自己のためにする意思をもって物を所持することによって取得するものである（民§180）。そのため，相続人が物を所持しなければ占有権を取得しないのでは，という疑問が生ずるところであるが，そのように厳密に解釈するのは不都合が大きいので（取得時効が途切れてしまう），占有権の当然の承継が認められた。

➕ アルファ

相続人がその物について現実に支配をしていなくても，占有権は承継される（最判昭44.10.30）。

(2) 債権について

被相続人が債権を有していたときは，原則として相続人に承継される。

➡ 貸金債権や売買代金債権等を有していたときは，当然に相続人に承継される。

ただし，債権の承継については，多少問題となるものもある。

① 建物の賃借権（借家権）について
借家権も，当然に相続人に承継される。

➡ これは特に問題ない。父親が建物を賃借して，家族でその建物に住んでいた場合，父親が死亡したときは，相続人が借家権を承継し，そこに居住することができる。

・ 建物の賃借人（借家人）が内縁の妻と同居していた場合に，借家人が死亡し，その相続人がいないときは，同居していた内縁の妻は，借家人の権利義務を承継する（借地借家§36Ⅰ本文）。

➡ 内縁の妻は，法律上の配偶者ではないので，相続人とはならない（借家権を承継できないはず）。しかし，居住者を保護する趣旨で，借家人の権利義務の承継が認められた。

➕ アルファ

これは，借家人に相続人がいない場合の話である。では，借家人が内縁の妻と同居している場合に，借家人が死亡し，その相続人がいるときは，内縁の妻の立場はどうなるだろうか。

・ 借家人が内縁の妻と同居している場合に，借家人が死亡し，その相続人がいる場合，賃貸人からの建物明渡請求に対し，内縁の妻は，相続人が承継した借家権を援用して，居住する権利を主張することができる（最判昭42.2.21）。

【例】 Mの所有する甲建物について，Aが賃借し，内縁の妻Xと同居していた。その後，Aが死亡し，子のBが相続した。

➡ 賃貸人Mが，内縁の妻Xに対し，甲建物の明渡しを請求したときは，Xは，BがAから承継した借家権を援用して，甲建物に居住する権利を主張することができる。

また，上記のような場合に，（借家権を承継した）相続人が内縁の妻に対して建物の明渡しを請求することは，権利の濫用として許されない場合があるとされている（最判昭39.10.13）。

【例】 上記の事例において，Aの借家権を承継した（相続人）Bが，内縁の妻Xに対して甲建物の明渡しを請求することは，権利の濫用として許されない場合もある。

② 生命侵害による損害賠償請求権について

事故等により怪我をした被害者は，加害者に対して損害賠償請求権を取得し，その後に被害者が死亡したときは，その請求権は相続人に承継される。

また，交通事故等により被害者が即死した場合も，被害者本人が損害賠償請求権を取得し，これが相続人に承継されるとされている（大判大15.2.16）。

➡ 即死といえども，考え方の上では，事故があって一瞬の間隔をおいて被害者が死亡するといえる。だから，その瞬間に損害賠償請求権が発生し，これが相続人に承継される。

＋アルファ

「即死なのだから，損害賠償請求権が帰属する主体が存在せず，したがって相続人に承継されることもない」ということになると，あまりに一般常識からかけ離れる。

また，そうなると，事故を起こす場合には怪我させるよりも即死させた方がいいということにもなりかねず，到底承認できない。

③ 精神的損害による損害賠償請求権（慰謝料請求権）について

精神的な損害を被った者は，その損害の発生と同時に慰謝の請求権を取得し，その後に被害者が死亡したときは，相続人がその慰謝料請求権を承継する（最判昭42.11.1）。

H21-23
H9-21

➡ 交通事故にあった者が，慰謝料の請求の意思表示をしない間に死亡した場合でも，相続人はその慰謝料の請求権を承継する。

理由 精神的な損害を被った場合，財産上の損害を被った場合と同様，損害の発生と同時にその賠償の請求権を取得する。損害賠償の請求の意思表示をすることは特に要件ではない。

精神的な苦痛は被害者本人のみが感じるものであり，その意味では一身専属的なものであるが，これによって発生する慰謝料の請求権は，単純な金銭債権であり，相続の対象となり得るものである。

民法711条によれば，生命を侵害された被害者と一定の身分関係にある者（父母，配偶者，子）は，被害者が取得する慰謝料の請求権とは別に，

固有の慰謝料請求権を取得するとされているが，この両者の請求権は被害
法益を異にし，併存し得るものである。

➕ アルファ

　学説の上では，民法711条により遺族が固有の慰謝料請求権を取得するか
ら，被害者本人の慰謝料請求権の相続を認める必要はないとする見解も有力。

⑶　**債務について**
　債務も，原則として相続人に承継される。

⑷　**親族，相続法上の権利義務**
　相続の対象となるのは，財産法上の権利義務であるから，親族，相続法上
の権利義務は，一般的には相続による承継の対象とならない。

　ただし，財産法的な性格の強いものについては，相続による承継の対象と
なる。

【例】　遅滞に陥った過去の扶養料（大判明37.7.18）。相続回復請求権。相続
　　　の承認，放棄をする権利。遺留分侵害額請求権。

⑸　**契約上の地位**
　原則として相続人に承継される。

【例】　Aが，その所有する甲土地をBに売却した後に死亡した場合は，Aの
　　　相続人が売主たる地位を承継する。そして，相続人が，売主としての担
　　　保責任を負う（大判明41.3.9)。

①　無権代理人が行為をした後に，無権代理人または本人が死亡した場合に
　ついて
　→　総則編で解説したので，そちらを参照のこと。

②　他人の所有する物を売り渡し，その後に売主が死亡した場合について
　　他人の物を売り渡す契約がされた後，その売主が死亡し，物の権利者が
　売主を相続した場合，相続人（物の権利者）は，相続前と同様にその権利
　の移転につき諾否の自由を有し，信義則に反すると認められるような特別
　の事情のない限り，売主としての履行義務を拒否することができる（最判

昭49.9.4)。

> 🖐 **理由**　相続人（物の権利者）は，売主の契約上の義務ないし地位を承継するが，物の権利者自身が売買契約を締結したものではないので，当然に権利が買主に移転するようなことはない。

【例】　Aは，Xの所有する甲土地を，勝手にBに売り渡す契約をした。その後，Aが死亡し，XがAを相続した。
➡　甲土地は当然にBに移転するものではなく，Xは，甲土地をBに明け渡すことを拒否することができる。

(6)　祭祀財産について

> （祭祀に関する権利の承継）
> **第897条**　系譜，祭具及び墳墓の所有権は，前条の規定にかかわらず，慣習に従って祖先の祭祀を主宰すべき者が承継する。ただし，被相続人の指定に従って祖先の祭祀を主宰すべき者があるときは，その者が承継する。

3　相続財産の保存
(1)　意　義

> 📖**ケーススタディ**
> 甲建物を所有しているAが死亡した。相続人は，子のBおよびCである。甲建物は，だいぶ田舎にある建物で，B，Cともにあまり関心がない。そのため，だれも管理をせず，甲建物は荒廃しつつある。
> このまま放っておくしかないのか。

相続が開始した場合，被相続人の財産に属した一切の権利義務（一身専属権を除く）は，相続人に承継される（民§896）。
つまり，被相続人が所有していた土地や建物は相続人が承継するので，相続人が適切に管理をすべきである。

しかし，相続人が，相続財産について関心がないため，適切な管理をしない場合や，そもそも相続人が存在しないために管理をする人が最初からいない，ということもあり得る。

　このような場合に適切に対処するために，家庭裁判所の選任した相続財産の管理人による管理の制度が設けられた。

（相続財産の保存）

第897条の2　家庭裁判所は，利害関係人又は検察官の請求によって，いつでも，相続財産の管理人の選任その他の相続財産の保存に必要な処分を命ずることができる。ただし，相続人が1人である場合においてその相続人が相続の単純承認をしたとき，相続人が数人ある場合において遺産の全部の分割がされたとき，又は第952条第1項の規定により相続財産の清算人が選任されているときは，この限りでない。

　家庭裁判所は，利害関係人または検察官の請求によって，いつでも，相続財産の管理人の選任その他の相続財産の保存に必要な処分を命ずることができる。

【例】　ケーススタディの事例では，家庭裁判所は，利害関係人の請求によって，亡Aの相続財産の管理人を選任することができる。そして，その管理人が，甲建物等の相続財産を適切に管理する。

(2)　相続財産の管理人の選任ができない場合

　以下の場合には，相続財産の管理人による管理の制度は，適用されない（民§897の2Ⅰただし書）。

①　相続人が1人である場合において，その相続人が相続の単純承認をしたとき

②　相続人が数人ある場合において，遺産の全部の分割がされたとき

③　相続財産の清算人が選任されているとき

　①②については，相続人が相続財産を確定的に承継しているので（その相続人の固有の財産となったので），その者の責任で財産の管理をすべきである。
➡　その相続人が，たとえば被相続人から承継した建物について適切に管理しないときは，管理不全建物管理命令等の制度（民§264の14）を利用することになる。

・　数人が共同相続したが，まだ遺産分割がされていないような場合に，相続財産の管理人による管理の制度が利用される。

③については，既に相続財産の管理（および清算）をする人が選任されているので，重ねて相続財産の管理人を選任する必要がない。

・　相続人が存在しない場合で，相続財産の清算（借金の返済等）が必要となるときは，相続財産の清算人を選任して，所定の手続をすることになる（民§951～。後述）。

　　一方，相続財産の清算が必要ないときは，相続財産の管理人を選任して，管理人が相続財産の管理をすることができる。

(3)　相続財産の管理人の選任の要件

① 　必要性があること

相続財産の保存のために必要な場合に，相続財産の管理人が選任される（民§897の2Ⅰ参照）。

➡ 　相続人が相続財産の保存行為（相続財産の価値を維持するための行為）をしない場合で，第三者（管理人）に保存行為を行わせる必要があるときなど。

【例】　相続財産に属する不動産が荒廃しつつあるが，相続人は無関心である。

【例】　相続財産に属する物が腐敗を始めているが，相続人は無関心である。

【例】　相続財産に属する物について相続人に対して引渡義務を負っているが，相続人が受領してくれない，あるいは相続人が存在しないために引き渡すことができない。

② 　利害関係人または検察官の請求があること

(4)　相続財産の管理人の権限

相続財産の管理人の権限については，民法27条から29条までの規定が準用されている（民§897の2Ⅱ）。

➡ 　不在者の財産管理人と同じ権限である。

（管理人の権限）

第28条　管理人は，第103条に規定する権限を超える行為を必要とするときは，家庭裁判所の許可を得て，その行為をすることができる。（以下，略）

（権限の定めのない代理人の権限）

第103条　権限の定めのない代理人は，次に掲げる行為のみをする権限を有する。

> 一　保存行為
> 二　代理の目的である物又は権利の性質を変えない範囲内において，その利
> 　　用又は改良を目的とする行為

　相続財産の管理人は，①**保存行為**，②**物または権利の性質を変えない範囲**
内における利用・改良行為は，家庭裁判所の許可を得ないですることができ
る。
　また，**家庭裁判所の許可を得た上で**，上記①②の範囲を超える行為をする
ことができる。

重要🅿 ●
　相続財産の管理人が，相続財産について処分行為をする場合は，家庭裁判所の
許可を得ることを要する。

【例】　相続財産の管理費用を捻出するため，相続財産の管理人が，相続財産
　　　に属する物（不動産や自動車等）を売却するためには，家庭裁判所の許
　　　可を得ることを要する。
　　　➡　家庭裁判所は，本当にその処分が必要かを判断して，許可を出す。

・　相続財産の管理人は，その管理する財産の目録を作成する必要がある（民
　　§27Ⅰの準用）。

・　家庭裁判所は，相続財産の中から，相当な報酬を管理人に与えることが
　　できる（民§29Ⅱの準用）。

第2節　相続分

Topics ・相続人が複数いる場合，相続財産は各共同相続人が相続分の割合に応じて共有するが，その相続分の判断が重要である。

・法定相続分や，相続分が修正される場合について，きちんと理解すること。

・択一，記述の試験で問われる。

■1 相続財産の共有

（共同相続の効力）

第898条　相続人が数人あるときは，相続財産は，その共有に属する。

（2項，略）

第899条　各共同相続人は，その相続分に応じて被相続人の権利義務を承継する。

1　意　義

被相続人が死亡した場合に，相続人が数人いるということも当然にあり得る。

➡　いわゆる共同相続。

【例】　被相続人に配偶者と子がいる場合。被相続人に配偶者はいないが，子が数人いる場合等々。

このような場合は，相続財産は，各共同相続人の共有に属する。

⊕ アルファ

この"共有"は，民法249条以下に規定する「共有」とその性質を異にするものではないとされている（最判昭30.5.31）。

そして，各共同相続人は，その相続分に応じて被相続人の権利義務を承継する。

➡　相続分については**2**で解説する。

2　債権，債務の共同相続

(1)　一般的な可分債権について

相続財産に可分債権がある場合，その債権は，相続分に応じて当然に分割

され，各相続人がその相続分に応じて債権を承継する（分割承継説，最判昭29.4.8）。

【例】　被相続人Aは，Kに対して300万円の貸金債権を有していた。その後，Aが死亡し，子のBCDが相続した。
➡　相続分はこの後に解説するが，子が数人いる場合は相続分は平等であり，この事例では各3分の1となる。

AがKに対して有していた300万円の債権は，相続分（各3分の1）に応じて当然に分割される。つまり，「100万円×3」となる。そして，BCDは，それぞれ100万円の債権を承継する。

(2)　**預貯金債権について**

R3-22

共同相続された普通預金債権，通常貯金債権および定期貯金債権は，いずれも，相続開始と同時に当然に相続分に応じて分割されることはなく，**遺産分割の対象となる**ものとされている（最決平28.12.19）。

理由　預貯金債権は，現金に近いものである。ということは，遺産分割の際に，端数の調整などに使いやすい。そのため，預貯金債権は（当然に分割されることなく）遺産分割の対象となるものとして，共同相続人にとって公平な形で分配するようにすればよい。

・　預貯金債権については，各共同相続人は，被相続人が相続開始時に有していた預貯金債権の3分の1に当該相続人の相続分を乗じた額について，単独でその権利を行使することができる（ただし，法務省令で定める一定の額を限度とする。民§909の2）。
➡　各共同相続人は，遺産分割前であっても，被相続人の預貯金債権について一定の額を限度に単独で引き出せるということ。

理由　相続人は，被相続人が負担していた医療費や葬式の費用などを支払う必要があるが，相続人に手持ちの現金がない場合，すぐには支払えない。そのため，一定の額を限度として，遺産分割前でも預貯金を引き出せるものとされた。

(3)　可分債務について

可分債権と同様，可分債務は相続分に応じて分割され，各相続人はその範囲内で債務を承継する（大判昭5.12.4）。

(4)　連帯債務について

連帯債務者の1人が死亡し，その相続人が数人いるときは，各相続人は被 H22-23
相続人の債務の分割されたものを承継し，各自その承継した範囲において， H17-24
本来の債務者とともに連帯債務者となるとされている（最判昭34.6.19）。

(5)　（債権や債務ではないが）金銭について

相続財産中に金銭（現金）がある場合，各相続人は，その金銭を保管して H30-22
いる相続人に対し，遺産分割までの間は，自己の相続分に相当する金銭の支 H21-23
払いを求めることはできない（最判平4.4.10）。

➡　現金は，可分債権のように各相続人に当然に相続分に応じて承継される
　　ものではなく，遺産分割によって初めてその具体的帰属が定められる。

2　相続分

相続人が数人いる場合は，各共同相続人は，その相続分に応じて被相続人の権利義務を承継するとされている（民§899）。

相続分は，法定されている（法定相続分，民§900）。
なお，被相続人は，遺言によって共同相続人の相続分を定めることができる（指定相続分，民§902）。

また，一定の事由がある場合には，相続分が修正されることもある（特別受益や寄与分，民§903～904の2，後述）。

・　相続財産について，物権編の「共有」に関する規定を適用するときは，法
　定相続分（または指定相続分）の規定により算定した相続分をもって，各相
　続人の共有持分とする（民§898Ⅱ）。

➡　特別受益や寄与分によって修正された相続分ではなく，法定相続分（ま
　　たは指定相続分）をもって，共有持分とする。

 理由　特別受益や寄与分に基づいて，具体的な相続分を定めるのは，
　　　　　　けっこう大変である。相続人間で争いがあると，家庭裁判所の審

　　　　判が必要になったりする。そのため，修正された具体的相続分で
　　　　共有関係を処理するのは，困難である。

　「スタンダード合格テキスト2」の物権編で解説したように，たとえば共有物
の管理に関する事項を決定するときは，各共有者の持分の価格の過半数で決す
るが（民§252Ⅰ），この“各共有者の持分の価格”は，特別受益等により修正
された具体的相続分ではなく，法定相続分（または指定相続分）となる。
➡　いまはよく分からなくてもいいので，特別受益や寄与分を学習した後に，
　　もう一度読んでみてください。

1　法定相続分

⑴　子および配偶者が相続人である場合

（法定相続分）
第900条　同順位の相続人が数人あるときは，その相続分は，次の各号の定め
るところによる。
　一　子及び配偶者が相続人であるときは，子の相続分及び配偶者の相続分は，
　　　各2分の1とする。
　二　（省略）
　三　（省略）
　四　子，直系尊属又は兄弟姉妹が数人あるときは，各自の相続分は，相等し
　　　いものとする。ただし，父母の一方のみを同じくする兄弟姉妹の相続分は，
　　　父母の双方を同じくする兄弟姉妹の相続分の2分の1とする。

事例1　被相続人Aには妻のBがおり，また子のC，Dがいる場合。

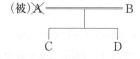

➡　Aの相続人は，配偶者のBおよび子のCDである。
➡　配偶者と子が相続人であるので，**配偶者Bの相続分は2分の1，子C
　　Dの相続分は合わせて2分の1**である。

　　そして，子が数人あるときは，各自の相続分は平等なので，子としての
相続分2分の1を2人で平等に分けて，CとDは各4分の1となる。

結論　配偶者Bの相続分は2分の1（分母を揃えると4分の2），子C，Dの相続分はそれぞれ4分の1。

事例2　被相続人Aには妻のBがおり，Bとの間の子CD（嫡出子）がいる。また，Aは，妻がいるにもかかわらず，Eとの間で子Fをもうけてしまった（もちろんEとは婚姻の関係にない）。なお，Aは，Fを認知している（嫡出でない子）。

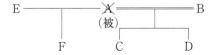

➡　Aの相続人は，配偶者のBおよび子のCDFである（嫡出でない子も，Aの子であることに変わりはないので，相続人となる。Eとは婚姻関係ないので，Eは相続人とはならない）。

➡　配偶者と子が相続人であるので，配偶者Bの相続分は2分の1，子CDFの相続分は合わせて2分の1である。

そして，子が数人あるときは，各自の相続分は平等なので，子としての相続分2分の1を3人で平等に分けて，CDFは各6分の1となる。

結論　配偶者Bの相続分は2分の1（分母を揃えると6分の3），子CDFの相続分はそれぞれ6分の1となる。

➕ **アルファ**

かつて（というか，ほんの少し前まで），嫡出でない子の相続分は，嫡出子の相続分の2分の1とされていた。しかし，最高裁において，その規定は憲法違反であるとの判断が下され（最決平25.9.4），現在では嫡出子と嫡出でない子の相続分は平等であるとされている。

重要🔔 ・・・・・・・・・・・・・・・・・・・・・・・・・・・・・・

養子は，縁組の日から養親の嫡出子の身分を取得するので（民§809），普通の嫡出子と同じように考えればよい。

(2)　直系尊属および配偶者が相続人である場合

（法定相続分）
第900条　同順位の相続人が数人あるときは，その相続分は，次の各号の定め
るところによる。
一　（省略）
二　配偶者及び直系尊属が相続人であるときは，配偶者の相続分は，3分の
2とし，直系尊属の相続分は，3分の1とする。
三，四　（省略）

事例　被相続人Aには妻のBがいるが，子はいない。また，Aには実父母のC，
Dと養母のEがいる。

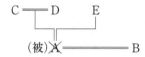

➡　Aの相続人は，配偶者のB，実父母のC，Dおよび養母のEである。

H15-24

➡　配偶者と直系尊属が相続人であるので，配偶者Bの相続分は3分の2，
直系尊属CDEの相続分は合わせて3分の1である。

　そして，直系尊属が数人あるときは，各自の相続分は平等なので（民§
900④），直系尊属としての相続分3分の1を3人で平等に分けて，各9分
の1となる。
➡　実父母も養父母も相続分に差はない。

結論　配偶者Bの相続分は3分の2（分母を揃えると9分の6），直系尊属C，
D，Eの相続分はそれぞれ9分の1。

(3)　兄弟姉妹および配偶者が相続人である場合

（法定相続分）
第900条　同順位の相続人が数人あるときは，その相続分は，次の各号の定め
るところによる。
一，二　（省略）
三　配偶者及び兄弟姉妹が相続人であるときは，配偶者の相続分は，4分の

　　　3とし，兄弟姉妹の相続分は，4分の1とする。

　四　子，直系尊属又は兄弟姉妹が数人あるときは，各自の相続分は，相等し
　　　いものとする。ただし，父母の一方のみを同じくする兄弟姉妹の相続分は，
　　　父母の双方を同じくする兄弟姉妹の相続分の2分の1とする。

事例1　被相続人Aには妻のBがいるが，子はいない。また，直系尊属は存在せ
　　　ず，兄弟姉妹のCDがいる。

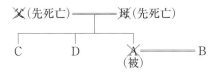

　➡　Aの相続人は，配偶者のBおよび兄弟姉妹のCDである。
　➡　配偶者と兄弟姉妹が相続人であるので，**配偶者Bの相続分は4分の3，**
　　　兄弟姉妹CDの相続分は合わせて4分の1である。

　　　そして，兄弟姉妹が数人あるときは，各自の相続分は原則として平等
　　なので，兄弟姉妹としての相続分4分の1を2人で平等に分けて，Cと
　　Dは各8分の1となる。

　結論　配偶者Bの相続分は4分の3（分母を揃えると8分の6），兄弟姉
　　　妹C，Dの相続分はそれぞれ8分の1。

事例2　Aの相続関係は，以下のとおりである。
　・　A，Bは，X・Y夫婦の子である。
　・　Aは，Mと婚姻している。
　・　Xは，Yと離婚した後，Zと婚姻し，子Cが生まれた。
　・　X・Yが先に死亡し，その後にAが死亡した。

　➡　Aの相続人は，配偶者のMおよび兄弟姉妹のBCである。
　➡　Bは，Aと父母が同じである（全血兄弟姉妹）。一方，Cは，Aと父

が同じであるが，母が違う（半血兄弟姉妹）。母が違っても，兄弟姉妹
として相続人となる。

➡　配偶者と兄弟姉妹が相続人なので，配偶者Ｍの相続分は４分の３であ
り，兄弟姉妹ＢＣの相続分は合わせて４分の１である。

　　兄弟姉妹が数人ある場合，原則としては各自の相続分は平等であるが，
**父母の一方のみを同じくする兄弟姉妹（半血兄弟姉妹）の相続分は父母
の双方を同じくする兄弟姉妹（全血兄弟姉妹）の相続分の２分の１**とさ
れている。本事例では，Ｃの相続分はＢの相続分の２分の１となる。

　　つまり，ＣとＢの相続分の割合は「0.5：１」となるが，小数が出て
くると分かりにくいので，「１：２」と整理する。
　　ということは，兄弟姉妹の中での相続分の割合は，Ｃは，「１／（１
＋２）＝３分の１」となり，Ｂは「２／（１＋２）＝３分の２」となる。
　　そして，兄弟姉妹全体の相続分は４分の１なので，最終的な兄弟姉妹
の相続分は，Ｃは「１／４×１／３＝12分の１」，Ｂは「１／４×２／
３＝12分の２」となる。

結論　配偶者Ｍの相続分は４分の３（分母を揃えると12分の９），全血兄
弟姉妹Ｂの相続分は12分の２，半血兄弟姉妹Ｃの相続分は12分の１と
なる。

(4)　代襲相続の場合

（代襲相続人の相続分）
第901条　第887条第２項又は第３項の規定（代襲相続の規定）により相続人と
なる直系卑属の相続分は，その直系尊属が受けるべきであったものと同じと
する。ただし，直系卑属が数人あるときは，その各自の直系尊属が受けるべ
きであった部分について，前条の規定（法定相続分の規定）に従ってその相
続分を定める。

　　代襲相続の場合は，**代襲相続人が受けるべき相続分は，被代襲者（既に死
亡している子等）が受けるべきであったものと同じ**となる。
　　そして，代襲相続人が数人あるときは，被代襲者が受けるべきであった部
分について，法定相続分の規定に従って分配される。

事例　被相続人Aには妻のBがおり，また子のCおよびDがいた。しかし，Dは
　　　　Aより先に死亡している。Dには配偶者のEおよび子のF，Gがいる。

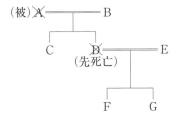

➡　Aの相続人は，配偶者のBおよび子（直系卑属）のC，F，Gである。

➡　子のDはAより先に死亡しているので，DはAの相続人とはならず，代
　　襲相続となる。つまり，Dの子であるF，GがAの相続人となる（Dの配
　　偶者Eは代襲相続人とはならない）。

➡　配偶者と子が相続人であるので，**配偶者Bの相続分は2分の1，子（直
　　系卑属）C，F，Gの相続分は合わせて2分の1**である。

　　そして，代襲相続の場合，代襲相続人が受けるべき相続分は，被代襲者
　　（既に死亡している子D）が受けるべき相続分と同じなので，まずは被代
　　襲者Dの相続分を計算する。

　　子が数人あるときは，各自の相続分は平等なので，子としての相続分2
　　分の1をCとDの2人で平等に分けて，CとDは各4分の1となる。
　　そして，被代襲者Dが受けるべきであった相続分4分の1を，代襲相続
　　人F，Gの2人で平等に分けると，各8分の1となる。

結論　配偶者Bの相続分は2分の1（分母を揃えると8分の4），子Cの相
　　　　続分は4分の1（分母を揃えると8分の2），代襲相続人F，Gの相続
　　　　分はそれぞれ8分の1。

⑸　**二重の相続資格を有する者がいる場合**

事例　Aには子のBCがいた。そして，Cには子のDがいた。また，Aは，Dを
　　　　養子にした。
　　　　そして，Cが死亡し，その後にAが死亡した。

➡　Aの相続人は，BとDである（CはAより先に死亡しているので，相続人とはならない）。

➡　Dは，Cを代襲してAの相続人となっており，またAの養子となっているので，子（Aの嫡出子）としても相続人となる。

　　この場合，Dは，代襲相続人としての相続分と嫡出子としての相続分の双方を取得できるのか（相続分の計算上，B，D，Dの3人と計算するのか），それとも1人分しか取得できないのか（相続分の計算上，B，Dの2人と計算するのか）が問題となるが，実務上，Dは，双方の相続分を取得できるとされている（先例昭26.9.18－1881）。

➡　つまり，Bの相続分が3分の1，Dの相続分が3分の2となる。

2　指定相続分
(1)　意義，要件

（遺言による相続分の指定）

第902条　被相続人は，前二条の規定にかかわらず，遺言で，共同相続人の相続分を定め，又はこれを定めることを第三者に委託することができる。

2　被相続人が，共同相続人中の1人若しくは数人の相続分のみを定め，又はこれを第三者に定めさせたときは，他の共同相続人の相続分は，前二条の規定により定める。

　　被相続人は，遺言により，共同相続人の相続分を定めることができる（相続分の指定）。また，共同相続人の相続分を定めることを第三者に委託することもできる。

　🖒**理由**　被相続人が，各共同相続人のいろいろな事情を考慮しながら，適切な相続分を定めてくれれば，それに従うものとしても（さほど）不都合はない。

【例】　被相続人Aには配偶者のBと子のC，Dがいる（法定相続分は，Bが

4分の2，CDが各4分の1）。
　この場合，Aは，遺言で，「B，C，Dの相続分を各3分の1とする」という指定をすることができる。

重要❗ ・・・・・・・・・・・・・・・・・・・・・・・・・・・・・・・・・
相続分の指定（または指定の委託）は，必ず遺言によってすることを要する。
➡ 生前に，遺言以外の方法で相続人の相続分を定めることはできない。

👉理由　自由な方法による相続分の指定を認めてしまうと，様々な弊害が考えられる（被相続人と推定相続人の間，また推定相続人間でいろいろドロドロとしたものが噴出するおそれがある）。

(2)　**効　果**
　遺言による相続分の指定がされたときは，法定相続分に優先する。
　➡ 法定相続分ではなく，指定された相続分に従って相続される

・　遺言による相続分の指定がされたら，積極財産だけでなく，債務につい **R3-22** ても指定された割合で承継されることになるが，これを当然に債権者に主張することはできないとされている。
　➡ 債権者は，指定相続分ではなく，法定相続分の割合で権利を行使することができる（民§902の2本文）。

👉理由　債権者の意思を問わずに，債務者が勝手に債務を承継する割合を決めてはいけない。定め方によっては，債権者が不利益を受けるおそれがあるからである。

・　ただし，債権者が指定相続分による債務の承継を承諾したときは，指定相続分に従って権利を行使することができる（民§902の2ただし書）。

(3)　**第三者との関係**
　遺言による相続分の指定（遺産分割方法の指定を含む）により，法定相続 **H29-22** 分より多い相続分を受けることになった相続人は，法定相続分を超える部分については，登記，登録その他の対抗要件を備えなければ，第三者に対抗することができない（民§899の2Ⅰ）。

👉理由　遺言による相続分の指定は，意思表示による権利の変動と同じ

　　　ように考えることができるので，法定相続分を超える部分の取得については第三者対抗要件を備えることが必要である。

【例】　甲土地を所有するＡが死亡し，妻のＢと子のＣが相続した（法定相続分は各２分の１）。Ａは遺言によって相続分の指定をしており，Ｂの相続分は３分の２，Ｃの相続分は３分の１と定められていた。

➡　Ｂは，法定相続分より６分の１多くなった。

　　　甲土地については，Ｂが持分３分の２，Ｃが持分３分の１の割合で相続するが，Ｂは，法定相続分（２分の１）を超える部分（６分の１）については，登記をしなければその取得を第三者に対抗することができない。

➡　法定相続分の取得については，登記をしなくても第三者に対抗することができる。

⑷　一部の相続人についてのみ相続分を指定した場合

　　　被相続人が，遺言で，一部の相続人についてのみ相続分を指定したときは，他の相続人の相続分については，法定相続分の割合となる（民§902Ⅱ）。

3　特別受益者がいる場合の相続分

> **ケーススタディ**
>
> 　Ａには子のＢＣＤがいる（配偶者は既に死亡している）。
>
> 　Ａは，生前に，Ｂに対し，結婚の費用として600万円の贈与をしている。ＣＤは結婚していないので，そのような贈与はしていない。
>
> 　そして，Ａが死亡した。Ａが死んだ時に有していた財産の価額は，2,100万円であった。
>
> 　Ａから多額の贈与を受けていたＢも，ＣＤと同様の相続分（額）を受けることができるのか。
>
>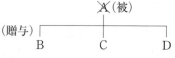

　　　ケーススタディの事例では，Ａの相続人は子の３人なので，法定相続分は各３分の１である。したがって，法定相続分に従って計算すると，Ａが残した財産2,100万円について，ＢＣＤはそれぞれ700万円を相続することになる。

しかし，これでは，ＣＤは「お兄ちゃんずるい」と言うだろう。

➡　Ｂとしては，「お前たちもお父さんが生きている間に結婚すれば良かっただろ」ということになり，兄弟姉妹の関係も悪くなりかねない。

そこで，被相続人から遺贈や特別な贈与を受けた者（特別受益者）がいる場合には，そういった特別な受益を考慮した形で相続分（額）の算定がされる。 `H31-23` `H24-23`

➡　分かりやすくいえば，被相続人から特別な受益を受けた者は，相続の際の取り分が減る。

理由　共同相続人間の衡平を図るため。

＋アルファ

「相続分（額）」とは，"相続分に従って取得する価額"といった意味である。

(1)　条文と簡単な解説

> （特別受益者の相続分）
> **第903条**　共同相続人中に，被相続人から，遺贈を受け，又は婚姻若しくは養子縁組のため若しくは生計の資本として贈与を受けた者があるときは，被相続人が相続開始の時において有した財産の価額にその贈与の価額を加えたものを相続財産とみなし，第900条から第902条までの規定により算定した相続分の中からその遺贈又は贈与の価額を控除した残額をもってその者の相続分とする。

条文を読んだだけでは分かりにくい。

簡単にいうと，相続人の１人が，被相続人の生前に，被相続人から結婚費用などの贈与を受けていた場合は，それは"相続分の前渡し"と考えることができるので，相続が開始した時は，その額を（計算上）相続財産に戻し，その戻した後の額を基準として相続分（額）を算定すべき，ということである。

【例】　ケーススタディの事例でいうと，Ａの子Ｂは，Ａの生前に，結婚の費用として600万円の贈与(特別受益)を受けていた。そして，Ａが死亡し，Ａが相続開始の時において有した財産の価額は2,100万円であった。

この場合，Ａが有していた財産の価額2,100万円に，Ｂが受けた特別受益に該当する贈与の価額600万円を加える（持戻し）。

➡　この600万円が加えられた額，つまり2,700万円が相続財産とみなされる（みなし相続財産）。

そして，各共同相続人（ＢＣＤ）の相続分の割合はそれぞれ３分の１なので，みなし相続財産2,700万円を３分の１ずつ分けると，各共同相続人が取得すべき財産はそれぞれ900万円となる。

> B→　900万円
> C→　900万円
> D→　900万円

この計算をした後，特別受益者Ｂについては，Ａから受けた特別の贈与の価額600万円を引く。

> B→　900万円－600万円＝300万円
> C→　900万円
> D→　900万円

これが最終的な相続分（額）となる。

➡　このように計算すれば，他の相続人からも不満はでない。

以下，もう少し詳しく解説する。

⑵　特別受益者とは

特別受益者とは，共同相続人のうち，被相続人から遺贈を受け，または婚姻もしくは養子縁組のためもしくは生計の資本として贈与を受けた者である。

➕ アルファ

被相続人から生前に贈与を受けた場合だけでなく，遺贈を受けた（遺言によって財産をもらった）場合も含まれる。

➕ アルファ

生前贈与のすべてが特別受益に該当するのではなく，"婚姻や養子縁組のためもしくは生計の資本としての贈与"が特別受益となる。

⑶　どのように相続分（額）を算定するのか

　共同相続人中に特別受益者がいるときは，被相続人が相続開始の時におい
て有した財産（相続財産）の価額に，特別受益に該当する贈与の価額を加え
たものを相続財産とみなす（みなし相続財産）。

　そして，みなし相続財産について，法定相続分（または指定相続分）に従
って各共同相続人が取得すべき財産の額を計算し，特別受益者については，
特別受益に該当する贈与または遺贈の価額を控除する。

　この控除がされて残った額が，特別受益者が取得すべき財産の価額となる。

重要🔔 ●●●●●●●●●●●●●●●●●●●●●●●●●●●●●●●●●●●

　相続財産に加える（持ち戻す）のは，特別受益に該当する贈与の価額である。　H25-22
遺贈の価額は加えない。

➡　遺贈された財産は，"被相続人が相続開始の時において有した財産"に含まれ
　ているから。

➡　生前贈与がされた財産については，既に被相続人の手もとから離れているの
　で，持ち戻す必要がある。

【例】　被相続人Aの相続人は，妻のBと子のCDである。Aが死んだ時にお
　　　いて有していた財産の価額は，2,000万円であった。

　　　　なお，Aは，生前に，婚姻の費用としてCに対して400万円の贈与を
　　　していた。また，Aは遺言を残しており，「Dに200万円を遺贈する」と
　　　書かれていた。

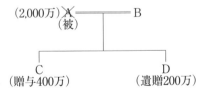

　この場合，Aの相続財産に持ち戻すのは，Cに対する生前贈与400万
円だけである。つまり，みなし相続財産は2,400万円である。

➡　Dに対して遺贈がされた200万円は，持ち戻す必要はない（この200
　万円は，Aが死んだ時において有していた財産の2,000万円に含まれ
　ている）。

重要🔔 ●●●●●●●●●●●●●●●●●●●●●●●●●●●●●●●●●●●

　相続財産に持ち戻すのは特別受益に該当する贈与のみだが，相続分（額）から
控除するのは，特別受益に該当する贈与だけでなく，遺贈も含まれる。

【例】　上記の事例では，Aが相続開始の時において有した財産の価額2,000万円に，Cが受けた特別受益に該当する贈与の価額400万円が持ち戻され，みなし相続財産は2,400万円となった。

そして，2,400万円を各共同相続人の相続分（Bは4分の2，CDは各4分の1）で分けると，各共同相続人が取得する財産は以下のとおりである。

```
B→　1,200万円
C→　　600万円
D→　　600万円
```

この計算をした後，特別受益者（C，D）については，特別受益の額が控除される。

➡　Dに対する遺贈の額も控除される。

```
B→　1,200万円
C→　　600万円－贈与の価額400万円＝200万円
D→　　600万円－遺贈の価額200万円＝400万円
```

これが，最終的に相続によって取得する財産の価額となる。

ただし，Dについては，Aから200万円の遺贈を受けているので，Dは"相続によって400万円"を取得し，"遺贈によって200万円"を取得する。

➡　結局は600万円を取得するが，考え方の上では相続と遺贈は別。

(4)　特別受益の価額が相続分（額）を超える場合

（特別受益者の相続分）
第903条
2　遺贈又は贈与の価額が，相続分の価額に等しく，又はこれを超えるときは，受遺者又は受贈者は，その相続分を受けることができない。

特別受益者がいる場合，みなし相続財産に基づいて相続分（額）を計算し，特別受益者についてはそこから特別受益の額を控除する。そして，その残額が特別受益者の取得すべき相続分（額）となる。

この場合，特別受益（遺贈や贈与）の価額が，その者が受けるべき相続分の価額に等しいか，またはこれを超えるときは，その者は相続分を受けることができない。

【例】　被相続人Aの相続人は，妻のBと子のCDである。Aが死んだ時において有していた財産の価額は，2,000万円であった。

　　　なお，Aは，生前に，婚姻の費用としてCに対して800万円の贈与をしていた。

　　　この場合，Cに対する生前贈与の価額800万円がAの相続財産に持ち戻される。つまり，みなし相続財産は2,000万円＋800万円＝2,800万円である。

　　　そして，2,800万円を各共同相続人の相続分（Bは4分の2，CDは各4分の1）で分けると，各共同相続人が取得する財産は以下のとおりである。

B→　1,400万円
C→　700万円
D→　700万円

　　　この計算をした後，特別受益者（C）については，特別受益の額が控除される。

B→　1,400万円
C→　700万円－贈与の価額800万円＝－100万円
D→　700万円

➡　このように，特別受益に該当する遺贈や贈与の価額（800万円）が，その者（C）が受けるべき相続分の価額（700万円）を超えるときは，その者は相続分を受けることができない。

重要❗•••

H10-22　なお，この場合の特別受益者（C）は，相続分の価額を超える特別受益の額（100万円）を返還することを要しない。

➡　確かにCは貰いすぎているが，これを返還する必要はない。

🖐理由　仮に返還することを要求したとしても，その者が相続の放棄をすれば返還義務を免れることができるので，あまり意味がない。

　　また，特別の贈与をした被相続人の意思としても，その返還までは望んでいないと思われる。

(5)　持戻しの免除の意思表示

（特別受益者の相続分）
第903条
3　被相続人が前二項の規定と異なった意思を表示したときは,その意思に従う。

H10-22　被相続人が，特別受益者の持戻しを免除する意思表示をしているときは，その意思に従うとされている。

🖐理由　特別受益者がいる場合に，持戻しを要求するのは，共同相続人間の衡平を図るとともに，それが被相続人の通常の意思と考えることができるからである。

　　そのため，被相続人がこれと異なる意思（持戻しを要求しない。相続人の1人が貰いすぎになることを承知の上で贈与した）を有する場合には，それに従って差し支えない。

・　持戻しが免除されるということは，簡単にいえば特別受益がなかったことになるので，その相続において法定相続分に従った財産を相続することができるということである。

➡　持戻しが要求される場合と比べて，多くの財産を取得することができる。

(6)　持戻しの免除の意思表示が推定される場合
　　婚姻期間が20年以上の夫婦の一方である被相続人が，他の一方に対し，その居住の用に供する建物またはその敷地について遺贈または贈与をしたときは，その被相続人は，その遺贈または贈与について持戻しを免除する意思を

表示したものと推定される（民§903Ⅳ）。

🖐**理由**　婚姻期間が20年以上の夫婦の場合は，被相続人の財産の形成について配偶者の貢献の度合いが大きいといえる。また，持戻しの免除を推定しないと，配偶者がその相続において取得する相続分額が少なくなり，今後（老後）の生活が苦しくなるおそれもある。

・　持戻しの免除が推定されるためのポイント
①　婚姻期間が20年以上の夫婦に限られる。
②　居住の用に供する建物またはその敷地が遺贈または贈与された場合に限られる。
➡　居住用の不動産のみ。

⑺　**贈与された財産について，価額の増減があった場合**

（特別受益者の相続分）
第904条　前条に規定する贈与の価額は，受贈者の行為によって，その目的である財産が滅失し，又はその価格の増減があったときであっても，相続開始の時においてなお原状のままであるものとみなしてこれを定める。

被相続人が，生前に，婚姻のために高価な財産を子に贈与したが，受贈者がその物を壊してしまった場合，あるいは受贈者の行為によって価額に増減があった場合，相続が開始した時にどれだけの額を相続財産に持ち戻せばいいのかが問題となる。

この場合は，相続開始の時においてなお原状のままであるものとみなして，持ち戻す価額を定める。　H10-22

4　寄与分

ケーススタディ

　Aには子のBCDがいる（配偶者は既に死亡している）。

　Aは農業をしていたが，長男のBはAと同居し，無償に近い形でAの農作業を手伝っていた。一方，CとDは普通の会社に就職している。

　そして，Aが死亡した。Aが死んだ時に有していた財産の価額は，2,100万円であった。

　Aの仕事を無償のような形で手伝っていたBも，CDと同様の相続分（額）しか受けることができないのか。

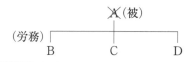

　ケーススタディの事例では，Aの相続人は子の3人なので，法定相続分は各3分の1である。したがって，法定相続分に従って計算すると，Aが残した財産2,100万円について，BCDはそれぞれ700万円を相続することになる。

　しかし，これでは，BはCDに対し，「お前たちはちょっとずるいだろう」と言うだろう。

➡　CDとしては，「お兄ちゃんも普通に就職していれば良かったのに」ということになり，兄弟姉妹の関係も悪くなりかねない。

　そこで，被相続人の事業に関して労務を提供したり，被相続人の療養看護をしたような者がいる場合には，そういった特別の寄与を考慮した形で相続分（額）の算定がされる。

➡　分かりやすくいえば，被相続人のために汗をかいた相続人は，他の相続人よりも多くの財産を取得できる。

理由　共同相続人間の衡平を図るため。

重要　・・・・・・・・・・・・・・・・・・・・・・・・・・・・・・

　この寄与分の制度は，上記3の特別受益と反対方向の話である。

(1)　条文と簡単な解説

（寄与分）

第904条の2　共同相続人中に，被相続人の事業に関する労務の提供又は財産上の給付，被相続人の療養看護その他の方法により被相続人の財産の維持又は増加について特別の寄与をした者があるときは，被相続人が相続開始の時において有した財産の価額から共同相続人の協議で定めたその者の寄与分を控除したものを相続財産とみなし，第900条から第902条までの規定により算定した相続分に寄与分を加えた額をもってその者の相続分とする。

条文を読んだだけでは少し分かりにくいので，具体的な額で計算する。

【例】　ケーススタディの事例で，Aの相続財産の価額は2,100万円であった。
　　　　一方，相続人の1人Bは，被相続人Aがしていた農業をほぼ無償の形で手伝っていたが，これをお金に換算すると（およそ）600万円の価値であった。

この場合，各共同相続人の相続分（額）を計算する際に，まず，相続財産の価額2,100万円から，Bの寄与分（600万円）を控除する。

➡ 「相続財産は2,100万円あるが，このうちの600万円は俺（B）の働きによるものだ。だから，これは俺の取り分だ」ということで，まず相続財産から寄与分を控除する。

そして，2,100万円－600万円＝1,500万円を相続財産とみなす（みなし相続財産）。

この"みなし相続財産"である1,500万円について，各共同相続人の相続分（各3分の1）で分けると，各500万円となる。

B→　500万円
C→　500万円
D→　500万円

この計算をした後，特別の寄与をしたBについては，予め控除してあった寄与分（600万円）を加算する。

> B→　500万円＋600万円＝1,100万円
> C→　500万円
> D→　500万円

これが最終的な相続分（額）となる。
➡　このように計算すれば，各共同相続人から大きな不満は出ない。

以下，もう少し詳しく解説する。

(2) 特別の寄与をした者とは

寄与分を取得することができるのは，被相続人の事業に関する労務の提供または財産上の給付，被相続人の療養看護その他の方法により被相続人の財産の維持または増加について特別の寄与をした者である。
➡　裏を返すと，**通常の寄与をした者は，寄与分を受けることができない。**

【例】　配偶者がする日常の家事は，通常の寄与というべきものであって，相続の際に寄与分を取得することはできない。
➡　そもそも配偶者は，相続分が多い（最低でも2分の1）。つまり，配偶者の通常の寄与は，最初から相続分に含まれていると考えることができる。

・　民法904条の2の規定により寄与分を受けることができるのは，共同相続人に限られる。
共同相続人以外の親族が被相続人の財産の維持または増加について特別の寄与をした場合については，民法1050条で規定されている（後述）。
一方，被相続人の親族でない第三者が，被相続人の財産の維持または増加について特別の寄与をした場合でも，寄与分（に相当する額）を受けることはできない。

理由　親族関係にない第三者の場合は，被相続人との間で何らかの契約関係等があるのが通常であり，その契約関係等に従って金銭等を支払う形になる。

⑶　**寄与分の決定**

　　寄与分は，共同相続人間の協議で定めるのが原則である（民§904の2Ⅰ）。 H3-15

【例】　Aの相続人がBCDの3人であったら，この3人の間で協議をして，「Bの寄与分は600万円だ」と定める。

　　ただし，共同相続人間で協議が調わないとき，または協議をすることができないときは，特別の寄与をした者からの請求により，家庭裁判所が寄与分を定める（民§904の2Ⅱ）。

⑷　**寄与分の上限（寄与分と遺贈の関係）**

（寄与分）
第904条の2
3　寄与分は，被相続人が相続開始の時において有した財産の価額から遺贈の価額を控除した残額を超えることができない。

　　寄与分より遺贈が優先されるということである。

【例】　Aが死亡した。相続人は子のBCDである。なお，Aの相続財産の価額は3,000万円であった。
　　　一方，Aは遺言を残しており，価額にして1,500万円分の財産をXに遺贈すると記載されていた。
　　　また，Bは，Aの財産の増加について特別の寄与をしており，その寄与分は2,000万円であった。
　　➡　遺贈の価額（1,500万円）と寄与分（2,000万円）を合計すると，3,500万円となってしまう。Aの相続財産は3,000万円なので，双方を満足させることはできない。

　　この場合は，遺贈が優先される。
　　つまり，寄与分は，相続財産の価額（3,000万円）から遺贈の価額（1,500万円）を控除した残額（1,500万円）が上限となる。

5　共同相続人以外の親族が特別の寄与をした場合
⑴　**特別寄与者による特別寄与料の請求**

　　被相続人の財産の維持または増加について，共同相続人以外の親族が特別

の寄与をする（貢献する）こともあり得る。

【例】・　被相続人の長男の妻が，被相続人の介護をしていた。
　　　・　被相続人の長男の妻が，被相続人の農作業を手伝っていた。

　このように，被相続人に対して無償で療養看護や労務の提供をした親族が
いる場合には，被相続人の死亡に際し，何らかの手当てをする必要がある。

> **第1050条**　被相続人に対して無償で療養看護その他の労務の提供をしたこと
> により被相続人の財産の維持又は増加について特別の寄与をした被相続人の
> 親族（相続人，相続の放棄をした者及び第891条の規定に該当し又は廃除に
> よってその相続権を失った者を除く。以下「特別寄与者」という。）は，相続の
> 開始後，相続人に対し，特別寄与者の寄与に応じた額の金銭（以下「特別寄
> 与料」という。）の支払を請求することができる。

　被相続人に対して無償で療養看護その他の労務の提供をしたことにより被
相続人の財産の維持または増加について特別の寄与をした被相続人の親族
（特別寄与者）は，相続の開始後，相続人に対し，特別寄与者の寄与に応じ
た額（特別寄与料）の支払いを請求することができる。

【例】　被相続人Aが死亡した。相続人は，長男B，二男C，長女Dである。
　　　B夫婦はAと同居しており，Bの妻Xは，無償でAを療養看護していた。
　　➡　Xは，Aの相続人であるBCDに対し，特別寄与料の支払いを請求
　　　することができる。

(2)　特別寄与料の決定

　特別寄与料の支払いについては，当事者間の協議で定めるのが原則である。
しかし，当事者間に協議が調わないときまたは協議をすることができないと
きは，特別寄与者は，家庭裁判所に対し，協議に代わる処分を請求すること
ができる（民§1050Ⅱ前段）。

・　特別寄与者がする家庭裁判所に対する請求は，特別寄与者が相続の開始
　および相続人を知った時から6か月を経過したとき，または相続開始の時
　から1年を経過したときは，することができない（同Ⅱ後段）。

　🖐**理由**　　特別寄与者は，被相続人と近い関係にあるはずなので，「6か月」

や「1年」といった短い期間制限を設けても不測の損害を被ることはないと考えられる。

・　特別寄与料の額は，被相続人が相続開始の時において有した財産の価額から遺贈の価額を控除した残額を超えることができない（民§1050Ⅳ）。
　➡　特別寄与料よりも遺贈が優先するということ。
　➡　考え方は，共同相続人が受ける寄与分（民§904の2Ⅲ）と同じ。

・　相続人が数人ある場合は，各相続人は，特別寄与料の額に自己の法定(指定)相続分の割合を乗じた額について負担する（民§1050Ⅴ）。

【例】　Aの相続人は，配偶者のB，子のCDであった（相続分は，Bが4分の2，CDが各4分の1）。そして，Aの親族Xの特別寄与料の額(総額)が400万円であった場合，Bは200万円，CDは各100万円をXに対して負担する。

6　相続分の譲渡とその取戻し

(1)　相続分の譲渡の意義

　相続分の譲渡とは，共同相続人が，相続人としての地位（相続財産に対する包括的持分）を譲渡することである。

　共同相続人は，遺産分割前であれば，自己の相続分を譲渡することができるとされている。

理由　遺産分割が成立するまでには時間がかかることが多い。そのため，遺産分割がされる前に，相続分（相続財産全体に対する自己の持分）を換価したいと思う相続人もいるので，このような譲渡が認められた。

【例】　Aの相続人が子のBCDである場合に，相続人の1人Dは，亡Aについての遺産分割がされる前に，自己の相続分をXに譲渡することができる。
　➡　亡Aの相続人としての地位（相続財産に対する包括的持分）がXに移転する。

重要❗ •••••••••••••••••••••••••••••••••••••

　　相続分の譲渡は，あくまで相続人としての地位あるいは相続財産に対する包括的な持分を譲渡することである。

　　共同相続人の1人が，相続財産を構成する個々の財産の持分を譲渡することは，相続分の譲渡ではない。

➡　単に土地や建物の持分の売買（贈与）ということになる。

　　・　相続分の譲渡は，他の共同相続人に対してすることができるし，共同相続人以外の第三者に対してすることもできる。

(2)　相続分の譲渡の効果

H23-23

　　相続分の譲渡は，相続人としての地位（相続財産に対する包括的持分）を譲渡するものであるので，譲受人は相続人と同様の地位を取得する。

　　つまり，譲受人は，**遺産分割協議の当事者となる**。

　　・　共同相続人以外の第三者に対して相続分の譲渡がされた場合，その譲受人（つまり相続人ではない第三者）が遺産分割協議に参加することになるが，これは，他の共同相続人にとっては非常に困る。

　　　➡　亡くなったお父さんやお母さんが残した財産や思い出について話し合う場に，まったく関係ない人が上がりこんでくるわけで，感情的にもなかなか受け入れられない。

　　ということで，第三者に相続分の譲渡がされた場合は，他の共同相続人は，その相続分を取り戻すことができる。

(3)　相続分の取戻し

（相続分の取戻権）

第905条　共同相続人の1人が遺産の分割前にその相続分を第三者に譲り渡したときは，他の共同相続人は，その価額及び費用を償還して，その相続分を譲り受けることができる。

2　前項の権利は，1か月以内に行使しなければならない。

　　共同相続人以外の第三者に対して相続分の譲渡がされたときは，他の共同相続人は，その価額と費用を償還して，その**相続分を取り戻すことができる**。

【例】　Aの相続人が子のBCDである場合に，相続人の1人Dは，遺産分割がされる前に，自己の相続分を第三者Xに譲渡した。

　　　　この場合，他の共同相続人であるBは，Xに対し，相続分の価額と費用を払って，相続分を取り戻すことができる。

➡　これにより，亡Aについての遺産分割協議に，第三者Xが参加するという事態を避けることができる。

① 相続分の取戻権は，形成権である。

➡　相続分の譲受人に対する一方的な意思表示によってされる。相手方の同意や承諾は必要ない。

② 相続分の取戻しをすることができるのは，他の共同相続人以外の第三者に相続分の譲渡がされた場合である。

➡　他の共同相続人に対して相続分の譲渡がされた場合は，相続分の取戻しをすることはできない。

理由　他の共同相続人に相続分が譲渡された場合は，遺産分割協議に第三者が入り込むという事態とはならないからである。

【例】　Aの相続人が子のBCDである場合に，相続人の1人Dは，遺産分割がされる前に，自己の相続分をBに譲渡した。

➡　Cは，Bに譲渡された相続分を取り戻すことはできない。

③ 相続分の取戻しをすることができるのは，相続分の譲渡をした相続人以外の共同相続人である。

④ 相続分の取戻しは，1か月以内にしなければならない（民§905Ⅱ）。　H30-22

＋アルファ

条文では，いつから1か月なのか（起算点）が規定されていない。

相続分の譲渡の時から1か月という説と，相続分の譲渡の通知がされた時から1か月という説がある。

第3節　遺産分割

Topics・遺産分割は，相続法の中でもかなり重要な論点である。また，司法書
士の仕事でも身近である。
　・条文の数は少ないが，論点は多い。

1　総　説

　遺産分割とは，共同相続人の共有する相続財産を，各共同相続人に分配する
ことをいう。

　相続人が数人あるときは，相続財産はその共有となるが（民§898），この共
有関係は遺産分割がされるまでの過渡的なものであり，遺産分割によって相続
財産は各相続人に個別的具体的に帰属する。

　遺産分割は，相続開始の時にさかのぼってその効力を生ずる（民§909）。
➡　相続が開始した時から，遺産分割で定められたとおりに財産が承継された
　ことになる。

【例】　Aが死亡した。相続人は妻のB，子のCDである。
　➡　Bの相続分は4分の2，CDの相続分はそれぞれ4分の1である。

　　相続開始の時にAが有していた財産（相続財産）は，甲土地と乙建物，
　銀行預金，腕時計等の動産である。
　➡　これらの財産は，共同相続人BCDの共有となる。

　　その後，四十九日を過ぎ，BCDの間で亡Aについての遺産分割協議が
　された。この協議では，甲土地はBのもの，乙建物はCのもの，動産およ
　び銀行預金はDのものとすることが合意された。
　➡　遺産分割の効果は相続開始の時にさかのぼるので，Aが死亡した時か
　　ら甲土地はBが単独で承継したことになり，乙建物はC，動産および銀
　　行預金はDが単独で承継したことになる。

2　遺産分割の自由と遺産分割の禁止

(1)　遺産分割の自由

> **（遺産の分割の協議又は審判）**
> **第907条**　共同相続人は，次条第1項の規定により被相続人が遺言で禁じた場合又は同条第2項の規定により分割をしない旨の契約をした場合を除き，いつでも，その協議で，遺産の全部又は一部の分割をすることができる。

　　共同相続人は，相続の開始後，（原則として）いつでも，遺産の全部または一部の分割をすることができる（分割自由の原則，民§907Ⅰ）。

・　"いつでも"遺産の分割をすることができるので，相続が開始した翌日に遺産分割をすることができるし，また，相続が開始してから20年を経過した後に遺産分割をすることもできる。

➡　ただし，相続開始の時から10年を経過した後に遺産分割をする場合は，特別受益や寄与分といった具体的相続分を主張することができなくなる（民§904の3，後述）。

　　しかし，一定の場合には，分割が禁止される。

(2)　遺産分割が禁止される場合

①　被相続人が遺言で遺産の分割を禁止した場合
　　被相続人は，遺言で，相続開始の時から5年を超えない期間を定めて，　H27-23　遺産の分割を禁止することができる（民§908Ⅰ後段）。

　　🖝理由　相続財産の状況，各共同相続人の事情等を考慮して，被相続人が「すぐに遺産の分割をしない方がいい」と思った場合には，その意思に従うべきである。

・　遺産の全部について分割を禁止することもできるし，特定の遺産について　H3-19　のみ分割を禁止することもできる。

・　遺言により遺産の分割が禁止されている期間中は，共同相続人全員の　H3-19　合意がある場合でも，遺産の分割をすることはできない。

　　🖝理由　その遺産を残した被相続人の意思を尊重すべきである。

② 共同相続人間の契約により遺産の分割を禁止した場合

　　共同相続人は，**5年以内の期間を定めて，遺産の全部または一部について，その分割をしない旨の契約をすることができる**（民§908Ⅱ本文）。

➡　一般的な共有物について，5年を超えない期間内は分割をしない旨の契約をすることができるが（民§256Ⅰただし書），遺産についても同じような契約が認められている。

【例】　令和3年1月1日，Aが死亡した。相続人はBCである。そして，令和4年2月1日，BCは，「本日から3年間，遺産の分割はしない」という契約をした。

・　遺産の分割の禁止の期間の終期は，相続開始の時から10年を超えることができない（民§908Ⅱただし書）。

【例】　令和3年1月1日，Aが死亡した。相続人はBCである。そして，令和11年3月1日，BCは，「本日から3年間，遺産の分割はしない」という契約をすることはできない。

・　遺産の分割をしない旨の契約は，5年以内の期間を定めて，更新することができる（民§908Ⅲ本文）。ただし，その期間の終期は，相続開始の時から10年を超えることができない（同ただし書）。

H3-19

・　遺産分割をしない旨の契約がある場合，共同相続人全員の合意があれば，その期間内でも遺産の分割をすることができる。

🖐理由　共同相続人間の契約によって分割を禁止したのだから，同じく共同相続人間の合意があれば，契約をやめることもできる。

➡　被相続人が遺産の分割を禁じた場合とは異なる。

③ 家庭裁判所が遺産の分割を禁止した場合

H11-22
H3-19

　　共同相続人間において遺産の分割の協議が調わないとき，または協議をすることができないときは，家庭裁判所に分割を請求することができる（民§907Ⅱ）。この場合において，特別の事由があるときは，家庭裁判所は，5年以内の期間を定めて，遺産の全部または一部について，その分割を禁止することができる（民§908Ⅳ本文）。

- ・　この期間の終期は，相続開始の時から10年を超えることができない（民§908Ⅳただし書）。

- ・　家庭裁判所は，5年以内の期間を定めて，遺産分割の禁止の期間を更新することができる（民§908Ⅴ本文）。ただし，その期間の終期は，相続開始の時から10年を超えることができない（同ただし書）。

3　遺産分割の基準
(1)　意　義

> （遺産の分割の基準）
> **第906条**　遺産の分割は，遺産に属する物又は権利の種類及び性質，各相続人の年齢，職業，心身の状態及び生活の状況その他一切の事情を考慮してこれをする。

遺産の分割は，各共同相続人にとって公平に行われ，かつ社会経済的な価値ができるだけ損なわれないように行われることが要求される。

したがって，遺産の分割にあたっては，遺産に属する物または権利の種類および性質，各相続人の年齢，職業，心身の状態および生活の状況その他の一切の事情を考慮する必要がある（民§906）。

(2)　具体的相続分と遺産分割の関係
①　原　則

共同相続人の中に特別受益者がいたり，あるいは寄与分が定められたことによって，相続分に修正が加わることがある（民§903，904の2）。

この場合は，修正後の具体的相続分に従って，遺産の分割をすることになる。

共同相続人間の協議で遺産の分割をする場合は，全員が合意をすれば，あまり相続分を気にしないで分割をすることができるが，家庭裁判所が絡む形で分割をする場合（後述）は，この具体的な相続分に沿って遺産の分割がされる。

②　相続開始の時から10年を経過した場合

相続開始の時から10年を経過した後にする遺産の分割については，（原則として）特別受益や寄与分に関する規定は，適用されない（民§904の3）。

⇒　修正された具体的相続分ではなく，法定相続分（または指定相続分）に沿って遺産の分割をすることになる。

理由　まず，大前提として，特別受益や寄与分といった具体的相続分を確定させるのは，けっこう大変である。

⇒　被相続人から贈与を受けた人は，「特別の受益ではない。通常の贈与だ」と主張したいし，他の相続人は「いや，生計の資本としての特別の贈与だ」と主張したい。なかなかまとまらない。

また，相続開始から時間が経つと，（遺産の分割をする前に）相続人が死亡してしまうこともある（数次相続）。この場合，すべての相続について具体的相続分を確定させることは，さらに困難である。

このように，なかなか具体的相続分が定まらないと，遺産分割をすること自体が困難になり，結果として，相続財産である不動産が放置されてしまうことになる。

⇒　所有者不明土地や管理不全土地といった問題に発展してしまう。

このような事態になるのを防ぐため，「相続開始の時から10年」という期間で区切って，その後は特別受益や寄与分といった事情は無視して遺産分割をすることができるものとされた。

⇒　遺産の分割がしやすくなる。

・　ただし，相続開始の時から10年を経過していても，10年を経過する前に相続人が家庭裁判所に遺産の分割の請求をしているようなときは，具体的相続分に沿って分割をすべきである（民§904の3①）。

➕アルファ

「スタンダード合格テキスト2」民法物権編の共有物分割の復習

ある不動産について，通常の共有（物権共有）と遺産共有が混在している場合，原則として，一発の共有物分割の裁判で，その共有状態を解消することはできない（民§258の2Ⅰ）。

⇒　遺産共有をしている部分は遺産分割をすべきであり，それとは別に，物権共有の部分について共有物分割をすべき。

【例】　甲土地は，AとBが共有している（物権共有）。そして，Aが死亡し，

XとYが相続した。

➡　甲土地のA持分は，X，Yが相続したが，この部分は遺産共有である。

　この場合，甲土地の共有状態を解消するためには，①X，Y間で遺産分割をして，甲土地のA持分はXが単独で相続する旨を決定する。②X，B間で甲土地の共有物分割をし，Xが（Bに代償を支払って）甲土地を単独で所有する旨を決定する，といった形で，2段階の分割が必要となる。

　しかし，**相続開始の時から10年を経過しているときは**，（原則として）遺産共有の部分も含めて，一発の共有物分割の裁判により共有関係を解消することができる（民§258の2Ⅱ）。

> 🖊**理由**　相続開始の時から10年を経過すると，遺産分割手続において特別受益や寄与分を主張することができなくなるので，遺産分割の特殊性が薄れる。つまり，遺産分割も共有物分割も似たようなものになるので，1回の共有物分割の裁判で解決できるようにした。

4　遺産分割の方法

　遺産分割の方法としては，**現物分割**が原則である。

【例】　相続財産中の甲土地はBのものとする。乙建物はCのものとする。

➕**アルファ**

　ある財産については共同相続人の共有のままとしておくことも可能。

　また，共同相続人の共有する遺産を第三者に売却し，その売却代金を各共同相続人に分配するという方法もある（**換価分割**）。

　そして，ある遺産を相続人の1人の単独所有とし，その相続人が他の相続人に対して代償を支払うという方法も認められる（**代償分割**）。

【例】　被相続人Aの相続人は，子のBCDである。なお，Aの相続財産は，甲土地（3,000万円相当）と，少々の動産（50万円相当）であった。

➡　この場合，現物分割の方法だと，うまく分割ができない。甲土地を取得する者だけが得をする。こういった場合には，「甲土地をBが単独で取得し，その代わりに，BはCとDに対してそれぞれ1,000万円ずつ支

払う」といった分割をすることができる。

　また，この事例では，換価分割（甲土地を売却してその代金をＢＣＤで
分ける）の方法で分割をすることもできるが，先祖代々からの土地を手放
したくないということで，換価分割ができない場合もある。

5　遺産分割の手続

　遺産の分割は，共同相続人間の協議によってされるのが通常であるが（協議
による分割，民§907Ⅰ），被相続人が遺言で，分割の方法を指定することもで
きる（指定による分割，民§908Ⅰ）。

　また，共同相続人間で協議が調わないとき，または協議をすることができな
いときは，家庭裁判所に分割を請求することもできる（家庭裁判所による分割，
民§907Ⅱ）。

　以下，それぞれについて解説する。

6　遺言による遺産分割の方法の指定
⑴　意　義

> （遺産の分割の方法の指定及び遺産の分割の禁止）
> **第908条**　被相続人は，遺言で，遺産の分割の方法を定め，若しくはこれを定
> めることを第三者に委託し，又は相続開始の時から5年を超えない期間を定
> めて，遺産の分割を禁ずることができる。

　被相続人は，遺言で，遺産の分割の方法を定めることができる。
➡　また，これを定めることを第三者に委託することもできる。

　遺産の分割の方法を定めることができるとされているので，上記4のとお
り，現物分割，換価分割，代償分割といった方法を定めることができる。
➡　これが本来の意味である。

　しかし，実際は，分割の方法の指定を超えて，「遺産中の甲土地をＢのも
のとする。乙土地はＣのものとする。」といったように，**最終的な遺産の帰
属まで定める遺言**がされることが多い。
　そして，このような遺言も有効とされている。
➡　このような遺言を，「特定財産承継遺言」という（民§1014Ⅱ）。

アルファ

　本来的な意味での遺産分割の方法の指定がされた場合（「遺産はすべて換価して代金を分配せよ」という遺言がされた場合）は，相続人間で遺産の分割の協議をし，誰に売るか，またどれだけの割合で代金を分配するかといった合意をする必要がある。

(2) 「相続させる」旨の遺言がされた場合の効果

　被相続人が，「相続財産中の甲土地を，相続人の1人であるBに相続させる」という文言の遺言をした場合，これは遺産分割方法の指定なのか，それとも遺贈（遺言による贈与）なのかが問題となる。

　判例は，遺言書の記載からその趣旨が遺贈であることが明らかであるか，または遺贈と解すべき特段の事情のない限り，遺産分割方法の指定と解すべきとした（最判平3.4.19）。

アルファ

　当該遺言において相続による承継を当該相続人の意思にかからせたなどの特段の事情のない限り，何らの行為を要せずして，当該遺産は相続人に直ちに承継される（同判例）。 H11-22

7　共同相続人間の協議による分割

　共同相続人は，原則として，いつでも，協議により遺産の全部または一部の分割をすることができる。
➡　一定の場合には，遺産の分割が禁止される（民§908，前記2(2)）。

(1) 遺産分割の協議の当事者

　遺産分割の協議は，共同相続人の全員ですることを要する。一部の相続人を除外して遺産分割の協議がされた場合は，その協議は無効である。

①　共同相続人の一部の者が不在者である場合は，その者について不在者の財産管理人を選任し（民§25Ⅰ），その管理人が家庭裁判所の許可（民§28）を得て，遺産分割協議に参加することができる。

②　相続人が未成年者である場合は，その法定代理人が未成年者を代理して協議をするのが通常である。
　ただし，親権者とその親権に服する未成年者が共同相続人である場合は，

遺産分割協議をすることは利益相反行為に該当するので（民§826 I，大阪高決昭41.7.1），未成年者のために特別代理人の選任を請求する必要がある。

【例】　Aの相続人は，妻のB，成年の子C，Bの親権に服する未成年の子Dであった。

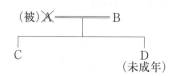

➡　亡Aについての遺産分割協議をすることは，BとDの利益が相反する行為であるので（BとDで財産を取り合う関係であるので），親権者BはDを代理することができず，Dのために特別代理人を選任することを家庭裁判所に請求することを要する。
　　そして，特別代理人がDを代理して，BCと協議をすることになる。

H7-21　③　相続人が被保佐人であるときは，保佐人の同意を得て遺産分割の協議をする（民§13 I ⑥）。

H23-23
H18-24　④　包括遺贈を受けた者，相続分の譲渡を受けた者も，遺産分割の当事者となる。
➡　後で解説するが，包括遺贈を受けた者は，相続人と同一の権利義務を有する（民§990）。

重要❗ ••••••••••••••••••••••••••••••••••••••

H30-22　共同相続人の1人から"相続分の譲渡"を受けた者は，遺産分割の当事者となるが，共同相続人の1人から"遺産を構成する特定の財産の持分の譲渡"を受けた者は，遺産分割の当事者とはならない。

【例】　Aの相続人は，子のBCDである（各相続分は3分の1）。なお，Aの相続財産は，甲土地，乙建物，いくつかの動産であった。
　　　　そして，相続が開始した後，Bは，甲土地について自分が相続によって取得した持分（3分の1）をXに売り渡した。
➡　遺産分割がされる前に，自分が相続によって取得した権利（もち

ろん自分の相続分の範囲）を第三者に譲渡することは可能。

これにより，甲土地は，Aの相続人CDと第三者Xが共有する状態となった。

この場合，Xが，甲土地の共有状態を解消したいと思ったら，どういう手続をすればいいのかが問題となるが，遺産分割の手続ではなく，甲土地の共有物分割の手続となる（民§258，最判昭50.11.7）。 `H17-24` `H15-23`

> **理由**　第三者Xに譲渡された持分は，既に遺産分割の対象から逸出したと考えられる。また，第三者Xを遺産分割の当事者とすると不都合が多い。

(2) 遺産分割と相続分の関係

基本的には，各共同相続人の相続分の割合に従った形で遺産の分割をすべきであるが，相続人の合意があれば，必ずしもそれに従う必要はない。
ある相続人の取得分を0とするような分割も可能である。

➡ 実務上も，相続人の1人が財産のすべてを取得して，他の相続人は何も取得しない，ということはよくある。

・ 被相続人の遺言により相続分の指定がされていても，遺言執行者が存在しない限り（民§1013参照），これと異なる分割をしてもかまわない。

8　家庭裁判所による分割

（遺産の分割の協議又は審判）
第907条
2　遺産の分割について，共同相続人間に協議が調わないとき，又は協議をすることができないときは，各共同相続人は，その全部又は一部の分割を家庭裁判所に請求することができる。ただし，遺産の一部を分割することにより他の共同相続人の利益を害するおそれがある場合におけるその一部の分割については，この限りでない。

共同相続人間の協議で遺産分割をしようと思っても，なかなかまとまらないことも多い。
➡ やはりお金が絡むので，けっこう難しい。

　それでも，大抵の場合は，何とかして（誰かが我慢して）協議を成立させる
ものだが，どうにもまとまらないこともある。

➡　また，協議自体ができないということもある。

　このようなときは，各共同相続人は，遺産の分割を家庭裁判所に請求することができる。

　そして，家庭裁判所において，調停または審判により，遺産の分割がされる。

H23-23 ・　相続権や相続財産等の法律関係について当事者間に争いがある場合，家庭
裁判所は，常に民事訴訟による判決の確定を待って初めて遺産分割の審判が
できるというのではなく，審判手続において当該（遺産分割の）前提事項の
存否を審理判断した上で分割の処分を行うことができる（最決昭41.3.2）。

➡　権利や法律関係についての紛争は，本来は民事訴訟の対象であるが，遺
産分割の審判の前提問題である限り，家庭裁判所自らその存否を判断でき
るとしたものである。ただし，審判でこのような前提問題を判断しても，
既判力は生じないから，これを争う当事者は，別途に民事訴訟を提起する
ことができる。その結果，審判と判決が食い違うときは，審判は，その限
度で効力を失う。

9　遺産分割の対象

H7-21　遺産分割の対象となる財産に関し，いくつか問題となる点を解説する。

(1)　可分債務を遺産分割することの可否

　被相続人が負担していた可分債務は，各共同相続人に（相続分に応じて）
当然に承継され，本来的には遺産分割の対象とならない（最判令元.8.27）。
しかし，実務上は，共同相続人の１人が可分債務のすべてを相続する旨の遺
産分割協議が行われている。

　このような協議は，直ちに無効となるわけではないが，その内容を当然に
債権者に対抗することができるわけではない。

➡　債権者の意思を問わずに勝手に債務者を変えると（勝手に債務を１人に
集中させると），債権者が不当な不利益を被るおそれがある。

🔍理由　債務を承継した相続人に資力がなければ，債権者は弁済を受
けられなくなる。

　　この場合，債権者は，債務の遺産分割がないものとして，各共同相続人に請求することができる。また，債務の遺産分割を承認すれば，遺産分割に従った形で請求することもできる。

【例】　被相続人Aは，Xに対して300万円の借入金債務を負担していた。そして，Aが死亡し，子のBCDが相続した。
　　　　その後，BCDは，AがXに対して負担していた300万円の債務は，Bが単独で承継する旨の遺産分割協議をした。
　➡　この遺産分割を当然にXに対抗することはできないので，Xは，BCDに対し，それぞれ100万円の請求をすることができる。
　　　　なお，Xが「別にいいよ」と思う場合は，遺産分割を承認し，Bに対して300万円を請求することもできる。

(2)　遺産から生じた果実について

　　相続が開始した後，遺産分割がされるまでの間に，遺産から果実が生じた場合，その果実はどうなるのか。

【例】　Aは甲土地を所有していた。そして，Aは，この甲土地を第三者Xに賃貸していた（月額賃料は3万円）。
　　　　その後，Aが死亡し，子のBCDが相続した。
　➡　Aが死んでから遺産分割が成立するまでの期間が2か月あったとしたら，遺産分割が成立するまでに，遺産である甲土地から6万円の果実（賃料債権）が生ずることになる。

　　　　この果実はだれに帰属するのか？

　　判例は，この賃料債権は，遺産とは別個の財産であり，各共同相続人がその相続分に応じて分割単独債権として確定的に取得し，その後にされた遺産分割の影響を受けないとしている（最判平17.9.8）。 H30-22 H25-9 H21-23

【例】　上記の事例では，遺産分割までに生じた6万円の賃料債権は，共同相続人BCDが相続分（各3分の1）に応じて分割単独債権（各2万円）として確定的に取得する。
　　　　遺産分割によって「甲土地はBが単独で取得する」と合意されても，この賃料債権は影響を受けない。

⑶ **遺産の分割前に遺産に属する財産が処分された場合の遺産の範囲**
　遺産の分割前に，遺産に属する財産が処分されてしまうことがある。

【例】　相続が開始した後，被相続人のキャッシュカードを使って勝手に預金を引き出し，遊興費として使ってしまう。
【例】　被相続人が死んだ後に，被相続人の名義の車を勝手に売ってしまう。

　このような場合，共同相続人は，その全員の同意により，当該処分された財産が遺産の分割時に**遺産として存在するものとみなす**ことができる（民§906の2Ⅰ）。
➡　相続財産を勝手に処分した相続人の同意は不要である（同Ⅱ）。

【例】　Aが死亡した。相続人は配偶者のBと子のCDである。そして，Aが死亡した後，Cは，Aが所有していた車を勝手に中古車屋さんに売ってしまった（もちろんダメなことだが，実際にある話である）。
　　　Aの車は売却されてしまったので，遺産分割の対象たる財産ではないはずだが，共同相続人の全員の同意により，その車も遺産分割の対象とすることができる。
➡　車の売却をしたCの同意は不要である。

　現に存しない物を遺産分割の対象として何の意味があるのか？と疑問に思うところだが，要は，BCD間の遺産分割協議において，「Aの所有していた車はCが相続する」という合意をすることが可能となる。
➡　そうすれば，Cが単独で車を相続して，その車を中古車屋さんに売った，という話になるので，権利の流れがスッキリする。

10　遺産分割の効果

（遺産の分割の効力）
第909条　遺産の分割は，相続開始の時にさかのぼってその効力を生ずる。ただし，第三者の権利を害することはできない。

⑴ **遺産分割の遡及効**
　遺産の分割は，相続開始の時にさかのぼってその効力を生ずる（遡及効）。

【例】　Aの相続人はBCDである。そして，相続人間で遺産分割協議がされ，「Aの所有していた甲土地は，Bが単独で取得する」と定められた。

　➡　甲土地は，Aが死んだ瞬間からBが単独で承継したことになる。

➕ アルファ

相続の開始によっていったんBCDに帰属し，その後に遺産分割が成立した時にBが単独で取得する，ということではない。

⑵　例　外

上記のとおり，遺産分割には遡及効があるが，これによって**第三者の権利を害することができない**（民§909ただし書）。

【例】　甲土地を所有していたAが死亡した。その相続人は子のBCDである。`H27-23`

そして，相続人の1人Bは，遺産分割がされる前に，甲土地について自分が取得した持分（3分の1）を，第三者Xに売却した（Xへの移転の登記がされた）。

その後，BCD間で遺産分割協議がされ，甲土地はCが単独で取得する旨が定められた。

　➡　遺産分割には遡及効があるので，Aの相続開始と同時にCが単独で甲土地を承継したことになる。つまり，遡及効を徹底させると，相続開始後にされたBからXへの甲土地の持分の売却は，無権利者（B）の処分ということになり，Xは甲土地の持分を取得できないことになる。

しかし，これではあまりに取引の安全を害することになるので，遺産分割の遡及効が制限された。

つまり，Xは，甲土地の持分（3分の1）を取得できる。

⑶　第三者との関係

> （共同相続における権利の承継の対抗要件）
> **第899条の2**　相続による権利の承継は，遺産の分割によるものかどうかにかかわらず，次条及び第901条の規定により算定した相続分を超える部分については，登記，登録その他の対抗要件を備えなければ，第三者に対抗することができない。

遺産分割等によって，ある財産について法定相続分の割合を超えて権利を取得した場合，その法定相続分を超える部分の取得については，登記，登録 `R3-22`

その他の対抗要件を備えなければ，第三者に対抗することができない。

> **理由**　遺産分割による権利の取得は，意思表示による権利の変動と同じように考えることができるので，法定相続分を超える部分の取得については第三者対抗要件を備えることが必要である。

【例】　甲土地を所有していたＡが死亡した。その相続人は子のＢＣＤである（法定相続分は各3分の1）。そして，ＢＣＤ間で遺産分割協議がされ，甲土地はＢが単独で取得することが合意された。

　➡　Ｂは，甲土地について，法定相続分より3分の2多く取得した。

　　Ｂは，法定相続分を超える部分（3分の2）の取得については，登記（相続による所有権の移転の登記）をしなければ第三者に対抗することができない。

・　遺産分割（遺言による相続分の指定や遺産分割方法の指定を含む）によって，法定相続分を超える債権を取得した者は，その遺産分割の内容（遺言の内容）を明らかにして債務者に通知をすれば，法定相続分を超える部分の取得について第三者に対抗することができる（民§899の2Ⅱ）。

(4)　遺産分割協議は詐害行為取消しの対象となるか

H27-23
H23-23
H15-23

遺産分割協議は，詐害行為取消請求の対象となり得る（最判平11.6.11）。

> **理由**　詐害行為取消し（民§424Ⅰ）は，財産権を目的とした行為についてすることができるものであるが（同Ⅱ），遺産分割協議は，共同相続人の共有となった相続財産について，各相続人の単独所有とするように，相続財産の帰属を確定させるものであり，その性質上，財産権を目的とする行為ということができるからである。

11　相続の開始後に認知された者がいる場合

📖ケーススタディ

　Aが死亡し，妻のB，子のCDがAを相続した。そして，相続人全員の間で遺産分割協議がされ，個々の財産が各相続人に分配された。

　そして，BCDは平穏な生活を取り戻したが，後に，XがAの子として死後認知された。

　BCD，特にBは心臓が止まるほどショックを受けたが，追い打ちをかけるように，Xは，BCD間でされた遺産分割協議の無効と再分割の請求をした。

　BCD間でされた遺産分割協議は無効となるのか。

　死後認知（民§787参照），遺言による認知（民§781Ⅱ），あるいは被相続人の生前に認知の訴えを起こして死後に判決がされた，というように，相続の開始後に認知によって相続人となる者もいる。

　そして，このような者が，他の相続人に対し，遺産の分割を請求したところ，既に他の相続人の間で遺産分割協議が終了していた場合は，その遺産分割の効力はどうなるのかが問題となる。

➡　相続人の一部の者を除外した遺産分割協議として無効となるのか，それとも民法784条ただし書の規定（認知には遡及効があるが第三者の権利を害せないという規定）により認知された者は何も主張できないのか。

（相続の開始後に認知された者の価額の支払請求権）
第910条　相続の開始後認知によって相続人となった者が遺産の分割を請求しようとする場合において，他の共同相続人が既にその分割その他の処分をしたときは，価額のみによる支払の請求権を有する。

　ケーススタディのような事例では，BCD間で既にされた遺産分割協議は，無効とはならない。かといって，認知された者を無視するのではなく，価額のみによる支払いの請求権を認めた。　**H15-23　H7-21**

🖎**理由**　既にされた遺産分割協議を無効とするのは，法的安定性を害する。一方で，認知された者を無視するのは酷である。

➕ **アルファ**

「価額のみによる支払の請求権を有する」というのは，認知された者の相続分に相当する金銭の支払いを請求できるということ。

・　民法910条に基づき支払われるべき価額の算定の基礎となる遺産の価額は，共同相続人間の遺産分割の対象とされた積極財産の価額である（最判令元.8.27）。

➡　消極財産の価額を控除する必要はない。

重要❗ •

この規定は，"相続の開始後に認知によって相続人となった者"が遺産の分割を請求しようとする場合の話である。

一方，相続が開始する前から嫡出でない子が存在していたが，他の相続人がその存在を知らなかったため，その嫡出でない子を除いて遺産分割協議をした場合は，民法910条の適用はない。

➡　その嫡出でない子は，遺産分割協議の無効を主張することができる（最判昭54.3.23）。

12　共同相続人間の担保責任
(1)　意　義

> （共同相続人間の担保責任）
> **第911条**　各共同相続人は，他の共同相続人に対して，売主と同じく，その相続分に応じて担保の責任を負う。

相続人Aが，遺産分割によって，被相続人の所有していた建物を取得したが，その建物に不具合があったような場合は，各共同相続人は，売主と同様の担保責任を負う。

➡　Aは，他の共同相続人に対し，（相続分に応じて）損害の賠償を請求できる（民§564）。

👉 **理由**　共同相続人間の衡平を図るためである。

⑵　債権についての担保責任

（遺産の分割によって受けた債権についての担保責任）
第912条　各共同相続人は，その相続分に応じ，他の共同相続人が遺産の分割
によって受けた債権について，その分割の時における債務者の資力を担保す
る。
2　弁済期に至らない債権及び停止条件付きの債権については，各共同相続人
は，弁済をすべき時における債務者の資力を担保する。

　　相続人Aが，遺産分割によって，被相続人がXに対して有していた債権を
取得したが，Xが無資力であるために債権を回収できないときは，各共同相
続人は，その分割の当時における債務者の資力を担保する。
　➡　Aは，他の共同相続人に対し，（相続分に応じて）金銭を請求すること
　　ができる。

⑶　資力のない共同相続人がある場合の担保責任の分担

（資力のない共同相続人がある場合の担保責任の分担）
第913条　担保の責任を負う共同相続人中に償還をする資力のない者があると
きは，その償還することができない部分は，求償者及び他の資力のある者が，
それぞれその相続分に応じて分担する。ただし，求償者に過失があるときは，
他の共同相続人に対して分担を請求することができない。

　　共同相続人に担保責任が発生したが，その償還をすることができない相続
人（お金を払えない相続人）がいる場合，その償還できない部分については，
求償者（担保責任を追及する側）と他の共同相続人が，それぞれの相続分に
応じて負担する。
　➡　求償者が1人で負担するのではない。

⑷　遺言により別段の定めがある場合

（遺言による担保責任の定め）
第914条　前三条の規定は，被相続人が遺言で別段の意思を表示したときは，
適用しない。

　　遺産分割がされた場合，各共同相続人はそれぞれ担保責任を負うことにな

るが，被相続人が遺言で別段の意思（担保責任を負わない）を表示している
ときは，それに従う。

13　遺産分割協議の解除

📖ケーススタディー1

　Aの相続人BCDの間で，遺産分割協議がされた。この協議においては，
Aの所有していた甲土地をBが単独で取得する代わりに，BはCに対して
500万円を支払う旨が合意された。しかし，BはCに対して500万円を支払わ
なかった。
　Cは，Bの債務不履行を理由として，この遺産分割協議を解除することが
できるか。

📖ケーススタディー2

　Aの相続人BCDの間で，遺産分割協議がされた。この協議において，A
の所有していた財産について綺麗に分配がされた。
　しかし，その後に，共同相続人の気が変わった場合，全員の合意により遺
産分割協議を解除して，再分割をすることはできるか。

　共同相続人間において遺産分割協議が成立した後，その遺産分割協議を解除
することができるかが問題となる。

　論点は，大きく分けて2つある。
　まずは，ケーススタディー1のように，遺産分割協議の内容に関して不履行
があった場合に，他の共同相続人が民法541条の規定に基づいて解除をする
ことの可否である。
　もう1つは，ケーススタディー2のように，債務不履行などの事情はないが，
共同相続人全員の合意によって遺産分割協議を解除し，再分割をすることの可
否である。

(1)　民法541条の規定によって遺産分割協議を解除することの可否

> **判例（最判平元.2.9）**
> 　共同相続人間において遺産分割協議が成立した場合に，相続人の1
> 人が他の相続人に対して当該協議において負担した債務を履行しない

> ときであっても，他の相続人は民法541条（債務不履行）によって当該遺産分割協議を解除することができないと解するのが相当である。

　ケーススタディ－1の事例では，Bが遺産分割協議において負担した債務 `H27-23` （500万円の支払債務）を履行しない場合でも，他の相続人Cは，民法541条 `H23-23` の規定（債務不履行の規定）によって当該遺産分割協議を解除することはで `H15-23` きない。

 理由　遺産分割はその性質上，協議の成立とともに終了し，その後は当該協議において債務を負担した相続人とその債権を取得した相続人間の債権債務関係が残るだけと解すべきであり，しかも，このように解さなければ民法909条本文により遡及効を有する遺産の再分割を余儀なくされ，法的安定性が著しく害されることになるから。

(2)　共同相続人の全員が遺産分割協議を合意解除し，再分割することの可否

> **判例（最判平2.9.27）**
> 　共同相続人の全員が，既に成立している遺産分割協議の全部又は一部を合意により解除した上，改めて遺産分割協議をすることは，法律上，当然には妨げられるものではない。

　ケーススタディ－2の事例では，共同相続人全員（BCD）の合意により `H23-23` 遺産分割協議を解除し，再分割をすることは当然には妨げられない。 `H15-23`

 理由　合意解除は契約であって，当事者以外の第三者の権利に影響を与えることはない。また，いったん契約を締結した場合であっても，当事者が合意をすればその契約を解除したうえで再契約をすることが可能であることと同様に考えるべきである。そして，遺産は相続人の所有であって，相続人の自由意思による遺産の再分割は遺産分割自由の原則の範疇に属するものといえる。

第4章
相続の承認，放棄

第1節　総　則

Topics・相続人は，自分の自由な意思で，相続を承認したり放棄をすることができる。その要件と効果をしっかり押さえること。
・試験でも頻繁に出題される。

📖**ケーススタディ**

　Aが死亡した。相続人は妻のB，子のCDである。
　Aは，若干の財産を持っていたが，それとは桁違いの借金も残していた。
　BCDは，相続人の責任として，必ずその借金を背負わなければならないのか。

1　相続の承認，放棄の意義

　被相続人が死亡したときは，その瞬間に相続が開始し，相続人は，被相続人の財産に属した一切の権利義務を承継するのが原則である（民§896）。
➡　被相続人の残した積極財産だけでなく，借金等の消極財産も当然に承継するのが原則。

　しかし，そうすると，ケーススタディの事例のように，被相続人が借金過多であった場合には，相続人にとっては負担でしかない。また，借金がないような場合でも，様々な理由から相続を望まない者もいる。
➡　このあたりの身分関係は大変にデリケートである。

　このような場合に，相続人に相続（権利義務の承継）を強制することは妥当ではないので，相続人に，その相続を受け入れるか（承認するか），拒絶するか（放棄するか）の選択権が与えられている。

重要 ●●●●●●●●●●●●●●●●●●●●●●●●●●●●●●●●
　相続人に与えられた選択権は，以下の3つ。
　①　単純承認→　無条件で相続を承認する。

② 限定承認→　相続によって得た積極財産の限度においてのみ，被相続人の債務および遺贈を弁済するという留保付きで相続を承認する。

③ 放　　棄→　相続の効果の帰属を全面的に拒絶する。

2　相続の承認および放棄の性質

(1)　相続の承認・放棄は，財産上の行為といえるので，相続人がこれをするためには，通常の行為能力を有することが必要である。

① 相続人が未成年者である場合には，法定代理人（親権者または未成年後見人）の同意を得るか（民§5Ⅰ），法定代理人が代わってすることを要する（民§824，859）。 `H26-22`
② 被保佐人である場合には，保佐人の同意を得ることを要する（民§13Ⅰ⑥）。
③ 成年被後見人の場合には，常に成年後見人が成年被後見人に代わってすることになる（民§8，859）。

(2)　相続の承認・放棄は，相続開始後にしなければならない。相続の開始前にしても無効である。 `H19-24`

(3)　相続の承認・放棄は，財産的色彩をもつ行為ではあるが，一種の身分行為でもあるので，

① 相続人の債権者は，相続人に代位して承認・放棄をすることはできない。
② 相続人の債権者は，相続人の承認・放棄によって債権者の債権が害されるおそれがあるとしても，これを詐害行為（民§424）として取り消すことはできない（相続放棄につき，最判昭49.9.20）。

(4)　相続の承認・放棄には，条件または期限をつけることは許されない。 `H19-24`

3　相続の承認・放棄をすることのできる期間（熟慮期間）

(1)　熟慮期間

（相続の承認又は放棄をすべき期間）
第915条　相続人は，自己のために相続の開始があったことを知った時から3か月以内に，相続について，単純若しくは限定の承認又は放棄をしなければ

> ならない。ただし，この期間は，利害関係人又は検察官の請求によって，家庭裁判所において伸長することができる。

　相続人が，相続の承認または放棄をすることができる期間を，熟慮期間という。

　熟慮期間は，相続人が，自己のために相続の開始があったことを知った時から3か月以内である。

　相続人は，この期間内に，どれだけの相続財産があるのかを調査した上で，しっかり考えて，相続の承認または放棄をする必要がある。
➡ 　後述するが，熟慮期間内に相続の承認または放棄の意思表示をしなかったときは，その相続人は相続を単純承認したものとみなされる（民§921②）。

【例】　Aが，令和4年4月1日に死亡した。Aには妻のB，子のCDがいる。BとDは，Aの最期を看取ったので，Aが死んだ瞬間に（自己のために）相続が開始したことを知った。
　➡ 　BとDは，この時から3か月以内に相続の承認または放棄をすることを要する。

　一方，Cは，海外に旅行中で，Aが死んだことを知らなかった。そして，4月20日に帰国し，この時にAが死んだことを知らされた。
　➡ 　Cは，この時から3か月以内に相続の承認または放棄をすることを要する。

重要❶ ●
熟慮期間は，相続人ごとに個別に進行する（最判昭51.7.1）。

R2-22
H12-19
　・　相続財産の状態が複雑であったりして，3か月以内に調査して承認・放棄をすることが困難な場合もある。このような場合は，利害関係人または検察官の請求によって，家庭裁判所は，熟慮期間を伸長することができる（民§915Iただし書）。

(2) 熟慮期間の起算点
　熟慮期間の起算点となる時点は，「相続人が，自己のために相続の開始のあったことを知った時」である（民§915I本文）。

H4-23
「相続人が，自己のために相続の開始のあったことを知った時」とは，相続

人が相続開始の原因たる事実（死亡）の発生を知り，かつ，そのために自己が相続人となったことを知った時である（大決大15.8.3）。

➡ ただ単に被相続人が死んだことを知った，というだけでは，熟慮期間は進行しない。"これによって自分が相続人となった"ということを知って，熟慮期間が進行を始める。 `H5-22`

・ ただし，相続人が，相続財産が全く存在しないと信じたために熟慮期間を徒過したものである場合には，そう信じたことについて相当の理由があるときは，相続財産の全部または一部の存在を認識した時または通常これを認識し得べき時から起算するとされている（最判昭59.4.27）。 `H26-22` `H4-23`

【例】 Aが死亡し，Bが相続した。Bは，Aの相続財産はまったくないと信じていたので，特に承認も放棄もせずに3か月を経過した。

ところが，それからちょっと経った後，Xという人物がやってきて，「私はAに対して1,000万円貸していた。だから相続人のあなたが払ってください」と請求してきた。

➡ この場合，「熟慮期間が経過しているため，もはやBは相続の放棄はできません」となると，Bにとって酷である。

そのため，このような場合には，相続人Bが，"相続財産（借金）の全部または一部の存在を認識した時または通常これを認識し得べき時"から熟慮期間が起算される。

⑶ **相続人が，相続の承認または放棄をしないで死亡した場合**

① 熟慮期間の起算点

（相続の承認又は放棄をすべき期間）

第916条 相続人が相続の承認又は放棄をしないで死亡したときは，前条第1項の期間（熟慮期間）は，その者の相続人が自己のために相続の開始があったことを知った時から起算する。

相続が開始したが，その相続人が相続の承認または放棄をしないうちに死亡し，さらに相続が開始する，ということもあり得る（再転相続）。

【例】 Aが死亡し，子のBが相続人となった。しかし，Bは，Aの相続について承認または放棄をする前に死亡し，子のCが相続人となった。

H19-24
　　　　　この場合，第2の相続の相続人が，第1の相続について承認または放棄をすることができる。

【例】　上記の事例で，Bの相続人であるCは，Aの相続について承認または放棄をすることができる。

H2-6
　　　　　この場合，第2の相続の相続人が，第1の相続についての承認・放棄をするための熟慮期間の起算点はいつになるかが問題となるが，**第2の相続の相続人が「自己のために相続の開始があったことを知った時」とされている**。

【例】　上記の事例では，Cが，自己のために相続の開始があったことを知った時から起算する。
　　➡　Bが生前に，自己のために相続の開始があったことを知った時ではない。

　🖐理由　　Bが生前に"自己のために相続の開始があったことを知った時"を起算点とすると，Cが（Aの相続についての）承認または放棄を考える期間が短すぎることになってしまう。

②　承認・放棄の態様
　　Aが死亡し，Bが相続人となったが，その承認または放棄をしないうちにBが死亡し，Cが相続人となったものとする。

　　この場合，Cは，Bの相続について承認・放棄をすることができるとともに，Aの相続について承認・放棄をすることができる。

・　Cは，まずBの相続（第2の相続）について承認し，その後にAの相続（第1の相続）について承認または放棄をすることができる。

- 　Cは，まずAの相続（第1の相続）について承認または放棄をし，その後にBの相続（第2の相続）について承認をすることができる。

- 　Cは，先にBの相続（第2の相続）について放棄した場合は，この後にAの相続（第1の相続）について承認または放棄をすることができない。
  - ➡　先にBの相続を放棄すると，Cは，Bの相続人とはならないので，Aの相続を承認・放棄する権利も承継しない。

　　一方，Cは，先にAの相続（第1の相続）について放棄し，その後にBの相続（第2の相続）の放棄をすることができるとされている（最判昭63.6.21）。 H12-19

(4)　相続人が未成年者または成年被後見人である場合

> （相続の承認又は放棄をすべき期間）
> **第917条**　相続人が未成年者又は成年被後見人であるときは，第915第1項の期間（熟慮期間）は，その法定代理人が未成年者又は成年被後見人のために相続の開始があったことを知った時から起算する。

　　相続人が未成年者または成年被後見人である場合は，熟慮期間は，その法定代理人（親権者，成年後見人等）が未成年者または成年被後見人のために相続の開始があったことを知った時から起算する。

- 　相続人が被保佐人であるときは，被保佐人自身が（保佐人の同意を得て）相続の承認または放棄をするので（民§13Ⅰ⑥），本条の適用はない。
  - ➡　被保佐人自身が，自己のために相続の開始があったことを知った時から起算する。

4　相続財産の管理
(1)　意　義

> （相続財産の管理）
> **第918条**　相続人は，その固有財産におけるのと同一の注意をもって，相続財産を管理しなければならない。ただし，相続の承認又は放棄をしたときは，この限りでない。

　　　相続人は，相続の承認または放棄をするまでは，その固有財産におけるの
　　と同一の注意をもって，相続財産を管理しなければならない。

　　📖 **理由**　相続の承認または放棄がされないと，誰に相続財産が帰属する
　　　　　　　のかが確定しないので，それまではある程度の注意をもって相続
　　　　　　　財産を管理する必要がある。

　➕ **アルファ**

　　注意義務の程度としては，「固有財産におけるのと同一の注意」である。
　善管注意義務までは課されていない。

(2)　相続の承認または放棄がされた後

　① 　単純承認をした場合
　　　注意義務は消滅する。
　　➡　相続財産は自分のものとなるので，注意義務という話はなくなる。好
　　　きにすればよい。

　② 　限定承認をした場合
　　　注意義務は存続する（民§926）。
　　➡　この後に相続財産を清算する必要があるからである。

　③ 　相続の放棄をした場合
　　　一定の場合には，注意義務が存続する（民§940Ⅰ，後述）。
　　➡　その放棄の時に相続財産に属する財産を現に占有しているときは，他
　　　の相続人等に対して当該財産を引き渡すまでの間，注意義務が存続する。

5　相続の承認または放棄の撤回，取消しの可否

　　相続人がいったん相続の承認または放棄をした後に，これを撤回すること が
できるか。
　　また，相続の承認または放棄の意思表示について瑕疵がある場合，これを取
り消すことができるか。

(1) 撤回の可否

（相続の承認及び放棄の撤回及び取消し）
第919条 相続の承認及び放棄は，第915条第1項の期間内でも，撤回すること
ができない。

相続の承認および放棄は，熟慮期間内であっても，撤回することができない。

H26-22
H25-22
H19-24
H5-22

 撤回を認めると，いろいろな人（債権者や次順位の相続人等）
に迷惑や損害を与えるおそれがある。

(2) 取消しの可否

（相続の承認及び放棄の撤回及び取消し）
第919条 （省略）
2 前項の規定は，第1編（総則）及び前編（親族）の規定により相続の承認
又は放棄の取消しをすることを妨げない。
3 前項の取消権は，追認をすることができる時から6か月間行使しないとき
は，時効によって消滅する。相続の承認又は放棄の時から10年を経過したと
きも，同様とする。
4 第2項の規定により限定承認又は相続の放棄の取消しをしようとする者は，
その旨を家庭裁判所に申述しなければならない。

相続の承認および放棄の意思表示は，民法総則編の規定および親族編の規
定により，取り消すことは可能である。

【例】 「お前，相続の放棄をしないとぶっ飛ばすぞ」と強迫されて相続の放棄
の意思表示をした場合は，民法96条1項の規定（総則編の規定）により，
取り消すことができる。

「総則編の規定」，「親族編の規定」とは，具体的には以下のとおりである。

① 未成年者が，法定代理人の同意を得ないで承認または放棄をした（民§
5Ⅰ）。
② 成年被後見人本人が承認または放棄をした（民§9）。

③　被保佐人が，保佐人の同意を得ないで承認または放棄をした（民§13Ⅰ⑥）。

➡　相続の承認または放棄をするにつき補助人の同意が必要との審判がされた被補助人が，補助人の同意なしに承認または放棄をした（民§17Ⅳ）。

H5-22 ④　錯誤，詐欺または強迫によって承認または放棄をした（民§95Ⅰ，96Ⅰ）。

⑤　成年後見監督人があるにもかかわらず，成年後見人が，その同意を得ないで承認または放棄をした（民§864，865）。

(3)　取消しの期間

相続の承認または放棄の意思表示の取消しは，**追認をすることができる時から6か月間行使しないときは，時効によって消滅する。**

また，相続の承認または放棄の時から10年を経過したときも同様である。

【例】　相続人Bは，詐欺によって相続の放棄の意思表示をしたが，その後，騙されていたことに気付いた。この場合は，詐欺を脱した時から6か月以内に放棄の取消しをしないと，取消権は時効により消滅する。

(4)　取消しの方式

R2-22 限定承認または相続の放棄の取消しをしようとする者は，その旨を家庭裁判所に申述することを要する。

➡　後述するが，限定承認や相続の放棄をするときは，家庭裁判所に申述することを要する（民§924，938）。そのため，その取消しも同様とされた。

一方，単純承認の取消しについては，条文上は規定がない。

(5)　承認および放棄の無効について

相続の承認および放棄の無効については規定がないが，無効原因がある場合には，無効の主張も認められる（最判昭29.12.24）。

第2節　相続の承認

Topics ・承認には，単純承認と限定承認がある。法定単純承認等，出題の可能
性が高い論点である。

1　単純承認

1　単純承認の意義

単純承認とは，相続人が，無限に被相続人の権利義務を承継することを内容
として，相続を承認すること。

> （単純承認の効力）
> **第920条**　相続人は，単純承認をしたときは，無限に被相続人の権利義務を承
> 継する。

単純承認をしたときは，相続人は，無限に被相続人の権利義務を承継するの
で，積極財産だけでなく，債務等の消極財産もすべて承継する。

・　単純承認がされると，相続財産（権利義務）がその相続人に承継されるの
で，相続財産とその相続人の財産が融合することになる。
　➡　その結果，相続債務（被相続人の債務）は，相続財産のみならず，相続
人の固有財産をもってしても弁済しなければならないものとなる。

2　法定単純承認

民法921条で定める事由が発生した場合には，相続人は，単純承認をしたも
のとみなされる。

> （法定単純承認）
> **第921条**　次に掲げる場合には，相続人は，単純承認をしたものとみなす。
> 　一　相続人が相続財産の全部又は一部を処分したとき。ただし，保存行為及
> 　　び第602条に定める期間を超えない賃貸をすることは，この限りでない。
> 　二　相続人が第915条第1項の期間内に限定承認又は相続の放棄をしなかった
> 　　とき。
> 　三　相続人が，限定承認又は相続の放棄をした後であっても，相続財産の全
> 　　部若しくは一部を隠匿し，私にこれを消費し，又は悪意でこれを相続財産
> 　　の目録中に記載しなかったとき。ただし，その相続人が相続の放棄をした

> ことによって相続人となった者が相続の承認をした後は，この限りでない。

(1) 相続人が相続財産の全部又は一部を処分したとき

H25-22

相続人が，相続財産の全部または一部を処分したときは，その相続人は単純承認をしたものとみなされる。

👉**理由**　相続財産を処分したということは，当然，その相続を受け入れたからである（相続の単純承認をしなければ，相続財産を処分することはできない）。つまり，黙示的に単純承認をしたと考えることができる。

また，相続財産を処分したということは，第三者から見ても単純承認があったと信じるのが当然である。

【例】　Aが死亡し，子のBCが相続人となった。そして，相続人の1人Bは，Aが所有していた甲土地について，自分の相続分に相当する部分（持分2分の1）をXに売り渡した。

➡　Bは，相続財産を処分したので，Aの相続について単純承認したものとみなされる。

H13-21

【例】　被相続人Aは，甲建物をXに賃貸していた。そして，Aが死亡した後，子のBが，Xに対して家賃を請求し，Xから家賃を受け取ったときは，Aの相続について単純承認したものとみなされる（最判昭37.6.21）。

H5-22

①　この「処分」とは，相続財産を第三者に売り渡すといったような法律上の処分のほか，相続財産に属する物を破壊するといったような事実上の処分も含まれる。

H13-21

②　相続人が未成年者である場合は，その法定代理人が未成年者に代わって，相続財産の処分をしたときは，その未成年者は単純承認をしたものとみなされる（大判昭6.8.4）。

R2-22

③　相続人が，相続開始の事実を知らずに相続財産に属する財産を処分した場合は，単純承認をしたものとはみなされない（最判昭42.4.27）。

👉**理由**　相続開始の事実を知らないで処分しているので，単純承認の意思があったと推測することはできない（相続が開始したこと

を知らないのに相続財産を処分していいのか，という点は置いておく）。

④ 相続人の1人が，失火により，相続財産中の建物を焼失させた場合，単純承認をしたものとはみなされない。

> **理由** 法定単純承認の事由となる「処分」というためには，当該行為をすることについての意思（故意）が必要である。失火により建物を焼失させた場合は，"建物を焼失させるという意思"がないので，法定単純承認の事由とはならない。

⑤ 相続財産について保存行為をした場合は，単純承認をしたものとはみなされない（民§921①ただし書）。 `H9-19`

> 【例】 相続財産中の甲土地を第三者Xが不法占拠している場合に，相続人の1人Bが，Xに対し，甲土地の明渡しを請求したときは，単純承認をしたものとはみなされない。 `H13-21`
> ➡ 相続財産に対する保存行為といえる。

⑥ 相続財産について，民法602条に定める期間を超えない賃貸をした場合，単純承認をしたものとはみなされない（民§921①ただし書）。 `H26-22`

> **理由** 民法602条に定める期間を超えない賃貸（短期賃貸借）は，相続財産の処分ではなく管理行為と考えることができる。

➕ アルファ

民法602条に定める期間とは，山林の賃貸借は10年，山林以外の土地の賃貸借は5年，建物の賃貸借は3年，動産の賃貸借は6か月である。

> 【例】 相続財産中の建物について，相続人の1人Bが，期間を5年と定めて第三者に賃貸した場合，民法602条に定める期間を超えているので，相続財産を処分したことになり，単純承認したものとみなされる。

(2) **相続人が，民法915条1項の期間内に限定承認又は相続の放棄をしなかったとき**

相続人が，熟慮期間（自己のために相続の開始があったことを知った時か

ら3か月）内に，限定承認または放棄をしなかったときは，単純承認をしたものとみなされる。

（少し大雑把にいえば）相続が開始して，何もしないで一定の期間（熟慮期間）を経過すれば，単純承認をしたことになる。

➡　もともと単純承認をする気があれば，特に何もしなくても構わないが，限定承認や放棄をしようと考えている場合は，ある程度迅速に行動しなければならない。

H13-21

・　熟慮期間は，相続人が，自己のために相続の開始があったことを知った時から進行を開始する。そのため，自己のために相続の開始があったことを知らない場合には，相続の開始の時から3か月を経過しても，単純承認をしたものとはみなされない。

・　熟慮期間は，相続人ごとに個別に進行するので，ある相続人については熟慮期間が満了して単純承認したものとみなされた場合でも，他の相続人についてまだ熟慮期間が満了していない場合には，その相続人は放棄をすることができる。

(3)　**相続人が，限定承認又は相続の放棄をした後であっても，相続財産の全部若しくは一部を隠匿し，私にこれを消費し，又は悪意でこれを相続財産の目録中に記載しなかったとき**

相続人が，相続の限定承認または放棄をした後であっても，上記のような背信的な行為をしたときは，単純承認をしたものとみなされる。

理由　一定の背信的行為に対する制裁のようなものである。

たとえば相続の放棄をしたら，はじめから相続人ではなかったことになるので，当然，相続財産を私に（ひそかに）消費したりすることはできない。にもかかわらず，このような背信的な行為をした者については，単純承認をしたものとみなして，きっちりと義務（権利もだが）を承継させることとした。

・　ただし，その相続人が相続の放棄をしたことによって相続人となった者が相続の承認をした後は，（放棄をした者が背信的行為をした場合でも）単純承認をしたものとはみなされない（民§921③ただし書）。

理由　（その相続人の放棄によって）新たに相続人となった者がいるので，その効果を覆すのは妥当ではない。

【例】　Aが死亡し，子のBが相続人となった（他に子は存在しない）。そして，Bは，相続の放棄をした。これにより，第1順位の血族相続人がいないことになったので，直系尊属のCが相続人となり，Cは相続の単純承認をした。
　　　しかし，その後，Bは，Aの相続財産について私に消費をした。
➡　Bは，相続の放棄をした後に相続財産を私に消費しているので，単純承認をしたものとみなされるはずであるが，Bの放棄によって相続人となった者（C）が相続の承認をしているので，Cが相続人ということになり，Bは単純承認したものとはみなされない。

② 限定承認

1 限定承認の意義

（限定承認）
第922条　相続人は，相続によって得た財産の限度においてのみ被相続人の債務及び遺贈を弁済すべきことを留保して，相続の承認をすることができる。

限定承認とは，**相続によって得た財産の限度においてのみ，被相続人の債務や遺贈を弁済する**ということを留保して，相続の承認をすることである。

【例】　Aが死亡した。相続人は子のBのみである。なお，Aの相続財産は，プラスの財産（土地，建物，動産，預金等）が1,000万円分，マイナスの財産（借金）は2,000万円であった。
　　　そして，Bは，Aの相続について限定承認をした。
➡　Bは，相続によって得た財産の限度（プラスの財産の1,000万円の限度）で，Aの債務（2,000万円の借金）を弁済すべきことになる。

つまり，相続人Bは，1,000万円については債務を弁済すべきであるが，残りの1,000万円については弁済する義務がない。
➡　限定承認をすれば，相続人としては，少なくともマイナスにはならない。

➕ アルファ

　仮に，Bが単純承認をした場合には，1,000万円分のプラスの財産と2,000万円の借金を承継するので，Bは，自分の財布から1,000万円出して債務を弁済しなければならない。

・　相続財産に関して，プラスの財産とマイナスの財産（借金等）のどちらが多いか微妙な場合には，限定承認をする実益がある。
　➡　しっかり相続財産の状況を調査しないで単純承認をしてしまって，「後でよく調べたら借金の方が多かった」となったら，相続人は辛い。相続人は，自分の財産から被相続人の借金を返さなければならない。
　➡　かといって，放棄をしてしまったら，仮にプラスの財産の方が多かった場合でも，その財産を承継できない。これも辛い。

　というわけで，このように相続財産の収支（トータルでプラスなのかマイナスなのか）が微妙な場合には，限定承認をすれば良い。

➕ アルファ

　一見すると大変に便利な制度であるが，実際はほとんど利用されていない。「限定承認なんて知らない」という人も多いだろうが，とにかく手続がけっこう面倒くさい。しかも，限定承認は共同相続人の全員が共同してしなければならないので，その点でも困難である。

2　限定承認の手続
(1)　共同相続人の全員で

> （共同相続人の限定承認）
> **第923条**　相続人が数人あるときは，限定承認は，共同相続人の全員が共同してのみこれをすることができる。

H19-24
H11-21

　相続人が数人あるときは，限定承認は，共同相続人の全員が共同してすることを要する。

🖐理由　相続人の一部だけの限定承認を認めると，ある相続人（単純承認をした相続人）は無限に権利義務を承継し，他の相続人（限定承認をした相続人）は相続によって得た財産の限度で債務等を弁済する義務を負うということになり，複雑になる。

①　共同相続人の一部の者について単純承認がされた場合には，他の相続人 H5-22 は限定承認をすることができない。

アルファ

　熟慮期間は相続人ごとに進行するから（最判昭51.7.1），一部の者について熟慮期間が満了しても，残りの者の熟慮期間が満了していない場合には，熟慮期間を満了した者を含めて限定承認をすることができるとされている（東京地判昭30.5.6，通説）。

②　一部の者が相続の放棄をした場合には，その者は初めから相続人とならなかったものとみなされるから（民§939），残りの共同相続人の全員が共同してすれば，限定承認をすることができる。 R2-22 H9-19

【例】　Aの相続人は子のBCDであった。そして，Dは，相続の放棄をした（Dは，初めからAの相続人ではなかったことになる）。
　　　この場合，BCが共同して，限定承認をすることができる。

(2)　**限定承認の方式**

（限定承認の方式）
第924条　相続人は，限定承認をしようとするときは，第915条第1項の期間内（熟慮期間内）に，相続財産の目録を作成して家庭裁判所に提出し，限定承認をする旨を申述しなければならない。

　限定承認をするためには，家庭裁判所に申述をすることを要する。 H11-21

理由　限定承認がされた場合には，債権者や受遺者に対して公正に（適正な額の）弁済をしなければならない。そのため，相続人が勝手に手続を進めることはできず，家庭裁判所に対する申述が必要とされた。

・　どれだけの財産や借金があったのかをしっかり把握する必要があるので，限定承認の申述をするときは，相続財産の目録を作成して家庭裁判所に提出する必要がある。
　➡　悪意で財産目録に財産を記載しなかったときは，単純承認をしたものとみなされる（民§921③）。

⑶　被相続人に対する権利義務

> （限定承認をしたときの権利義務）
> **第925条**　相続人が限定承認をしたときは，その被相続人に対して有した権利
> 義務は，消滅しなかったものとみなす。

　　単純承認がされたら，被相続人の権利義務は無限に相続人に承継されるの
で，相続財産と相続人の固有の財産は融合する。
　　仮に，相続人が被相続人に対して債権を有していた場合，相続によってそ
の債権債務は混同し，消滅する（民§520）。

　　一方，限定承認がされた場合は，相続人は，“相続によって得た財産の限
度で債務や遺贈を弁済する”ことになるので，相続財産と相続人の固有財産
は分けて管理される必要がある。そして，相続人が被相続人に対して債権を
有していたような場合は，その相続人は，他の債権者と同じ立場で相続財産
から弁済を受けることになる。
➡　相続人が被相続人に対して有している債権は，混同によって消滅しない。

⑷　限定承認者による管理

> （限定承認者による管理）
> **第926条**　限定承認者は，その固有財産におけるのと同一の注意をもって，相
> 続財産の管理を継続しなければならない。

　　上記⑶のとおり，限定承認がされたときは，相続財産と相続人の固有財産
は分けて管理される必要がある。

H11-21

　　そして，限定承認者は，その**固有財産におけるのと同一の注意**をもって，
相続財産を管理する必要がある。
➡　善管注意義務までは課されていない。

⑸　清算手続

　　限定承認がされると，相続債権者および受遺者に対して公平な分配をする
ため，相続財産について一種の清算手続が採られる。

　　この清算手続は，以下の順序で行われる。

① 相続債権者および受遺者に対する公告・催告（民§927）
　➡ 「被相続人に対してお金を貸していた人は申し出てください」のような意味。

↓

② （必要がある場合には）相続財産の換価（民§932）
　➡ 相続財産中に現金が（ほとんど）ないため，債権者にお金を返せない場合，相続財産中の土地や建物を競売して，お金に替えることができる。

↓

③ 債権者や受遺者への弁済（民§928〜931）

・ 相続人が数人ある場合には，家庭裁判所は，相続人の中から，相続財産の清算人を選任することを要する（民§936Ⅰ）。
　➡ 相続財産の清算人は，相続財産の管理および債務の弁済に必要な一切の行為をする（同Ⅱ）。

3 限定承認の効果
(1) 効果

限定承認がされた場合，相続人は，相続によって得た財産の限度においてのみ被相続人の債務や遺贈を弁済する責任を負う（民§922）。 H11-21

ここで注意すべきなのは，限定承認をした相続人は，一応，被相続人の債務および遺贈のすべてを承継する。
　➡ 債務や遺贈はすべて承継するが，責任としては相続によって得た財産の限度において，ということである。

・ 債務自体はすべて承継しているので，仮に，相続人が，相続によって得た財産の限度を超えて（自己の固有財産から）債務を弁済した場合，その弁済が無効となるわけではない。 H11-21
　➡ 債務が存在しているので，非債弁済とはならない。

(2) 法定単純承認の事由がある相続人がいる場合

（法定単純承認の事由がある場合の相続債権者）
第937条 限定承認をした共同相続人の1人又は数人について第921条第1号又は第3号に掲げる事由（法定単純承認事由）があるときは，相続債権者は，相続財産をもって弁済を受けることができなかった債権額について，当該共

同相続人に対し，その相続分に応じて権利を行使することができる。

　共同相続人の全員で限定承認をしたにもかかわらず，法定単純承認事由に該当する行為をした者がいる場合，相続債権者は，（相続財産をもって弁済を受けられなかった債権額について）当該相続人に対し，その相続分に応じて請求をすることができる。

➡　当該相続人は，自分の固有財産から弁済しなければならない。

🖐理由　このような場合に限定承認を無効とし，単純承認したものとみなすことは，他の相続人（悪いことをしていない相続人）にとって酷である。

　そのため，このような場合は，限定承認の効果は維持しつつも，法定単純承認事由に該当する行為をした相続人については，単純承認した場合と同様の責任を負わせることとした。

第3節　相続の放棄

Topics・範囲としては狭いが，たまに出題される。条文を正確に押さえること。

1　相続の放棄の意義

　相続の放棄とは，相続の開始によって一応相続人に生じた相続の効果を確定的に拒絶し，初めから相続人でなかったのと同様の効果を生じさせることをいう。

【例】　被相続人に借金が多かったような場合は，相続を放棄すればその借金を承継しないで済む。

2　相続の放棄の手続

> （相続の放棄の方式）
> **第938条**　相続の放棄をしようとする者は，その旨を家庭裁判所に申述しなければならない。

　相続の放棄をするためには，民法915条1項の熟慮期間中に，その旨を家庭裁判所に申述することを要する。

① 相続の放棄は，各相続人が単独ですることができる。
　➡ 共同相続人の一部の者のみが相続の放棄をすることができる。限定承認とは異なる。

② 被相続人が，遺言により，相続の放棄をすることを禁じた場合でも，相続人はその意思により相続の放棄をすることができる。　`H5-22`
　➡ 相続の承認や放棄は，相続人の自由な意思によりされるべきものである。

③ 相続の放棄に条件を付すことはできない。　`H19-24`

④ 相続が開始する前に相続の放棄をすることはできない。　`R2-22` `H19-24` `H9-19`
　➡ 相続の開始後，熟慮期間内にするものである。

3　相続の放棄の効果

(1)　効　果

> （相続の放棄の効力）
> **第939条**　相続の放棄をした者は，その相続に関しては，初めから相続人とならなかったものとみなす。

　　相続の放棄がされると，その者は，その相続に関しては初めから相続人とならなかったものとみなされる。

➡　被相続人の権利義務を一切承継しない。

重要❗ ●

　　相続の放棄は代襲原因とはされていないので（民§887Ⅱ），被相続人の子が相続の放棄をした場合，その者の子が代襲して相続人となることはない。

H12-19
H9-19

・　相続の放棄は，詐害行為取消請求（民§424Ⅰ）の対象とはならない（最判昭49.9.20）。

> **理由**　相続人が相続の放棄をすることによって，債権者が（事実上）損害を受けることもあり得る（その相続人は相続財産を承継できないから）。しかし，相続の承認や放棄は身分的な行為でもあるので，他人の意思により強制されるべきものではない（債権者の意思により相続の承認を強制されるのは適当でない）。
> 　　また，相続の放棄は，（積極的に）債務者の財産を減少させる行為ではなく，（消極的に）その増加を妨げるに過ぎない行為なので，この点でも詐害行為取消しの対象ではないと解すべき。

(2)　相続財産の管理の義務

> （相続の放棄をした者による管理）
> **第940条**　相続の放棄をした者は，その放棄の時に相続財産に属する財産を現に占有しているときは，相続人又は第952条第1項の相続財産の清算人に対して当該財産を引き渡すまでの間，自己の財産におけるのと同一の注意をもって，その財産を保存しなければならない。

　相続の放棄をした場合でも，その放棄の時に相続財産に属する財産を現に
占有しているときは，他の相続人などに当該財産を引き渡すまでの間，自己
の財産におけるのと同一の注意をもって，その財産を保存することを要する。

➡　相続財産の管理の義務が継続する。

🖑理由　相続を放棄したからもう関係ないということで，すぐに相続財
産をほっぽり出すことは適当でない。

重要❗・・・・・・・・・・・・・・・・・・・・・・・・・・・・・・・・・・・・・

　相続の放棄をした時に，相続財産に属する財産を現に占有している場合に限り，
管理の義務がある。放棄の時に現に占有していない財産については，管理の義務
がない。

➡　現に占有していない財産にまで管理の義務を負わせるのは，酷である。

第５章
財産分離

Topics ・試験ではまず出ないが，一応，意義は理解しておくべき。

1　財産分離の意義

　財産分離とは，相続が開始した場合に，相続財産と相続人の固有財産を分離して，相続債権者（被相続人に対する債権者）や相続人に対する債権者が不当な不利益を受けないようにする制度である。

【例】　被相続人Aは，多少の債務はあったが，まったく問題なく返済できるだけの財産があった。一方，子のBは，まったく計画性がなく，借金まみれ（債務超過）であった。
　　　　そして，Aが死亡し，Bが相続人となった。

　Aの相続財産はBが承継することになるが，被相続人Aに対して債権を有していた者（相続債権者）は，ちょっと困る。
➡　相続が開始して相続財産がBの固有財産と混合すると，Bに対する債権者も，その相続財産として承継された財産から弁済を受けることができることになり，相続債権者が十分な弁済を受けられなくなるおそれがある。

　そこで，相続債権者や受遺者は，一定の期間内に，相続人の財産の中から相続財産を分離することを家庭裁判所に請求することができる（民§941Ⅰ）。

　上記のように，相続債権者や受遺者の側から財産分離を求めることを，第一種財産分離という。

　一方，上記の事例とは逆に，相続財産が債務超過であり，相続人の固有財産については健全ということもある。

【例】　被相続人Aは，まったく計画性がなく，借金まみれであった。もちろん，自分の全財産をもってしてもその全額を返済できない状況である。一方，子のBは堅実で，多少の債務はあるが，まったく問題なく返済できるだけ

の財産があった。

そして，Aが死亡し，Bが相続人となった。

Aの相続財産（債務を含めて）はBが承継することになるが，相続人B
に対して債権を有していた者は，ちょっと困る。

➡ 相続が開始して相続財産（債務を含む）がBの固有財産と混合すると，
Aに対する債権者（相続債権者）も，Bの固有財産から弁済を受けるこ
とができることになり，Bに対する債権者が十分な弁済を受けられなく
なるおそれがある。

そこで，相続人の債権者は，一定の期間内に，家庭裁判所に対して財産
分離の請求をすることができる（民§950Ⅰ）。

このように，相続人に対する債権者の側から財産分離を求めることを，
第二種財産分離という。

・ 財産分離の手続や効果については，民法941条から950条までを参照し
てください。

第6章
相続人の不存在

Topics・相続が開始したが，相続人が存在しないということもあり得る。少子
化の今，相続人不存在のケースは増えていくと予想される。
・この場合にはどういう手続をとるべきかを理解しておくこと。
・民法択一試験ではあまり出題されないが，不動産登記法の試験で出題
される。

📖ケーススタディ

　Aが死亡した。Aは婚姻しておらず，子もいない。また，親兄弟すべて死
亡している。
　Aはそこそこの財産を残していたが，この財産はどうなるのか。

1　相続人の不存在の制度の意義
(1)　意　義
　相続人の不存在とは，相続が開始したが，相続人となるべき者がいるかど
うか明らかでない場合をいう。

　この場合，相続人を探すという作業が必要となるほか，相続財産について
の管理や清算も必要となる。
➡　被相続人にお金を貸していた人に対して返済する必要がある。

(2)　相続人となるべき者がいるかどうか明らかでない場合とは
①　戸籍上，相続人となるべき者がいない場合
②　相続人の全員が放棄をしたような場合

➕アルファ

　戸籍上，相続人がいることは明らかであるが，その者が行方不明であるよ
うな場合は，相続人の不存在とはいえない。
➡　不在者の財産管理や失踪宣告の制度によって処理すべき。

H30-23　　・　相続人のあることは明らかでないが，相続財産全部の包括遺贈を受けた

者がいるときは，"相続人のあることが明らかでないとき"には該当しない（最判平9.9.12）。

> 🖝 **理由** 相続人不存在の制度は，相続人がいない場合に，相続財産を管理・清算するための諸手続を規定したものである。
> 　一方，（第7章3節で解説するが）包括遺贈を受けた者は，相続人と同一の権利義務を有するので（民§990），相続財産全部について包括遺贈を受けた者がいるときは，その者が被相続人の一切の権利義務を承継することになり，相続人の不存在に関して規定された諸手続をする必要がないから。

2　相続財産法人の成立

> （相続財産法人の成立）
> **第951条**　相続人のあることが明らかでないときは，相続財産は，法人とする。

相続が開始したが，相続人のあることが明らかでないときは，相続財産は法人となる。

➕ アルファ

相続財産が法人となるというのは，ちょっとイメージがわきにくいかもしれないが，相続財産を独立した一まとめの存在としておくことである。

相続人が不存在の場合は，相続財産を承継する者がいないため，相続財産は宙ぶらりんの状態となる（権利の主体がいない）。

これでは困るので，相続財産を法人として，1つの独立した存在とした。

・　相続人が不存在であるときは，相続が開始した時に相続財産は法人となる。 H30-23
　➡　法人とするために特別の手続は要しない。

3　相続財産の清算人の選任と，その公告

> （相続財産の清算人の選任）
> **第952条**　前条の場合（相続財産が法人となった場合）には，家庭裁判所は，利害関係人又は検察官の請求によって，相続財産の清算人を選任しなければならない。
> 2　前項の規定により相続財産の清算人を選任したときは，家庭裁判所は，遅

> 滞なく，その旨及び相続人があるならば一定の期間内にその権利を主張すべ
> き旨を公告しなければならない。この場合において，その期間は，6か月を
> 下ることができない。

(1)　相続財産の清算人の選任

　　相続人のあることが明らかでないため，相続財産が法人となったときは，
家庭裁判所は，利害関係人または検察官の請求により，相続財産の清算人を
選任することを要する。

➕ アルファ

「利害関係人」とは，受遺者や相続債権者などである。

(2)　公　告

　　相続財産の清算人が選任されたときは，家庭裁判所は，その公告をするこ
とを要する。

➕ アルファ

　　この公告は，"相続財産の清算人が選任された（相続人が不存在である）"
ということを知らしめるものであるのと同時に，相続人の捜索のための公告
でもある。
➡　公告を見て，「あっ，自分が相続人だ」と気が付いたら，その旨を申し
　　出ればよい（現実には考えにくいが）。

　　・　公告において定める相続人の権利の主張の期間は，6か月を下ることが
　　　できない。

➕ アルファ

　　官報を見ていると（インターネットで無料で読める），相続財産の清算人の
選任の公告が毎日掲載されている。

4　相続財産の清算人の権限

　　相続財産の清算人の権限については，不在者の財産管理に関する規定（民§
27〜29）が準用される（民§953）。
➡　相続財産の清算人は，相続人がいない場合に相続財産の清算をするわけだ
　　から，不在者の財産管理と類似するといえる。

- 相続財産の清算人は，民法103条に定める行為をする権限を有する（民§28参照）。

  ➡ 保存行為や，（物や権利の性質を変えない）利用，改良行為。

  また，民法103条に定める範囲を超える行為をするためには，家庭裁判所の許可を得ることを要する（民§28）。

  【例】 相続財産の清算人が，相続財産に属する不動産を第三者に売却する（換価する）ためには，家庭裁判所の許可を得ることを要する。

5 相続財産法人の不成立

> （相続財産法人の不成立）
> **第955条** 相続人のあることが明らかになったときは，第951条の法人（相続財産法人）は，成立しなかったものとみなす。ただし，相続財産の清算人がその権限内でした行為の効力を妨げない。

相続が開始した時点では，相続人のあることが明らかでなかったため，相続財産法人が成立したが，後に相続人のあることが明らかとなったときは，相続財産法人は成立しなかったものとみなされる。

➡ 初めから成立しなかったこととなる。

🖖 **理由** 相続人がいる場合は，相続開始の時からその相続人が被相続人の権利義務を承継していたことになるから。

- ただし，相続財産の清算人がその権限内でした行為については，効力を妨 `H30-23` げられない。

  ➡ さかのぼって無効となることはない。

  🖖 **理由** 相続人がいた（相続財産法人が初めから成立しなかった）からといって，清算人がした行為をさかのぼって無効としてしまうと，取引の安全等が害される。

- 相続人がいることが判明した場合の相続財産の清算人の代理権は，相続人が相続の承認をした時に消滅する（民§956Ⅰ）。

  ➡ 相続人のあることが明らかとなった時ではなく，その者が"相続の承認

をした時"に消滅する。

> 🖎 **理由**　仮に，その者が相続を放棄した場合は，また相続人が不存在の
> 状態となるので，すぐに代理権を消滅させるのは適当でない。

6　相続財産の清算

相続人が不存在の場合は，相続財産について清算をする必要がある。

(1)　債権等の申出の公告

（相続債権者及び受遺者に対する弁済）

第957条　第952条第２項の公告があったときは，相続財産の清算人は，全ての
相続債権者及び受遺者に対し，２か月以上の期間を定めて，その期間内にそ
の請求の申出をすべき旨を公告しなければならない。この場合において，そ
の期間は，同項の規定により相続人が権利を主張すべき期間として家庭裁判
所が公告した期間内に満了するものでなければならない。

上記３(2)のとおり，相続財産の清算人の選任がされたときは，家庭裁判所
は，その旨および相続人捜索の公告をすることを要する（民§952Ⅱ）。

そして，この公告があったときは，相続財産の清算人は，相続債権者およ
び受遺者に対し，２か月以上の期間を定めて，その期間内にその請求の申出
をすべき旨を公告することを要する。

➡　"これから相続財産について清算手続を開始します"という公告である。

・　債権者等が申出をすることができる期間は，相続人が権利を主張するこ
とができる期間として家庭裁判所が公告した期間内に満了する形にするこ
とを要する。

　➡　民法952条２項の公告（相続財産の清算人の選任および相続人の権利
主張の公告）から，遅くとも４か月以内に，民法957条１項の公告（債
権等の申出の公告）をする必要がある。

① 相続人が権利を主張できる期間

〔————————————————————→〕

6か月以上

② 債権等の申出の期間

〔————————→〕

2か月以上

    ➡　②の期間は，①の期間が満了する前に満了するようにする。

(2) 相続債権者および受遺者に対する弁済

    上記の公告の期間が満了したときは，相続財産の清算人は，相続財産をもって，申出のあった債権者等に対し，弁済をすることを要する（民§957Ⅱ，929）。

・　すべての債権について弁済できないときは，債権額の割合に応じて弁済をする（民§929）。

    ただし，優先権を有する債権者の権利を害することはできない（同ただし書）。

➕ アルファ

「優先権を有する債権者」とは，抵当権者等のことである。

    この「優先権を有する債権者の権利」に該当するためには，対抗要件を H22-23 必要とする権利については，被相続人の死亡の時までに対抗要件を具備していることを要する。

➡　被相続人が死亡する時までに抵当権等の設定の登記がされていることを要する。

    被相続人の死亡の時点において抵当権等の設定の登記がされていなければ，たとえ被相続人の死亡後に設定の登記がされたとしても，他の相続債権者および受遺者に対して抵当権に基づく優先権を対抗することができない（最判平11.1.21）。

➡　なお，被相続人の死亡前にされた抵当権の仮登記に基づいて被相続人の死亡後に本登記がされた場合は，抵当権者は，他の債権者および受遺者に対して，抵当権に基づく優先弁済権を対抗することができる（同判例）。

⑶　権利を主張する者がない場合

> （権利を主張する者がない場合）
> **第958条**　第952条第2項の期間内に相続人としての権利を主張する者がないときは，相続人並びに相続財産の清算人に知れなかった相続債権者及び受遺者は，その権利を行使することができない。

　　民法952条2項の公告（相続財産の清算人の選任および相続人の捜索の公告）の期間内に相続人としての権利を主張する者がないときは，相続人，ならびに相続財産の清算人に知れなかった相続債権者および受遺者は，その権利を行使することができなくなる。
　➡　相続人の不存在の確定，相続債権者，受遺者の失権の確定。

　　本当は相続人がいたとしても，もう権利を主張できない。
　➡　特別縁故者に対する財産分与（後述）がされた後の残余財産に対しても，権利を主張できない（最判昭56.10.30）。

7　清算後に残存する相続財産の帰属

　　相続人が不存在であるときは，上記のとおり，一定の公告等を経た上で，相続財産の清算がされる。
　　そして，清算が終了したが，まだ相続財産が残っている場合，この残余財産は誰に帰属することになるのかが問題となる。

　　帰属先としては3つの可能性がある。

⑴　特別縁故者（民§958の2Ⅰ）

　　（相続人の身分は有していないが）被相続人と特別の縁故があった者が存在するときは，その者からの申立てに基づき，家庭裁判所は，その特別縁故者に相続財産の全部または一部を分与することができる。
　→　以下の8で詳しく解説する。

　【例】　Aが死亡したが，その相続人は存在しなかった。ただ，Aは，晩年，Bと内縁の関係にあった（籍は入れていないが夫婦同然であった）。
　　➡　内縁関係にある者は，法律上の配偶者ではないので，相続人とはならない。つまり，Bは，当然にAの相続財産を承継できない。

そして，Aの相続財産について清算がされたが，清算後もけっこうな
財産が残った。

この場合，Aと特別の関係にあったBは，家庭裁判所に，清算後に残
存する相続財産について分与の申立てをすることができる。そして，家
庭裁判所がこれを相当と判断し，分与の審判をしたときは，Aの相続財
産はBに帰属する。

⑵ 相続財産が共有の財産であるときは，他の共有者（民§255）

数人が物を共有している場合に，共有者の1人が相続人なくして死亡した
ときは，その者の持分は，他の共有者に帰属する。

【例】　Aが死亡したが，その相続人は存在しなかった。そして，Aの相続財
産について清算がされ，清算後に甲土地の共有持分が残った（甲土地は
AとBが共有していた）。

この場合，甲土地についてのAの共有持分は，他の共有者であるBに
帰属する。

➡　Bが甲土地の単独の所有者となる。

➕ アルファ

上記の事例で，Aの有していた甲土地の共有持分について，Aの特別縁故
者に対して分与をすることができるのかが問題となる。
➡　相続財産たる共有持分について，民法958条の2の規定（特別縁故者へ
の財産分与の規定）と，民法255条の規定（他の共有者に帰属するという
規定）のどちらが優先するのか。

結論としては，民法958条の2の規定が優先する。つまり，家庭裁判所は，　H27-10
相続財産に属する共有持分について，特別縁故者に分与することができる（最
判平元.11.24）。
➡　Aが相続人なくして死亡し，さらにこの持分について特別縁故者への財産
分与もされなかったときに初めて，他の共有者に帰属する。

⑶ 国　庫

清算後に残存した相続財産について，特別縁故者への財産分与もされなか
ったときは，その財産は国庫に帰属する（民§959）。

H26-22
・　残存する相続財産が国庫に帰属する時期は，相続財産の引継ぎがされた
時である。

➡　特別縁故者がいないことが確定した時などではない。

🔟 アルファ

相続財産全部の引継ぎが完了するまでは，相続財産の清算人の代理権も消
滅しない（最判昭50.10.24）。

8　特別縁故者への財産分与

> （特別縁故者に対する相続財産の分与）
> 第958条の２　前条の場合（相続人の不存在が確定した場合）において，相当
> と認めるときは，家庭裁判所が，被相続人と生計を同じくしていた者，被相
> 続人の療養看護に努めた者その他被相続人と特別の縁故があった者の請求に
> よって，これらの者に，清算後残存すべき相続財産の全部又は一部を与える
> ことができる。
> ２　前項の請求は，第952条第２項の期間の満了後３か月以内にしなければなら
> ない。

⑴　意　義

清算後になお相続財産が残っているときは，被相続人と生計を同じくして
いた者や被相続人の療養看護に努めた者など，**被相続人と特別の縁故があっ
た者（特別縁故者）**は，その残存する相続財産の分与の請求をすることがで
きる。

そして，**家庭裁判所は，相当と認めるときは，その特別縁故者に残存する
相続財産を分与することができる。**

👉理由　　法律上の相続人ではない者は，本来であれば被相続人の財産を
取得することはできないが，相続人が存在しないという特別の事
情がある場合には，（直ちに相続財産を国庫に帰属させるよりも）
被相続人と特別の縁故があった者に取得させることが望ましいと
いえる。

【例】　Aに子は存在しなかったが，Bが事実上の養子として，Aと同居して
いた（正式な養子縁組はしていない）。Aの晩年は，BがAの世話をし

244

ていた。

そして，Aが死亡した。Aには配偶者，子，直系尊属，兄弟姉妹は存在しない。つまり，相続人が不存在である（Bは法律上の養子ではないので，相続人ではない）。

その後，亡Aの相続財産の清算人が選任され，一定の公告等がされ，相続財産の清算がされた。Aはほとんど債務がなかったので，清算が終了した後も，土地や建物等の相続財産が残っていた。

この場合，Aと特別の縁故があったBは，家庭裁判所に対し，亡Aの相続財産について分与してくれと申立てをすることができる。

そして，家庭裁判所がこの申立てを相当と認めるときは，Bに対し，亡Aの相続財産を分与することができる。

➡ Bは，土地や建物等のAの相続財産を取得することができる。

(2) 財産分与の申立ての手続

相続財産の分与を求める者は，952条2項の公告（相続人の捜索等の公告）の期間が満了してから3か月以内に，家庭裁判所に分与の申立てをする必要がある。

そして，家庭裁判所は，相続財産を分与することが相当であると判断したときは，相続財産の分与の審判をする。

➡ 分与するのが相当ではない（被相続人と特別の縁故がない）と判断したときは，その申立てを却下する。また，相続財産の一部だけを分与することも可能。

➕ アルファ

複数の者から分与の申立てがあったときは，家庭裁判所は，これらを併合して審理，審判をする。

この分与の審判が確定した時に，特別縁故者はその財産を取得する。

9　相続人が不存在である場合の手続の流れ

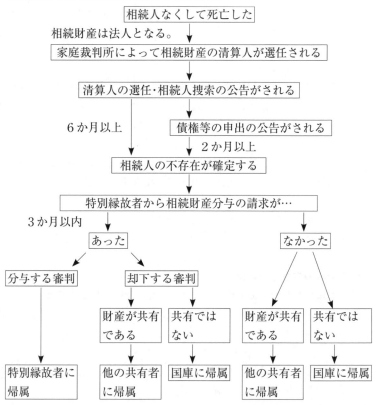

第7章
遺　言

第1節　総　則

Topics ・一般的には「ゆいごん」と呼ばれるが，法律の世界では「いごん」と
読む。試験では読み方は出題されないが。
・遺言の総則では，遺言事項と遺言能力が出題される。

1　遺言の意義
(1)　意　義
　　遺言とは，人の最終意思を尊重し，その人が死んだ後にその意思を実現さ
せることを法的に認める制度である。

　　一般的には，遺言書を書いて，自分の財産を（自分の死後に）誰かにあげ
る，ということが良く知られていると思う。
➡　これを遺贈（いぞう）という。遺産分割方法の指定をすることも多い。

　　人は，生きている間に，自分の財産を自由に処分することができるが，
遺言をすることによって，自分の死後に財産を第三者に移転させることも
できる。

　　遺言によってすることができるのは，自分の財産を（自分の死後に）譲渡
することだけではない。
　　推定相続人を廃除したり，子を認知したりすることもできる。

➕アルファ

　　本来であれば，生前にきちんと認知をすべきであろう。遺言によって「外
で子供を作った」ということを告白されたら，残された家族としては愕然と
することもあるだろうが，（認知されるべき）子の立場を考えれば，遺言の
形であっても，（事実上の）親の自発的な行為による認知が認められるべき
である。

(2)　**遺言の大きな特徴**

　　遺言は，遺言をした者（遺言者）が死亡した時から効力を生ずるものである（民§985Ⅰ）。そのため，遺言者が死亡して遺言の効力が生じた後に，遺言者にその真意を確かめることができない。
➡　さすがにこれは無理である。

　　ということは，遺言の内容や効果をめぐって，残された者の間で争いが生じやすいという特徴を有する。
➡　遺産の処分が絡んでいるので，尚更である。

　　そこで，遺言者の真意を確保し，また遺言の効力が生じた後の争いを防止するために，遺言は，**厳格な要式行為**とされている。
➡　遺言の仕方は，法律で細かく定められている。

➕アルファ

　　この要式に則っていない遺言は，効力を生じない。

　　また，遺言によってすることができる事項（遺言事項）も法定されている。
➡　できるだけ曖昧さを排除する必要がある。

2　遺言の性質

　　遺言は，そこに示された意思表示に一定の法律効果を与える制度であるから，法律行為の一種であるといえる。
　　しかし，上記のとおり，遺言には"遺言者が死んだ時から効力を生ずる"という大きな特徴があるため，通常の法律行為とは異なる性質を有している。

(1)　**要式行為である。**

H19-23
　　上記のとおり，遺言は，必ず民法に定める方式に従わなければならず（民§960），これに反する遺言は効力を生じない。

(2)　**相手方のない単独行為である。**

　　誰か特定の人に対する意思表示というわけではない。
➡　特定の人物に対して財産を遺贈するという内容の遺言であっても，遺言自体は相手方のない単独行為である。

(3) **死後行為である。**

　遺言は，遺言者の死亡によって初めて効力を生ずる（民§985 I）。

(4) **撤回が自由に認められる行為である。**

　遺言者は，その生前において，遺言の方式に従って，いつでも遺言を撤回することができる（民§1022）。

➡ 遺言者の最終意思を確保するためである。

　また，遺言は，遺言者が死亡するまでは効力を生じないので，遺言者の生前に遺言を撤回しても，第三者が不利益を受けるようなことはない。

(5) **代理を許さない行為である。**

　遺言は，遺言者の最終意思を尊重するための制度であるから，代理に親しまない。

(6) **遺言は，法定の事項についてのみすることができる。**

　遺言ですることができる事項は，法定されている。それ以外の事項が遺言書に記載されていたとしても，それは法的な効果は認められない。

3　遺言によってすることができる事項

　上記のとおり，遺言ですることができる事項は，法定されている。

　なお，遺言ですることができる事項には，"遺言によってのみすることができるもの"と，"生前にしてもいいし，遺言によってしてもいいもの"に分けることができる。

遺言によってのみすることができる事項	(1) 未成年後見人の指定（民§839）
	(2) 未成年後見監督人の指定（民§848）
	(3) 相続分の指定，その指定の委託（民§902）
	(4) 遺産分割方法の指定，その指定の委託（民§908 I）
	(5) 遺産分割の禁止（民§908 I）
	(6) 遺産分割における担保責任の定め（民§914）
	(7) 遺言執行者の指定，その指定の委託（民§1006 I）
	(8) 遺留分侵害額の負担の割合（民§1047 I）

	(1)　認知（民§781Ⅱ）
	(2)　推定相続人の廃除とその取消し（民§892〜894）
遺言でも，生前行為でもすることができる事項	(3)　財産の譲渡（生前贈与，遺贈，民§964）
	(4)　特別受益者の持戻しの免除（民§903Ⅲ）
	(5)　一般財団法人の設立の意思表示（一般社団§152Ⅱ）
	(6)　信託（信託§3②）

4　遺言能力

（遺言能力）
第962条　第5条，第9条，第13条及び第17条の規定は，遺言については，適用しない。

H18-24　　パッと見ただけでは内容が分からない条文であるが，簡単にいうと，遺言については，一般的な行為能力に関する規定は適用されないという意味である。
➡　未成年者が遺言をする場合，法定代理人の同意を得ることを要しない，ということ。

理由　遺言は，人の最終意思をできるだけ尊重しようという制度である（代理に馴染まない）。また，遺言が効力を生ずるのは，遺言者が死亡した時であるので（民§985Ⅰ），遺言者が未成年者であっても，その者の保護を考える必要がない（既に亡くなっているので）。
　　そのため，制限行為能力者であっても，（後述する一定の要件を満たしていれば）単独で有効に遺言をすることができる。

・　被保佐人が遺言をする場合，保佐人の同意を得ることを要しない。

重要
　遺言をするに際し，行為能力に関する規定は適用されないが，意思能力は必要である。
➡　これは当然である。

(1) 未成年者について

> **（遺言能力）**
> **第961条** 15歳に達した者は，遺言をすることができる。

　上記のとおり，遺言をするには一般的な行為能力は要求されていないが，未成年者については，15歳に達していれば遺言をすることができるとされている。 `H19-23`

➡ 15歳くらいになれば，"遺言"というものの意味も分かっているだろうと考えられる。

　これは，2つのことを意味する。

① 15歳に達していれば，法定代理人の同意を得ることなく，単独で遺言をすることができる。
➡ 法定代理人の同意がないことを理由として，遺言を取り消すことはできない。

② 15歳に達していない者のした遺言は，無効である。 `H8-20`
➡ 取り消すことができる遺言ではなくて，無効である。

(2) 成年被後見人について

> **（成年被後見人の遺言）**
> **第973条** 成年被後見人が事理を弁識する能力を一時回復した時において遺言をするには，医師2人以上の立会いがなければならない。

　成年被後見人は，意思能力を欠いているので，基本的に遺言をすることはできない。
➡ 意思能力を欠いた状態で遺言をした場合，それは無効。

➕ アルファ

　実際に，「遺言をした時は認知症で意思能力がない状態だったから，遺言は無効」という裁判例がいくつもある。遺言は財産が絡むので，深刻なトラブルに発展することも多い。

H6-19

　　しかし，一時的に意思能力を回復しているときには，遺言をすることができる。

　　ただ，遺言をした時に本当に意思能力を回復していたのか，後で問題とならないように，成年被後見人が（意思能力を回復している時に）遺言をする場合は，医師2人以上の立会いが必要とされている。

H元-23

➡　医師の立会いがない場合は，遺言は無効。

(3) 遺言能力が必要とされる時期

（遺言能力）
第963条　遺言者は，遺言をする時においてその能力を有しなければならない。

　　遺言者は，遺言をする時において遺言能力を有していることを要する。
　　裏を返すと，遺言をした後に遺言能力を失っても，遺言の効力に影響はない（無効とはならない）ということ。

【例】　Aが遺言をした時は，しっかりと意思能力を有していたが，後に痴呆の症状が出て意思能力を欠く状態となってしまった。
　　➡　この遺言は有効。

5　被後見人の遺言の制限
(1) 意　義

（被後見人の遺言の制限）
第966条　被後見人が，後見の計算の終了前に，後見人又はその配偶者若しくは直系卑属の利益となるべき遺言をしたときは，その遺言は，無効とする。
2　前項の規定は，直系血族，配偶者又は兄弟姉妹が後見人である場合には，適用しない。

　　後見が開始している場合，被後見人は，後見人等の利益となるような遺言をすることはできない。
　　そのような遺言がされたときは，その遺言は無効となる。

理由　被後見人は，後見人の影響を受けやすいことから，不当に後見人が利益を受けるような遺言をさせてしまうおそれがある。また，

　　　　後見の管理や計算が曖昧になることを防止するためである。

(2)　要　件

　　①　被後見人が，後見の計算の終了前にした遺言であること。

　　②　被後見人が，後見人またはその配偶者もしくは直系卑属の利益となるべき遺言をした場合であること。

　　このような遺言がされた場合は，その遺言は無効となる。

(3)　例外（無効とならない場合）

　　直系血族，配偶者または兄弟姉妹が後見人であるときは，上記のような遺言がされても無効とはならない。

　➡　このような者に対する遺言まで無効とするのは，妥当ではない。

第2節　遺言の方式

Topics・遺言にはいくつかの方式がある。そして，それぞれについて細かい要件が規定されている。試験でもよく出題されるので，面倒でも，正確に押さえること。

1　総　説

1　遺言の方式

　遺言は要式行為であり，民法に定める方式に従わなければ効力を生じない（民§960）。

　遺言の方式はいくつかあるが，まず，**普通方式**の遺言と**特別方式**の遺言に分類することができる。

➡　原則としては普通方式の遺言をすべきであるが，特殊な事情により普通方式で遺言をすることが不可能または困難な事情があるときは，特別方式の遺言をすることができる。

➕アルファ

　特別方式の遺言は，普通方式の遺言に比べて，簡易な方法ですることができる。

　そして，普通方式の遺言は，**自筆証書遺言，公正証書遺言，秘密証書遺言**という3つの種類がある。

➡　この3つのうちのどれを選ぶかは，その人の好みである（この3つの種類の特徴は後で解説する）。

　また，特別方式の遺言は，大きく**危急時遺言**と**隔絶地遺言**に分けることができる。

➡　危急時遺言とは，死亡の危急に迫った者がする遺言であり，隔絶地遺言とは，一般の人とは交通が遮断された状態にある人がする遺言である。

➕アルファ

　危急時遺言は，緊急性が高いので，より簡易な方法ですることができる。隔絶地遺言は，まだ死亡の危急には迫っていないので，そんなに簡易というわけではない。

　さらに，危急時遺言は，死亡の危急に迫った者の遺言と，船舶遭難者の遺言に分けることができる。

➡　どちらも緊急性が高いが，船舶遭難者の方がより簡易な方法で遺言ができる。

　最後に，隔絶地遺言は，伝染病隔離者の遺言と，在船者の遺言に分けることができる。

　まとめると，以下のような形になる。

(1)　普通方式

```
①　自筆証書遺言（民§968）
②　公正証書遺言（民§969）
③　秘密証書遺言（民§970）
```

(2)　特別方式

```
①　危急時遺言　→　死亡の危急に迫った者の遺言（民§976）
　　　　　　　　→　船舶遭難者の遺言（民§979）
②　隔絶地遺言　→　伝染病隔離者の遺言（民§977）
　　　　　　　　→　在船者の遺言（民§978）
```

重要🅰 ・・・・・・・・・・・・・・・・・・・・・・・・・・・・

　特別方式による遺言は，例外的に認められた簡易なものであるから，遺言者の真意確保という点では不十分である。そのため，特殊な事情が解消し，遺言者が普通方式による遺言ができるようになった時から6か月間生存するときは，無効になる（民§983）。

➡　普通方式で遺言ができるようになったのだから，普通方式の遺言をすべきである。

➕アルファ

　特別方式の遺言を作成した時から6か月ではない。"普通方式による遺言ができるようになった時から" 6か月である。

2 普通方式の遺言

1 自筆証書遺言
（1）意 義

自筆証書遺言とは，遺言者が自分で書いた遺言をいう。

➡ 一般的には自筆証書遺言をする人が多い。

➕ アルファ

自筆証書遺言のメリットとデメリット

メリット → 費用や手間がかからない。紙とペンとハンコがあればすぐにできる。

デメリット→ 遺言の存在が曖昧となる（遺言者が死んだ後，遺言が発見されない可能性もある）。また，相続人が遺言書を捨ててしまったり，改変されるおそれもある。

➡ 自筆証書遺言について，法務局で保管してもらうことは可能（遺言保管§1）。

（2）方 式

自筆証書遺言として効力を生ずるためには，細かい要件がいくつかある。

➕ アルファ

「遺言書」というタイトルで遺言を書いたからといって，常に遺言としての効力を有するわけではない。

➡ 実際，方式を満たしていないため無効，ということもけっこうある。財産が絡むので，遺言無効確認の訴えも多い。

➕ アルファ

自筆証書遺言では，証人に立ち会ってもらう必要はない。

➡ 後述する公正証書遺言や秘密証書遺言では，証人というものが必要となる。

（自筆証書遺言）
第968条 自筆証書によって遺言をするには，遺言者が，その全文，日付及び氏名を自書し，これに印を押さなければならない。

自筆証書遺言の方法で遺言をする場合は，**遺言者が，その全文，日付およ**

び氏名を自書し，これに印を押すことを要する。
➡　どれか１つでも欠けていたら，遺言は無効。

①　「自書」について
　　文字どおり，自分で書く必要がある。

> **🖎 理由**　筆跡を見れば，「遺言者本人が書いたんだな」ということが
> 分かる。自書を要件とすることで，他人による偽造を防止できる。

・　タイプライターやパソコン，また盲人用の点字機で書かれたものは自　 H元-23
　書の要件を満たさない。

・　カーボン紙を用いて複写の方法で記載されているときは，自書の要件　 H20-23
　を満たす（最判平5.10.19）。
　➡　自書したことに変わりはない。

・　他人の添え手による補助を受けて作成された場合は，前提として遺言
　者自身に自書能力があり，遺言者が他人の支えを借りたにすぎないよう
　な場合（当該他人の意思が介入した形跡がない場合）などの要件を満た
　したときは，自書の要件を満たす（最判昭62.10.8）。

②　「日付」について
　　自筆証書遺言には，日付が書かれていることを要する。

> **🖎 理由**　遺言を作成した時に能力を有していたかを判断する基準とな
> る。また，同一人が複数の遺言を作成した場合，その先後を確
> 定させる必要がある。その意味で，日付は重要。

・　年月日をきちんと特定できなければ，その遺言は無効となる。たとえ　 H4-18
　ば，「平成23年８月吉日」は，「日」の部分が特定できないので，無効（最
　判昭54.5.31）。

・　日付が特定できれば，必ずしも「○年▽月×日」のように書かれてい　 H20-23
　なくてもよい。
　　たとえば，「浦和レッズが初めてアジアチャンピオンズリーグを制し
　た日」と書いてあれば，それは「2007年11月14日」である。日付が特定

できるので，これは有効。

③　「氏名」について

H4-18

氏と名がきちんと書かれているのが理想だが，遺言者を特定できればいいので，必ずしも氏名そのものが書かれていなくても良い。

➡　遺言者本人であることが分かれば，氏だけ，名だけでも構わない。

・　遺言者を特定できれば，通称，芸名でも差し支えない。

④　押印について

自筆証書遺言の方法で遺言をするときは，押印をする必要がある。

➡　実印である必要はない。認印でも構わない。

H22-22
H20-23

・　指印でもよい（最判平元.2.16）。

➡　指の腹に朱肉を付けて，押す。

H31-22

・　遺言者が，印章による押印に代えて，手書きのサイン，すなわち花押を記した場合，これは押印として認められない（遺言は無効。最判平28.6.3）。

H4-18

・　遺言書が数葉（数枚）にわたる場合，全体として1通の遺言書として作成されたことが確認できるときは，そのうちの1枚に日付，氏名の記載があり，押印がされていれば，遺言として有効である（最判昭36.6.22）。

➡　契印がされていなくても差し支えない。

⑤　財産目録について

（自筆証書遺言）
第968条
2　前項の規定にかかわらず，自筆証書にこれと一体のものとして相続財産（中略）の全部又は一部の目録を添付する場合には，その目録については，自書することを要しない。この場合において，遺言者は，その目録の毎葉（自書によらない記載がその両面にある場合にあっては，その両面）に署名し，印を押さなければならない。

　　自筆証書遺言と一体のものとして作成された財産目録については，自書
は要求されていない。

➡　ワープロ（パソコン）などを用いて財産目録を作成することができる。

🖐理由　　遺言によって処分する財産が多い場合には，自書するのも大
　　　　変であるので，財産目録に限って自書しなくていいとされた。

➡　実際，地主さんなどは，Ａ４用紙何枚分もの不動産を所有
　　している。また，預金口座や保有する株式が多い場合も，自
　　書するのは大変である。

・　自書以外の方法で財産目録を作成した場合は，遺言者は，その目録の
　　毎葉に署名し，印を押すことを要する。

➡　本当に遺言の内容の一部であることを証するため，遺言者の署名・
　　押印が要求されている。

重要❗ •

　　自書が要求されないのは，財産目録だけである。遺言の本文は，自書しなけれ
ばならない。

(3)　**訂正について**

（自筆証書遺言）
第968条
3　自筆証書（前項の目録を含む。）中の加除その他の変更は，遺言者が，その
　　場所を指示し，これを変更した旨を付記して特にこれに署名し，かつ，その
　　変更の場所に印を押さなければ，その効力を生じない。

　　自筆証書遺言を作成した後，その内容を訂正したい場合は，一定の方式に
従うことを要する。

➡　遺言者の真意に基づいて訂正されたことを保障するためである。

➕ **アルファ**

　　ただし，明らかな誤記の訂正については，法で定める要件を満たしていな　　H20-23
くても，遺言の効力に影響を及ぼさないとされている（最判昭56.12.18）。

2　公正証書遺言

(1)　意　義

　　公正証書遺言とは，公証人が作成する公正証書によって遺言をすることをいう。

➡　公証人というのは，実務経験を有する法律実務家の中から，法務大臣が任命する公務員である。

➕ アルファ

公正証書遺言のメリットとデメリット

メリット　→　公証人という法律の専門家が関与して遺言を作成するので，内容等について後で争いになることが少ない。また，遺言の原本は公証役場で保管されるので，滅失，改ざん等の心配がない。それに，家庭裁判所における遺言の検認手続（後述）が不要である。

デメリット→　費用が（それなりに）かかる。また時間もかかる。そして，公正証書遺言をする場合は，証人の立会いが必要となるので，遺言の内容が第三者に知られてしまう。

➡　私も，何度か公正証書遺言の証人となったことがある。もちろん，他人のプライバシーなので，内容を明かすことはない。

(2)　方　式

　　公正証書遺言をするには，いくつかのプロセスを辿る必要がある。

（公正証書遺言）

第969条　公正証書によって遺言をするには，次に掲げる方式に従わなければならない。

一　証人2人以上の立会いがあること。

二　遺言者が遺言の趣旨を公証人に口授すること。

三　公証人が，遺言者の口述を筆記し，これを遺言者及び証人に読み聞かせ，又は閲覧させること。

四　遺言者及び証人が，筆記の正確なことを承認した後，各自これに署名し，印を押すこと。ただし，遺言者が署名することができない場合は，公証人がその事由を付記して，署名に代えることができる。

五　公証人が，その証書は前各号に掲げる方式に従って作ったものである旨を付記して，これに署名し，印を押すこと。

---

① 証人2人以上の立会いがあること

H元-23

公正証書遺言をするためには，証人2人以上の立会いが必要である。

➡ 証人の立会いなく公正証書遺言が作成された場合は，それは無効である。

🖐 **理由**　遺言が，遺言者の意思に基づいて作成されたこと，また，その内容が遺言者の意思に合致していることを保証するため。

証人となれない者（民§974）

（証人及び立会人の欠格事由）
第974条　次に掲げる者は，遺言の証人又は立会人となることができない。
一　未成年者
二　推定相続人及び受遺者並びにこれらの配偶者及び直系血族
三　公証人の配偶者，四親等内の親族，書記及び使用人

㋐ 未成年者

H31-22

➡ まだ判断能力が十分でない。

㋑ 推定相続人および受遺者ならびにこれらの配偶者および直系血族

➡ その遺言について利害関係を有する者を証人とすることは，適当でない。遺言者に不当な影響を与えるおそれがある。

➕ **アルファ**

推定相続人だけでなく，その配偶者も証人となることはできない。

㋒ 公証人の配偶者，4親等内の親族，書記および使用人

➡ その遺言の作成の関係者なので，証人とすることは適当でない。

・ 視覚障がい者も証人となることができる（最判昭55.12.4）。

・ 適法な証人2人が立ち会っており，その他に証人となれない者も立ち会って遺言が作成された場合，その者によって遺言の内容が左右されたといったような特段の事情のない限り，遺言は無効とならない（最判平13.3.27）。

② 作成の手続

公正証書遺言をする場合，まず，遺言者が，公証人に，遺言の趣旨を口授する。

➡ 「○○，△△，××といった内容の遺言をしたいと思っています」と公証人に口で伝える。

↓

そして，公証人は，遺言者の口述を筆記する（遺言書を作成する）。

➡ 遺言書を作成するのは，公証人である。遺言者は口で伝えるだけ。

↓

書面が作成されたら，公証人が，これを遺言者および証人に読み聞かせる（または閲覧させる）。

↓

遺言者や証人が，「公証人が作成した遺言は正確だった」と承認したときは，各自これに署名し，印を押す。

➡ 遺言者が（自書能力がなく）署名することができない場合は，公証人がその事由を付記して，署名に代えることができる。

↓

公証人が，この証書は法に定める方式に従って作ったものである旨を付記して，これに署名し，印を押す。

③ 口がきけない者が公正証書遺言をする場合

口がきけない者が公正証書遺言をするときは，遺言の趣旨を通訳人の通訳によって申述することができる（民§969の2Ⅰ）。

3　秘密証書遺言

(1)　意　義

秘密証書遺言とは，遺言の内容は秘密にしておきたいが，遺言の存在は明確にしておきたい場合に用いられる遺言の方式である。

➕ アルファ

公正証書遺言の場合は，遺言の存在は明確となるが，遺言の内容が第三者（証人）に知られてしまう。これが嫌な場合は秘密証書遺言の方法で遺言をすればよい。

その意味で，けっこう便利であるが，公証人の関与が必要なので，少々面倒くさい。

⑵　方　式

　秘密証書遺言をするには，いくつかのプロセスを辿る必要がある。

（秘密証書遺言）

第970条　秘密証書によって遺言をするには，次に掲げる方式に従わなければ
ならない。

一　遺言者が，その証書に署名し，印を押すこと。

二　遺言者が，その証書を封じ，証書に用いた印章をもってこれに封印する
　　こと。

三　遺言者が，公証人1人及び証人2人以上の前に封書を提出して，自己の
　　遺言書である旨並びにその筆者の氏名及び住所を申述すること。

四　公証人が，その証書を提出した日付及び遺言者の申述を封紙に記載した
　　後，遺言者及び証人とともにこれに署名し，印を押すこと。

---

① 作成の流れ

　まず，遺言者が，証書（遺言書）を作成する。そして，これに署名し，
印を押す。

↓

　遺言者は，証書を封筒に入れ，封をする。そして，証書に押した印と同
じ印鑑で封印する。

↓

　遺言者は，公証人1人および証人2人以上の前に封書を提出し，一定の
ことを申述する。

➡　公証人や証人に見せるのは，（証書が中に入った）封筒である。証書
　　そのものは公証人等に見せないので，遺言の内容は第三者に知られない。

↓

　公証人が一定の事項を封紙に記載し，遺言者，証人，公証人が署名，押
印する。

② 証書（遺言書）の作成について

　秘密証書遺言の証書の作成については，自筆証書遺言の場合とは異なり，
遺言者本人による自書は要求されていない。

> **理由**　秘密証書遺言においては，公証人や証人が関与しているので，
> （証書について）遺言者自身の自書を要求しなくても，遺言者
> 本人の意思に基づいて作成されたものであることが担保される。

- ・　遺言の内容がワープロ（パソコン）によって記載されたものでも構わ
ない。

- ・　証書に日付が記載されていなくても，無効とはならない。
  - ➡　封紙の方に公証人が日付を書くので，中にある証書については日付
  がなくてもよい。

③　口がきけない者が秘密証書遺言をする場合

　　口がきけない者が秘密証書遺言をするときは，一定の事項を通訳人の通
訳によって申述することができる（民§972）。

(3)　秘密証書遺言としての方式に欠ける場合の効力

> （方式に欠ける秘密証書遺言の効力）
> **第971条**　秘密証書による遺言は，前条に定める方式に欠けるものがあっても，
> 第968条に定める方式を具備しているときは，自筆証書による遺言としてその
> 効力を有する。

　　秘密証書遺言を作成したが，方式の違反があるときは，秘密証書遺言とし
ての効力を有しない。

【例】　証書（遺言書）に押した印と，封印に使った印が違っている場合は，
　　　秘密証書遺言としての効力を有しない。

　　ただ，この場合，遺言者が証書に全文，日付，氏名を自書し，押印がされ
ていれば，自筆証書遺言としての方式は満たしているので（民§968Ⅰ），こ
れは（秘密証書遺言ではなく）自筆証書遺言としての効力を有する。
➡　いわゆる無効行為の転換である。

4　共同遺言の禁止

> （共同遺言の禁止）
> **第975条**　遺言は，2人以上の者が同一の証書ですることができない。

H元-23　　　数人の者が，同一の証書で遺言をすることはできない。

【例】　夫婦であるＡとＢが，１枚の紙に，それぞれ遺言を書いた場合，これは無効である。

🖐理由　遺言は，遺言者の自由な意思に基づいて作成されるべきである（他人の意思に左右されるべきではない）。

　　また，遺言を作成しても，死ぬまではいつでも自由に遺言を撤回することができるが（民§1022），同一の証書で数人が遺言を作成した場合には，遺言の撤回が困難になる場合もある。

①　同一の証書に２人の遺言が記載されている場合は，そのうちの１人について氏名の自書がないという方式の違背があるときでも，禁止された共同遺言に該当する（最判昭56.9.11）。

②　Ａの遺言書とＢの遺言書が合綴され，Ａの印をもって契印がされている　H20-23
場合でも，両者を容易に切り離すことができる場合には，禁止された共同遺言には当たらない（最判平5.10.19）。

③　共同遺言は，普通方式，特別方式を問わず，すべての遺言において禁止される（民§975，982）。

３　特別の方式

1　特別方式の遺言の意義

特別方式の遺言とは，特別の事情があるために，普通方式によって遺言をすることが不可能または困難な場合に認められた簡易な方法による遺言をいう。

これは，普通方式の遺言をすることが困難（不可能）な場合の特例であるから，遺言者が普通方式の遺言をすることができるようになった時から６か月間生存するときは，その効力を生じない（民§983）。

➡　普通方式の遺言をすることができるようになったら，速やかに普通方式の遺言を作成すべき。

前にも掲げたが，特別方式の遺言には，以下の種類がある。

(1)　**危急時遺言**　→　死亡の危急に迫った者の遺言（民§976）
　　　　　　　　　　→　船舶遭難者の遺言（民§979）

(2) **隔絶地遺言** → 伝染病隔離者の遺言（民§977）

→ 在船者の遺言（民§978）

　以下，危急時遺言，隔絶地遺言の順に解説する（条文の順番とは異なる）。

2　死亡の危急に迫った者の遺言

(1)　意　義

　病気その他の事由により，もうすぐ亡くなりそうな人が遺言をしようとする場合，「近くにハンコがない」，「自分で字が書けない」といったように，普通の方式では遺言ができないことがある。

　このような場合は，簡易な方法で遺言をすることが認められた。

(2)　方　式

> （死亡の危急に迫った者の遺言）
> **第976条**　疾病その他の事由によって死亡の危急に迫った者が遺言をしようとするときは，証人3人以上の立会いをもって，その1人に遺言の趣旨を口授して，これをすることができる。この場合においては，その口授を受けた者が，これを筆記して，遺言者及び他の証人に読み聞かせ，又は閲覧させ，各証人がその筆記の正確なことを承認した後，これに署名し，印を押さなければならない。

H31-22　疾病その他の事由によって死亡の危急に迫った者は，証人3人以上の立会いをもって，その1人に遺言の趣旨を口授する方法によって遺言をすることができる。

　そして，その口授を受けた者は，これを筆記して，遺言者および他の証人に読み聞かせ（または閲覧させ），各証人がこれに署名し，押印する。

重要

　遺言者が自分で書く必要はない。また押印をしなくてもいい。
➡ 証人の1人が書いて，各証人が署名，押印する。

① この遺言では，遺言書に日付が書かれていなくても，直ちに無効となることはない（最判昭47.3.17）。
➡ 遺言が作成された日付は，立ち会った証人に聞けば分かるからである。

② この遺言をするに当たり，医師が立ち会うことは要求されていない。

(3) 家庭裁判所の確認

（死亡の危急に迫った者の遺言）
第976条
4 前三項の規定によりした遺言（死亡の危急に迫った者の遺言）は，遺言の日から20日以内に，証人の１人又は利害関係人から家庭裁判所に請求してその確認を得なければ，その効力を生じない。

死亡の危急に迫った者の遺言がされたときは，その**遺言の日から20日以内**に，証人等からの請求によって**家庭裁判所の確認**を得なければ，効力を生じない。

理由 死亡の危急に迫った者の遺言は，かなり簡易な方法による遺言であるから，無条件に効力を認めるのは適当ではなく，家庭裁判所の確認が必要とされた。

・ 家庭裁判所は，この遺言が遺言者の真意に出たものであるとの心証を得なければ，確認することができない（民§976Ⅴ）。

3 船舶遭難者の遺言
(1) 意　義
　船舶が遭難して死亡の危急に迫った者は，簡易な方法により遺言をすることができる。
➡ 船舶の遭難は，かなりの緊急事態である。したがって，上記２の一般的な危急時遺言よりもさらに簡易な方法が認められている。

(2) 方式，確認

（船舶遭難者の遺言）
第979条 船舶が遭難した場合において，当該船舶中に在って死亡の危急に迫った者は，証人２人以上の立会いをもって口頭で遺言をすることができる。
2 （省略）
3 前二項の規定に従ってした遺言は，証人が，その趣旨を筆記して，これに

署名し，印を押し，かつ，証人の１人又は利害関係人から遅滞なく家庭裁判所に請求してその確認を得なければ，その効力を生じない。

4　（省略）

まず，証人は２人以上とされている。

➡　一般的な危急時遺言の場合は，３人以上であった。

そして，口頭で遺言をすることができる。

➡　一般的な危急時遺言の場合は，遺言の趣旨を口授し，証人がこれを筆記して，読み聞かせ…というプロセスが必要であった。

証人は，遺言の趣旨を筆記して，署名・押印し，遅滞なく家庭裁判所に確認を請求することを要する。

➡　船舶の遭難という特殊事情があるので，一般的な危急時遺言のように「20日以内」という要件はなく，「遅滞なく」とされている。

4　伝染病隔離者の遺言

(1)　意　義

伝染病のため，他の者と交通が遮断された場所にある者は，特別の方式による遺言が認められている。

➕ **アルファ**

この場合は，死亡の危急に迫っているということはないので，そんなに簡易な方法による遺言を認める必要はない。

ただ，交通が遮断されているので，公証人が関与する方法で遺言をすることは困難であり，これに代わるものとして特別の方式が定められている。

(2)　方　式

（伝染病隔離者の遺言）

第977条　伝染病のため行政処分によって交通を断たれた場所に在る者は，警察官１人及び証人１人以上の立会いをもって遺言書を作ることができる。

①　警察官１人と証人１人以上の立会いが必要である。

②　「遺言書を作ることができる」とされているので，遺言者自身が遺言書

を作成する必要がある。

　➡　危急時遺言では，遺言者自身が遺言書を作る必要はない。

　　・　自書することは要件とされていない。

③　遺言者，筆者，立ち会った警察官，証人は，各自遺言書に署名し，印を押すことを要する（民§980）。

　➡　署名または印を押すことができない者があるときは，立会人または証人は，その事由を付記することを要する（民§981）。

④　危急時の遺言とは異なり，家庭裁判所の確認は要求されていない。

　➡　口授（口頭）による簡易な方法による遺言とは違うし，また警察官も立ち会っているので，さらに確認までは求める必要はない。

5　在船者の遺言

(1)　意　義

　船舶の中にいる者は，特別の方式による遺言が認められている。

➕ アルファ

　この場合も，遭難して死の危機に瀕しているわけではないので，そんなに簡易な方法による遺言を認める必要はない。

　ただ，船の中にいるので，公証人が関与する方法で遺言をすることは困難であり，これに代わるものとして特別の方式が定められている。

(2)　方　式

（在船者の遺言）
第978条　船舶中に在る者は，船長又は事務員1人及び証人2人以上の立会いをもって遺言書を作ることができる。

①　船長または事務員1人と証人2人以上の立会いが必要である。

②　「遺言書を作ることができる」とされているので，遺言者自身が遺言書を作成する必要がある。

　　・　自書することは要件とされていない。

③　遺言者，筆者，立ち会った船長(事務員)，証人は，各自遺言書に署名し，印を押すことを要する（民§980）。

➡　署名または印を押すことができない者があるときは，立会人または証人は，その事由を付記することを要する（民§981）。

④　家庭裁判所の確認は要求されていない。

第3節　遺言の効力

Topics ・ここは，何といっても遺贈である。遺贈については，いろいろな論点から出題される。条文も多いが，しっかりと押さえること。

1　総　説

遺言の効力

（遺言の効力の発生時期）
第985条　遺言は，遺言者の死亡の時からその効力を生ずる。
2　遺言に停止条件を付した場合において，その条件が遺言者の死亡後に成就したときは，遺言は，条件が成就した時からその効力を生ずる。

遺言は，遺言者が死亡した時から効力を生ずる。
　ただし，遺言に停止条件が付されている場合に，その条件が遺言者が死亡した後に成就したときは，遺言は，その条件が成就した時から効力を生ずる。 R2-23 H26-23
➡　つまり，遺言に停止条件を付けることができるということ。 H19-23

＋アルファ
　遺言者が死亡する前にその条件が成就していた場合は，遺言者が死亡した時から遺言の効力が生ずる。

2　遺　贈

1　遺贈の意義

（包括遺贈及び特定遺贈）
第964条　遺言者は，包括又は特定の名義で，その財産の全部又は一部を処分することができる。

(1)　意　義
　遺贈とは，遺言によって，財産の全部または一部を処分（譲与）することである。

【例】　Aが，「甲土地をXに遺贈する」という遺言をし，Aが死亡したとき
は（遺言の効力が生じたときは），甲土地はAからXに移転する。
➡　甲土地はXのものとなる。

(2)　遺贈の種類
遺贈には，包括遺贈と特定遺贈とがある。

① 包括遺贈
包括遺贈とは，相続財産の全部または割合的な一部（たとえば相続財産
の3分の1）を，遺贈することである。

重要❗ ・・・・・・・・・・・・・・・・・・・・・・・・・・・・・・・・

包括遺贈は，特定の具体的な財産を遺贈するのではなく，「遺産の全部」や「遺
産全体の4分の1」というように，包括的に（割合的に）遺贈するものである。
➡　積極財産だけでなく，債務等の消極財産も包括的に承継される。

② 特定遺贈
特定遺贈とは，特定の具体的な財産を指定して遺贈することである。

【例】　「甲土地と腕時計を遺贈する。」

・　特定物だけでなく，不特定物を遺贈の目的とすることもできる。

・　「受遺者の債務を免除する」という遺言も特定遺贈である。

(3)　受遺者
① 受遺者とは
遺贈を受ける者を，受遺者という。

【例】　Aは，「甲土地をXに遺贈する」という遺言をした。そして，Aが
死亡して遺言の効力が生じた。
➡　遺贈を受けるXを受遺者という。

・　特定遺贈の受遺者を特定受遺者，包括遺贈の受遺者を包括受遺者とい
う。

・　相続人も受遺者となることができる。
➡　父は，子に対して遺贈をすることができる。

・　胎児も受遺者となることができる（民§965）。　H2-23
➡　本来であれば，出生しなければ権利能力を有しないが（民§3Ⅰ），相続や遺贈については，既に生まれたものとみなされる（民§965，886Ⅰ）。

② 包括受遺者の地位

（包括受遺者の権利義務）
第990条　包括受遺者は，相続人と同一の権利義務を有する。

包括受遺者は，遺産の全部または割合的な一部を取得する。
➡　積極財産だけでなく，消極財産も承継する。

その意味で，包括受遺者は，相続人と立場が似ている。そこで，包括受　R2-23
遺者は，相続人と同一の権利義務を有すると規定されている。

【例】　Aには妻のBと子のCがいる。そして，Aは，「自分の全財産の4分の1をXに遺贈する」という遺言を残して死亡した。
➡　XはAから包括遺贈を受けたので，Aの相続人と同一の権利義務を有する。
➡　BとCはAの相続人であり，XはAの相続人と同一の権利義務を有する者である。

・　包括受遺者は相続人と同一の権利義務を有するので，遺産分割に参加　H18-24
することができる。

➕アルファ

ただし，相続人と同一の権利義務を有するだけであって，相続人そのものになるわけではない。

・　相続人と違うところ
㋐　包括受遺者については，代襲相続の規定の適用はない。
➡　後述するが，受遺者が遺言者より先に死亡したときは，遺贈は効

力を生じない（民§994Ⅰ）。

　㋑　包括受遺者には，遺留分がない。
　㋒　包括受遺者には，寄与分は認められない。
　㋓　相続人が相続の放棄をしても（他の包括受遺者が遺贈を放棄して
　　　も），包括受遺者が受け取る財産の割合は増加しない。
　㋔　包括受遺者が不動産を取得したことを第三者に対抗するためには，
　　　登記が必要である（民§177）。

　③　受遺欠格
　　　相続欠格に関する規定は，受遺者について準用されている（民§965）。
　　つまり，受遺者に民法891条に定める非行があった場合には，その者は
　　遺贈を受けることができない。

(4)　遺贈義務者
　　遺贈の履行をする義務を負う者を，**遺贈義務者**という。

➕ アルファ

　　遺贈の履行とは，遺贈の目的物の引渡しや遺贈に基づく登記をすることな
　どをいう。

　　遺贈義務者は，通常は遺言者の相続人であるが，（相続人と同一の権利義
　務を有する）包括受遺者等が遺贈義務者となることもある。また，**遺言執行
　者**がいるときは，遺言執行者のみが遺贈義務者となる（民§1012Ⅱ）。

2　遺贈の放棄
(1)　特定遺贈の承認，放棄

（遺贈の放棄）
第986条　受遺者は，遺言者の死亡後，いつでも，遺贈の放棄をすることがで
　きる。
2　遺贈の放棄は，遺言者の死亡の時にさかのぼってその効力を生ずる。

　①　意　義
　　　遺言者が死亡した時に遺言の効力が生ずるので（民§985Ⅰ），遺言者が
　　死亡すれば，当然に遺贈の効力も生ずる。

➡　受遺者は，遺言の定めに従って，財産を取得することになる。

　　しかし，遺贈による利益を受けることを受遺者に強制すべきではなく， `H29-22` `H5-20`
受遺者は，**遺贈の放棄**をすることができる。

② 放棄の方式，期間
　　特定遺贈を受けた者は，遺言者の死亡後，**いつでも**，遺贈の放棄をする `H11-19`
ことができる。
➡　期間の制限はない。

　　また，特定遺贈の放棄をするにつき，特に方式は定められていない。
➡　遺贈義務者に対して放棄の意思表示をすれば足りる。家庭裁判所に申
述する必要はない。

重要❷・・・・・・・・・・・・・・・・・・・・・・・・・・・・・・・・・
　　この民法986条の規定は，特定遺贈についてのみ適用がある。包括遺贈について
は適用がない。

理由　　包括受遺者は，相続人と同一の権利義務を有する（民§990）。そ
のため，包括受遺者が遺贈を放棄する場合は，相続の放棄と同様の
方式によることを要する。
➡　家庭裁判所に申述することを要する（民§938，後述）。

・　受遺者が，遺贈の承認または放棄をしないで死亡したときは，その相 `H26-23`
続人は，自己の相続権の範囲内で，遺贈の承認または放棄をすることが
できる（民§988）。

③ 効 果
　　遺贈の放棄がされたときは，遺言者の死亡の時にさかのぼってその効力
を生ずる。
➡　最初から遺贈がなかったことになる。

④ 遺贈の承認および放棄の撤回，取消し

（遺贈の承認及び放棄の撤回及び取消し）
第989条　遺贈の承認及び放棄は，撤回することができない。

> **2**　第919条第２項及び第３項の規定は，遺贈の承認及び放棄について準用する。

　　遺贈の承認および放棄は，撤回することができない。

➡　いったん承認や放棄をした後にその撤回を認めると，利害関係を有する者に不測の損害を与えてしまうおそれがある。

　　ただし，民法総則編および親族編の規定により取り消すことは妨げられない。

➕アルファ

　　追認をすることができる時から６か月，承認または放棄の時から10年を経過したら，取消権は消滅する。

　⑤　受遺者に対する承認または放棄の催告

> **（受遺者に対する遺贈の承認又は放棄の催告）**
> **第987条**　遺贈義務者（遺贈の履行をする義務を負う者をいう。以下この節において同じ。）その他の利害関係人は，受遺者に対し，相当の期間を定めて，その期間内に遺贈の承認又は放棄をすべき旨の催告をすることができる。この場合において，受遺者がその期間内に遺贈義務者に対してその意思を表示しないときは，遺贈を承認したものとみなす。

　　上記②のとおり，特定受遺者は，遺言者の死亡後，いつでも遺贈の放棄をすることができる。期間の制限がないので，受遺者がいつまでも遺贈の承認や放棄をしない場合（何のアクションもしてくれない場合）は，遺贈義務者等の利害関係人は，ずっと不安定な状態に置かれたままとなる。

　　そこで，遺贈義務者その他の利害関係人は，受遺者に対し，その遺贈について承認するのか放棄するのかの催告をすることができるとされた。

　　この場合，受遺者が一定の期間内にその意思を表示しないときは，**遺贈を承認したものとみなされる**。

(2)　**包括遺贈の承認，放棄**
　　包括受遺者は，相続人と同一の権利義務を有する（民§990）。そのため，**包括遺贈の承認，放棄については，相続の承認，放棄の規定が適用される**。

　つまり，包括受遺者は，自己のために遺贈の効力が生じたことを知った時から3か月以内に，その遺贈の承認，限定承認，放棄をすることを要する（民§915 I）。

➡　（承認や放棄をしないで）この期間を経過したら，包括遺贈を単純承認したものとみなされる（民§921②）。

・　単純承認だけでなく，限定承認をすることもできる。

・　包括遺贈の放棄をするときは，その旨を家庭裁判所に申述することを要する（民§938）。

3　受遺者が先に死亡した場合の効果

📖ケーススタディ

　Aは，「自分の所有する甲土地をXに遺贈する」という遺言を残して死亡した。Aの相続人は子のBCである。

　そして，BCがX宅を訪れたら，Xは，Aが死亡するよりだいぶ前に既に死亡しているとのことだった。なお，Xには子のYがいる。

　甲土地の遺贈の効力はどうなるのか。

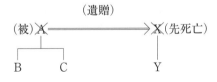

（遺贈）

（被）A ══════➤ X（先死亡）

B　　C　　　　　Y

(1)　効　果

（受遺者の死亡による遺贈の失効）
第994条　遺贈は，遺言者の死亡以前に受遺者が死亡したときは，その効力を生じない。

　遺言者が死亡する以前に受遺者が死亡しているときは，遺贈は効力を生じない。

`H29-22`
`H22-22`
`H8-20`

👉**理由**　遺贈は，特定の人物を指定して，その者に財産的利益を与えるものである。受遺者が誰かというのは，大変に重要である。

そのため，遺贈の効力が生じた時点で，受遺者となるべき者が死んでいる場合には，その遺贈は効力を生じないとした方が遺言者の意思に合致すると考えることができる。

【例】　ケーススタディの事例では，遺言者Aが死亡するより前に受遺者Xが死亡しているので，この遺贈は効力を生じない。

➡　Xの子Yが代襲して遺贈を受ける，というわけではない。

・　遺言者と受遺者が同時に死亡した場合や，同時に死亡したと推定される場合（民§32の2）も，遺贈は効力を生じない。

重要！ ●

H29-22　遺贈とは違うが，特定の相続財産を特定の相続人に「相続させる」旨の遺言（特定財産承継遺言）がされた場合に，遺言者が死亡するより先にその指定を受けた相続人が死亡した場合も，民法994条1項に準じ，遺産分割方法の指定は効力を生じない（最判平23.2.22）。

(2)　この場合の財産の帰属

（遺贈の無効又は失効の場合の財産の帰属）
第995条　遺贈が，その効力を生じないとき，又は放棄によってその効力を失ったときは，受遺者が受けるべきであったものは，相続人に帰属する。ただし，遺言者がその遺言に別段の意思を表示したときは，その意思に従う。

遺贈が効力を生じないとき，または放棄によってその効力を失ったときは，受遺者が受けるべきであったものは，相続人に帰属する。

【例】　ケーススタディの事例では，受遺者が遺言者より先に死亡したため，遺贈の効力が生じないが，この場合は，受遺者が受けるべきであったもの（甲土地）は，Aの相続人に帰属する。

重要！ ●

遺贈が放棄された場合も，受遺者が受けるべきであったものは，相続人に帰属する。

➕ アルファ

遺言者は，その遺言で別段の意思（他の者に帰属させる）を表示することができる。

4　負担付遺贈

(1)　意　義

負担付遺贈とは，受遺者に一定の義務を負わせる遺贈をいう。

【例】　・　土地を与える代わりにCに100万円を払え。
　　　　・　建物を与える代わりに母さんの看護をしてくれ。

➕ アルファ

負担の内容は，遺贈とは関係なくてもよい。

・　特定遺贈，包括遺贈のどちらにも負担を付すことができる。

(2)　負担の限度

負担付遺贈がされた場合，受遺者は，遺贈の目的たる財産を取得するとともに，負担を履行する義務を負う。

➡　負担を履行することが財産を取得することの条件ではない。遺贈の効力 **H11-19** が生ずることによって，受遺者は財産を取得する。

しかし，受遺者に過度の負担（不利益）を課すことは妥当でないことから，次の規定が置かれている。

（負担付遺贈）

第1002条　負担付遺贈を受けた者は，遺贈の目的の価額を超えない限度においてのみ，負担した義務を履行する責任を負う。

受遺者は，遺贈の目的の価額を超えない限度においてのみ，負担した義務を履行する責任がある。

➡　さすがに受遺者に損をさせるわけにはいかない。

【例】　遺言の内容が，"遺贈の目的たる財産の価額が200万円，負担の価額が300万円"であるような場合は，受遺者は，200万円を超えない限度においてのみ，義務を履行すれば足りる。

重要❗ ･･････････････････････････

　負担付遺贈そのものが無効となるのではなく，遺贈の価額を超える部分のみが無効となる。

・　相続の限定承認や遺留分回復の訴えにより，負担付遺贈の目的の価額が減少したときは，受遺者は，その減少の割合に応じて，負担した義務を免れる（民§1003）。

(3) 受遺者が遺贈を放棄した場合

（負担付遺贈）
第1002条
2　（負担付遺贈の）受遺者が遺贈の放棄をしたときは，負担の利益を受けるべき者は，自ら受遺者となることができる。ただし，遺言者がその遺言に別段の意思を表示したときは，その意思に従う。

　負担付遺贈の受遺者が，遺贈の放棄をした場合，**負担の利益を受けるべき者（受益者）が受遺者となることができる。**

🖝 **理由**　このようにすることが合理的といえる。

➕ **アルファ**

　通常，遺贈の放棄がされたら，受遺者が受けるべきものは相続人に帰属する（民§995）。

【例】　Aは，「甲土地をBに遺贈する。その代わりにBはCに対して100万円を払え」という内容の遺言をして，死亡した。
　　　そして，受遺者であるBは，この遺贈を放棄した。
　➡　この場合は，負担の利益を受けるべき者であるCが，受遺者となることができる。

(4) 受遺者が負担を履行しない場合

（負担付遺贈に係る遺言の取消し）
第1027条　負担付遺贈を受けた者がその負担した義務を履行しないときは，相続人は，相当の期間を定めてその履行の催告をすることができる。この場合

において，その期間内に履行がないときは，その負担付遺贈に係る遺言の取消しを家庭裁判所に請求することができる。

　負担付遺贈の受遺者が負担を履行しない場合，相続人は，受遺者に対して履行の催告をすることができる。そして，それでも履行がないときは，その**遺言の取消し**を家庭裁判所に請求することができる。

重要❗ ●●●●●●●●●●●●●●●●●●●●●●●●●●●●●●●●●●●●●
受遺者に対して取消しの請求をするのではない。家庭裁判所に対して請求する。 R2-23

➕アルファ

　負担の履行がされないからといって，当然に遺言が無効となるようなことはない。家庭裁判所の取消しの審判を待つ必要がある。

5　関係者間の法律関係，その他の遺贈の効力について

　ここは（基本的に）条文だけを掲げる。できればきちんと目を通していただきたい。

（受遺者による果実の取得）
第992条　受遺者は，遺贈の履行を請求することができる時から果実を取得する。ただし，遺言者がその遺言に別段の意思を表示したときは，その意思に従う。
（遺贈義務者による費用の償還請求）
第993条　第299条の規定は，遺贈義務者が遺言者の死亡後に遺贈の目的物について費用を支出した場合について準用する。
（注）　遺贈義務者が費用を支出した場合の償還の話である。
（相続財産に属しない権利の遺贈）
第996条　遺贈は，その目的である権利が遺言者の死亡の時において相続財産に属しなかったときは，その効力を生じない。ただし，その権利が相続財産に属するかどうかにかかわらず，これを遺贈の目的としたものと認められるときは，この限りでない。
（遺贈義務者の引渡義務）
第998条　遺贈義務者は，遺贈の目的である物又は権利を，相続開始の時（その後に当該物又は権利について遺贈の目的として特定した場合にあっては，その特定した時）の状態で引き渡し，又は移転する義務を負う。ただし，遺言者がその遺言に別段の意思を表示したときは，その意思に従う。

（遺贈の物上代位）

第999条 遺言者が，遺贈の目的物の滅失若しくは変造又はその占有の喪失によって第三者に対して償金を請求する権利を有するときは，その権利を遺贈の目的としたものと推定する。

（注） 遺贈の物上代位性の話である。物上代位については，担保物権の抵当権で詳しく解説している。

（債権の遺贈の物上代位）

第1001条 債権を遺贈の目的とした場合において，遺言者が弁済を受け，かつ，その受け取った物がなお相続財産中に在るときは，その物を遺贈の目的としたものと推定する。

2 金銭を目的とする債権を遺贈の目的とした場合においては，相続財産中にその債権額に相当する金銭がないときであっても，その金額を遺贈の目的としたものと推定する。

6 遺贈と死因贈与の異同

遺贈は，遺言によって，無償で財産を与えるものである。この点，死因贈与と似ている。

➡ 死因贈与は，贈与者の死亡によって効力を生ずる贈与である。

そのため，死因贈与については，その性質に反しない限り，遺贈に関する規定が準用される（民§554）。

	死因贈与	遺　贈	
意　義	贈与者の死亡により効力を生ずる贈与契約	遺言により遺産の全部または一部を無償で譲与する行為	
法的性質	契約	単独行為	H19-23
能　力	未成年者は，単独でることができない（民§5Ⅰ）。	15歳以上の未成年者は単独ですることができる（民§961，962）。	H19-23
要式性	不要（最判昭32.5.21）	必要（民§967～984）	H19-23
効力発生時期	贈与者の死亡の時（民§554）	遺言者の死亡の時（民§985Ⅰ）	
承認・放棄		可能（民§986～990）	H7-19
遺留分侵害額請求の対象となるか	対象となる（民§554，1046Ⅰ）。	対象となる（民§1046Ⅰ）。	H7-19
条件・負担を課すこと	可能（民§553）	可能（民§985Ⅱ，1002）	H7-19
代理人	代理人によりすることができる。	代理人によりすることができない。	

Topics・そんなに出題が多いところではないが，**検認の必要性**，**遺言執行者の権限等**についてはしっかり押さえておくこと。

🔢 遺言の執行とは

1　遺言の執行の意義

遺言の執行とは，遺言の内容を実現するための手続をいう。

【例】・　不動産の遺贈がされた場合は，受遺者に登記の名義を移したり，その不動産の引渡しをする必要がある。

・　遺言によって推定相続人の廃除の意思表示がされたときは，家庭裁判所に廃除の申立てをする必要がある。

遺言の内容によっては，執行の必要がないものもある。
➡　遺言の効力の発生と同時にその効力を生ずるため，特別の執行手続が不要な場合。

【例】　未成年後見人の指定，相続分の指定，遺産分割の禁止などは，執行の手続は必要ない。

2　遺言の執行をする者

遺言の執行をする者は，まずは**相続人**である。

🖐**理由**　相続人は，被相続人（遺言者）の一切の権利義務を承継しているので（民§896），被相続人の遺言についてもその執行をする立場にある。

そして，**遺言執行者**がいる場合には，遺贈の履行は遺言執行者のみが行うことができる（民§1012Ⅱ）。
➡　遺言執行者は，遺言の内容を実現するため，相続財産の管理その他遺言の執行に必要な一切の行為をする権利義務を有する（同Ⅰ）。

＋プラス アルファ

　遺言執行者がいる場合は，相続人は，相続財産の処分その他遺言の執行を妨げるべき行為をすることができない（民§1013）。
→　遺言執行者については，後で詳しく解説する。

② 遺言書の検認

1　意　義

> （遺言書の検認）
> **第1004条**　遺言書の保管者は，相続の開始を知った後，遅滞なく，これを家庭裁判所に提出して，その検認を請求しなければならない。遺言書の保管者がない場合において，相続人が遺言書を発見した後も，同様とする。
> 2　前項の規定は，公正証書による遺言については，適用しない。
> 3　封印のある遺言書は，家庭裁判所において相続人又はその代理人の立会いがなければ，開封することができない。

　遺言書の保管者は，相続の開始を知ったときは，遅滞なく，家庭裁判所に遺言書を提出してその検認の請求をすることを要する。`H31-22`

　遺言書の検認とは，遺言の形式その他の状態を調査し，検認の日現在における遺言書の内容を明確にして遺言書の偽造や変造を防止するための手続である。つまり，一種の証拠保全の手続といえる（大判大7.4.18）。

重要 ●

　遺言書の検認は，その遺言の有効・無効を判断するための手続ではない（大決大4.1.16）。
➡　検認の手続がされた後に，遺言の効力を争うことができる（遺言が無効と判断されることもある）。

・　検認の手続をしていない遺言であっても，無効というわけではない。`H元-23`

重要 ●

　公正証書遺言については，検認の必要はない。
➡　偽造や変造のおそれがなく，検証や証拠保全の必要がない。

重要❗ ●

　遺言書保管所（法務大臣の指定する法務局）に保管されている自筆証書遺言については，検認の必要はない（遺言保管§11）。

➡　公正証書遺言と同様に，偽造や変造のおそれがなく，証拠保全の必要がないといえる。

2　遺言書の開封

　封印のある遺言書は，家庭裁判所において，相続人等の立会いがなければ，開封することができない。

➡　遺言書を見つけた相続人が，その場で勝手に開封してはいけない。

・　家庭裁判所において遺言書の開封をすべきときは，家庭裁判所は，予め期日を定めて，相続人の呼出しの手続をする。

・　必要な検認の請求をしなかったり，家庭裁判所外で遺言書を開封した者は，5万円以下の過料に処せられる（民§1005）。

重要❗ ●

H22-22　家庭裁判所外で勝手に開封した場合でも，遺言自体が無効となることはない。

3　遺言執行者

1　遺言執行者の指定，選任

　上記のとおり，遺言の執行は，遺言者の相続人または遺言執行者等がすることになるが，遺言執行者はどのように選任されるのか。

（遺言執行者の指定）
第1006条　遺言者は，遺言で，1人又は数人の遺言執行者を指定し，又はその指定を第三者に委託することができる。
（遺言執行者の選任）
第1010条　遺言執行者がないとき，又はなくなったときは，家庭裁判所は，利害関係人の請求によって，これを選任することができる。

---

(1)　遺言による指定または指定の委託

　遺言者は，遺言で，遺言執行者を指定することができる。

重要❗••••••••••••••••••••••••••••••••••••••

遺言執行者を指定する場合は，必ず遺言の方法によることを要する。

① 数人の遺言執行者を指定することもできる。

② 遺言執行者は，法人でも構わない。
　➡ 信託会社など。

③ 遺言者の相続人を遺言執行者に指定することもできる。
　➡ 相続人が1人である場合は，その者を遺言執行者に指定する意味はない。

④ 受遺者を遺言執行者に指定することもできる。

⑤ 遺言者が自ら遺言執行者を指定するのではなく，指定することを第三者 **H8-22**
　に委託することもできる。
　➡ 自分では適切な人物が思いつかない場合，遺言の執行などについて詳しい知人に決めてもらう。

⑥ 遺言執行者が就職を承諾したときは，直ちにその任務を行わなければならない（民§1007Ⅰ）。

⑦ 遺言執行者は，その任務を開始したときは，遅滞なく，遺言の内容を相続人に通知しなければならない（民§1007Ⅱ）。

⑧ 相続人その他の利害関係人は，遺言執行者に対し，相当の期間を定めて，その期間内に就職を承諾するかどうかを確答してくれと催告することができる。
　そして，その期間内に確答をしないときは，就職を承諾したものとみなされる（民§1008）。

　理由　遺言執行者として指定された者は，その就職を承諾するか否かの選択権を有する。そのため，遺言執行者が就職を承諾するか否かをはっきりさせてくれないと，相続人その他の利害関係人は不安定な状態に置かれたままとなる。
　　そこで，相続人その他の利害関係人からの催告が認められた。

⑵　**家庭裁判所による選任**

遺言執行者がないとき，またはなくなったときは，利害関係人からの請求によって，家庭裁判所は遺言執行者を選任することができる。

➕**アルファ**

遺言執行者がない場合（遺言によって指定されていない場合），必ず家庭裁判所に遺言執行者の選任を請求しなければならないというわけではない。相続人が遺言を執行できる場合には，相続人が執行すればよい。

2　遺言執行者となれない者

（遺言執行者の欠格事由）
第1009条　未成年者及び破産者は，遺言執行者となることができない。

未成年者および破産者は，遺言執行者となることができない（遺言執行者としての欠格者）。

👆**理由**　遺言執行者は，かなり重要な任務を負う者である。そのため，まだ判断能力が十分でない未成年者を遺言執行者とすることは適切でない。財産上の信用を失っている破産者も同様である。

➕**アルファ**

条文上，成年被後見人や被保佐人は，欠格者とはされていない。

3　遺言執行者の権利義務

（遺言執行者の権利義務）
第1012条　遺言執行者は，遺言の内容を実現するため，相続財産の管理その他遺言の執行に必要な一切の行為をする権利義務を有する。
2　遺言執行者がある場合には，遺贈の履行は，遺言執行者のみが行うことができる。

遺言執行者は，相続財産の管理や，遺言の執行に必要な一切の行為をする権利義務を有する。

そして，遺言執行者がある場合には，遺贈の履行は，遺言執行者のみが行う

ことができる。

➡　相続人が遺贈の履行をすることはできない。

　遺贈の履行とは，目的物を受遺者に引き渡したり，（不動産については）受遺者に対して所有権の移転の登記をすることである。

➕ アルファ

　相続財産中の特定の財産についての遺贈の場合は，遺言執行者の権限は，その財産についてのみ及ぶ（民§1014Ⅰ）。

① 　遺産の分割の方法の指定として遺産に属する特定の財産を共同相続人の1 `R3-23` 人または数人に承継させる旨の遺言（特定財産承継遺言）があった場合は，遺言執行者は，その財産について，当該相続人が対抗要件を備えるために必要な行為をすることができる（民§1014Ⅱ）。

② 　特定財産承継遺言の目的である財産が預貯金債権である場合は，遺言執行者は，その預貯金の払戻しの請求およびその預貯金契約の解約の申入れをすることができる（民§1014Ⅲ本文）。

　➡　解約の申入れについては，その預貯金債権の全部が特定財産承継遺言の目的である場合に限る（同Ⅲただし書）。

　【例】　被相続人Aは，「X銀行○支店に対する預金の一部500万円を長男Bに相続させる。遺言執行者としてMを指定する。」という遺言を残して死亡した。

　　➡　遺言執行者Mは，X銀行○支店の預金500万円について，払戻しの請求をすることができる（この後にMは500万円をBに引き渡す）。

　　➡　これは預金債権の一部についての特定財産承継遺言であるので，遺言執行者Mは，預金契約の解約をすることはできない。

③ 　認知の届出や，推定相続人の廃除の申立て等も行う。

④ 　遺言の執行に関する訴訟については，遺言執行者は当事者適格を有する（大決昭2.9.17，最判昭31.9.18）。

⑤ 　遺言執行者については，委任に関する規定（注意義務等）が適用される（民§1012Ⅲ）。

⑥ 遺言執行者は，相続人の利益のためにのみ行為をしなければならないというわけではない（最判昭30.5.10）。

➡ 実際のところ，遺言の執行が相続人の利益に反するようなこともあるが（推定相続人の廃除の申立て等），それは仕方がない。

➡ 遺言執行者は，粛々と遺言の内容に従って執行をすればよい。

⑦ 遺言執行者がその権限内において遺言執行者であることを示してした行為は，相続人に対して直接にその効力を生ずる（民§1015）。

4　妨害行為の禁止

（遺言の執行の妨害行為の禁止）
第1013条　遺言執行者がある場合には，相続人は，相続財産の処分その他遺言の執行を妨げるべき行為をすることができない。

遺言執行者がある場合，相続人は，相続財産の処分その他遺言の執行を妨げるような行為をすることができない。

🖋 **理由**　遺言執行者による公正な遺言の執行を実現させるため。

➡ 遺言の執行とは，相続財産を受遺者に引き渡したりするなど，（俗な表現を使えば）相続人にとって面白くないことである。なので，相続人の妨害行為等をしっかり禁止しておかないと，遺言執行者が適切な執行をすることができなくなるおそれがある。

R3-23

・ 相続人が，この規定に違反して，相続財産を第三者に処分（売却等）した場合，その処分は無効となる（民§1013Ⅱ）。

ただし，その無効をもって，善意の第三者に対抗することができない（同Ⅱただし書）。

➡ 善意の第三者（取引の安全）を保護する必要があるからである。

・ 遺言執行者がある場合でも，相続人の債権者（相続債権者を含む）は，相続財産について権利を行使することができる（民§1013Ⅲ）。

➡ 債権者からの権利行使は否定すべきではない。相続人が処分した場合とは話が異なる。

➡ 「相続債権者」とは，被相続人に対して債権を有していた者である。

- 「遺言執行者がある場合」とは，遺言執行者として指定された者が就職を承諾する前も含まれる（最判昭62.4.23）。　H22-22 H8-22
  - ➡ 遺言執行者として指定された者がその就職を承諾する前でも，相続人は，相続財産の処分等の行為をすることができない。

5　遺言執行者の復任権

> （遺言執行者の復任権）
> **第1016条**　遺言執行者は，自己の責任で第三者にその任務を行わせることができる。ただし，遺言者がその遺言に別段の意思を表示したときは，その意思に従う。
> 2　前項本文の場合において，第三者に任務を行わせることについてやむを得ない事由があるときは，遺言執行者は，相続人に対してその選任及び監督についての責任のみを負う。

遺言執行者は，遺言で別段の意思が表示されていない限り，自己の責任で，第三者にその任務を行わせることができる。　R3-23

理由　遺言の執行に当たっては，専門的な知識が要求されることもある（登記の申請など）。そのため，遺言に別段の定めがない限り，復任権が認められた。

- "自己の責任で"とされているので，第三者に任務を行わせたことによって生じた損害については，遺言執行者自身が責任を負う。
  - ➡ ただし，第三者に任務を行わせることについてやむを得ない事由があるときは，遺言執行者は，相続人に対して，その選任および監督についての責任のみを負う。

6　遺言執行者が数人ある場合

> （遺言執行者が数人ある場合の任務の執行）
> **第1017条**　遺言執行者が数人ある場合には，その任務の執行は，過半数で決する。ただし，遺言者がその遺言に別段の意思を表示したときは，その意思に従う。
> 2　各遺言執行者は，前項の規定にかかわらず，保存行為をすることができる。

　　遺言者は，遺言で，1人または数人の遺言執行者を指定することができる（民§1006Ⅰ）。

　　そして，数人の遺言執行者があるときは，その任務の執行は，**過半数**で決する。

R3-23
H8-22

　　ただし，**保存行為**は，各遺言執行者が**単独**ですることができる。

7　遺言執行者の報酬

> （遺言執行者の報酬）
> **第1018条**　家庭裁判所は，相続財産の状況その他の事情によって遺言執行者の報酬を定めることができる。ただし，遺言者がその遺言に報酬を定めたときは，この限りでない。

　　遺言執行者の報酬については，遺言者が遺言で特に定めた場合には，それに従う。その定めがない場合には，遺言執行者が家庭裁判所に申し立て，家庭裁判所が定める。

＋アルファ

　　相続人と遺言執行者の間で話合いがつけば，それに従って差し支えない。

8　遺言執行者の辞任，解任

> （遺言執行者の解任及び辞任）
> **第1019条**　遺言執行者がその任務を怠ったときその他正当な事由があるときは，利害関係人は，その解任を家庭裁判所に請求することができる。
> **2**　遺言執行者は，正当な事由があるときは，家庭裁判所の許可を得て，その任務を辞することができる。

(1) 解任について

　　遺言執行者がその任務を怠ったり，またその他の正当な事由があるときは，利害関係人は，その解任を家庭裁判所に請求することができる。

　　そして，家庭裁判所の判断で，遺言執行者を解任する。

・　相続人等の利害関係人が解任することはできない。家庭裁判所に解任を請求するという手順を踏む必要がある。

⑵　**辞任について**

　　遺言執行者は，正当な事由があるときは，家庭裁判所の許可を得て，辞任
することができる。

- ・　遺言執行者は，勝手に辞任することはできない。家庭裁判所の許可が必
　　要である。

第5節　遺言の撤回

Topics ・遺言の撤回や，撤回の撤回等については，試験でもよく出題される。
　　　　細かい要件等があるが，正確に押さえること。

1　遺言の撤回の可否

（遺言の撤回）
第1022条　遺言者は，いつでも，遺言の方式に従って，その遺言の全部又は一
　部を撤回することができる。

(1) 意　義

　　遺言者は，いつでも，遺言の方式に従って，遺言を撤回することができる。

理由　遺言は，遺言者が死亡した時から効力を生ずるので（民§985
Ⅰ），遺言の効力が生ずる前，つまり遺言者の生前であれば，自
由に遺言を撤回しても，第三者が不利益を受けるようなことはな
い。
　　また，遺言は，遺言者の最終意思を実現するためのものである
から，最終の意思が変わればその撤回を認めるべきである。

(2) 要　件

①　遺言者は，“いつでも”遺言を撤回することができる。

②　遺言の撤回をすることができるのは，遺言者本人に限られる。
　➡　誰かが代理して撤回することはできない。また，遺言者の相続人が撤
　　回するようなこともできない。

③　遺言の撤回は，**遺言の方式に従って**することを要する。
　➡　遺言以外の意思表示で，遺言を撤回することはできない。

理由　遺言の撤回の意思を明確にするため。また，後日の紛争を防
止するために，きちんとした形式での撤回が要求される。

【例】　Aは，「甲土地をBに遺贈する」という遺言を作成した。そして，
後になってこの遺言を撤回したいと思ったら，「甲土地をBに遺贈す

るという遺言を撤回する」という新たな遺言を作成する必要がある。

重要❗ ••••••••••••••••••••••••••••••••••••••

撤回の意思を表示する遺言は，先にされた遺言と同じ方式であることを要しない。　H26-23
H13-22
H2-23

【例】　公正証書遺言を，自筆証書遺言で撤回することができる。

(3) 撤回権の放棄の可否

（遺言の撤回権の放棄の禁止）
第1026条　遺言者は，その遺言を撤回する権利を放棄することができない。

遺言者は，遺言の撤回権を放棄することができない。　H31-22

・　遺言に「この遺言が最終の遺言であり，これを撤回することはない」と　H13-22
記載した場合でも，後にこの遺言を撤回することができる。

2　遺言の撤回の擬制

遺言者自身の遺言の撤回の意思表示がされていない場合でも，一定の事由が
生じたときは，遺言を撤回したものとみなされる（撤回擬制）。
➡　遺言の撤回を推認できるような場合である。

(1) 前の遺言と後の遺言が抵触する場合

（前の遺言と後の遺言との抵触等）
第1023条　前の遺言が後の遺言と抵触するときは，その抵触する部分について
は，後の遺言で前の遺言を撤回したものとみなす。

前の遺言と後の遺言で内容が抵触するときは，その抵触する部分について
は，後の遺言で前の遺言を撤回したものとみなされる。

🖐理由　この場合は，遺言者自身の遺言の撤回の意思表示はされていな
いが，自分が前にした遺言と抵触する内容の遺言をしているので，
前の遺言を実現する意思がないといえる。そのため，（抵触する
部分について）前の遺言を撤回したものとみなされる。

➕ アルファ

　もちろん,「前の遺言の内容をうっかり忘れていただけで, それを撤回するつもりはない」ということもあるだろう。しかし, それは曖昧であり, 後々紛争になっても困るので, 前の遺言は撤回したものとみなされる。

➡　前の遺言の内容を実現させたければ, もう一度その内容の遺言をすればよい。

　☆　「抵触する」とは
　　ここにいう「抵触する」とは, 前の遺言を撤回したことにしなければ後の遺言が実現できない程度に内容がバッティングしていることをいう。

　【例】　Aは, 平成26年に「甲土地をBに遺贈する」という遺言を作成した。そして, 令和3年に「甲土地をCに遺贈する」という遺言を作成した。
　　➡　これは, 内容が完全に抵触しているので, 平成26年にした遺言は撤回したものとみなされる。

H13-22　【例】　Aは, 平成26年に「甲土地をBに遺贈する」という遺言を作成した。そして, 令和3年に「甲土地にCのために地上権を設定する」という遺言を作成した。
　　➡　これは, 内容が完全に抵触しているわけではない。甲土地についてBの所有権とCの地上権は併存し得る。したがって, この場合は, 平成26年の遺言は撤回されたことにはならず, Bは, Cの地上権の負担の付いた所有権を取得することになる。

　また, 抵触するかどうかは, 客観的な抵触の有無だけでなく, 遺言者の意思を全体的に評価して判断すべきである (大判昭18.3.19参照)。

　【例】　Aは, 平成29年に「Xを未成年後見監督人に指定する」という遺言を作成した。そして, 令和3年に「Yを未成年後見監督人に指定する」という遺言をした。
　　➡　令和3年の遺言が, XではなくてYのみを未成年後見監督人に指定するという趣旨 (交代的な指定) であれば, 平成29年の遺言は撤回されたものとみなされるが, XとともにYを未成年後見監督人とするという趣旨 (追加的な指定) であれば, 平成29年の遺言は撤回されたものとはみなされない。

アルファ

後見監督人の員数には制限がないので，複数定めることも可能である。

(2) 遺言と遺言後の生前処分が抵触する場合

（前の遺言と後の遺言との抵触等）
第1023条
2 前項の規定（遺言の撤回の擬制）は，遺言が遺言後の生前処分その他の法律行為と抵触する場合について準用する。

遺言をした後，その遺言と抵触する生前処分をしたときは，その抵触する部分について，遺言を撤回したものとみなされる。

理由 この場合も，遺言の撤回の意思表示はされていないが，自分がした遺言と抵触する処分行為をしているので，遺言の内容を実現する意思がないといえる。そのため，（抵触する部分について）遺言を撤回したものとみなされる。

【例】 Aは，「甲土地をBに遺贈する」という遺言を作成した。しかし，その後，Aは甲土地をCに売り渡す契約をした。 H18-24
　➡ これは，内容が完全に抵触しているので，甲土地をBに遺贈するという遺言は撤回したものとみなされる。

・ 遺言の内容を失念していただけであっても，撤回が擬制される。 H13-22

(3) 遺言書または遺贈の目的物を破棄した場合

（遺言書又は遺贈の目的物の破棄）
第1024条 遺言者が故意に遺言書を破棄したときは，その破棄した部分については，遺言を撤回したものとみなす。遺言者が故意に遺贈の目的物を破棄したときも，同様とする。

遺言者が，故意に遺言書を破棄したときは，その破棄した部分については遺言を撤回したものとみなされる。
また，遺言者が，故意に遺贈の目的物を破棄したときも，その破棄した部分については遺言を撤回したものとみなされる。

理由 普通に考えて，遺言を撤回したものとみなされるべきである。

重要

H13-22 "故意に"破棄した場合に，撤回が擬制される。うっかり（過失で）破棄してしまった場合は，遺言の撤回は擬制されない。

R2-23 【例】 誤って遺言書を燃やしてしまった場合は，撤回したものとはみなされない。

➕ アルファ

ただ，遺言書自体がなくなってしまった場合は，撤回うんぬん以前に遺言書がないのだから何もできない（例外がないわけではないが）。

・ 遺言者が，赤色のボールペンで遺言書の文面全体に斜線を引いた場合は，「故意に遺言書を破棄したとき」に該当し，遺言を撤回したものとみなされる（最判平27.11.20）。

3 撤回された遺言の効力

先にされた遺言が後の遺言で撤回されたが，さらにその後に「撤回するという遺言を撤回する」という遺言（第3の遺言）がされた場合，第1の遺言の効力が復活するのか，それとも復活しないのかが問題となる。

（撤回された遺言の効力）
第1025条 前三条の規定により撤回された遺言は，その撤回の行為が，撤回され，取り消され，又は効力を生じなくなるに至ったときであっても，その効力を回復しない。ただし，その行為が錯誤，詐欺又は強迫による場合は，この限りでない。

(1) 原 則

撤回された遺言（または撤回が擬制された遺言）は，その撤回の行為が撤回されたような場合でも，効力を回復しない（非復活主義）。

【例】 Aは，平成26年に「甲土地をBに遺贈する」という遺言（第1遺言）を作成した。そして，平成28年に「甲土地をCに遺贈する」という遺言（第2遺言）を作成した。
➡ 内容が完全に抵触するので，平成26年の遺言（第1遺言）は撤回さ

れたものとみなされる。

　　そしてさらに，Aは，令和4年に「甲土地をCに遺贈するという遺言を撤回する」という遺言（第3遺言）を作成した。
➡　第2遺言が撤回されたことになるが，この場合でも，第1遺言の効 H26-23
　力は回復しない。

　🖐**理由**　このような場合，遺言者自身に，第1遺言の効力を回復さ
　　　せる意思があることもあり得る。しかし，それは曖昧であり，
　　　また第1遺言を復活させたければ，改めて第1遺言と同じ内
　　　容の遺言（第4遺言）を作成すればいいので，原則としては「復
　　　活しない」という扱いとされた。

➕**アルファ**

「撤回の行為が効力を生じなくなるに至った」というのは，第2遺言の受遺
者が遺言者より先に死亡したため，第2遺言の効力が生じなくなった場合な
どである。

　・　なお，判例は，第1遺言を撤回する第2遺言がされた後，この第2遺
　　　言を撤回する第3遺言がされた場合において，第3遺言の記載に照らし，
　　　第1遺言の復活を希望することが明らかであるときは，第1遺言の効力
　　　が回復するとしている（最判平9.11.13）。

(2)　**例　外**
　　撤回の行為が，錯誤，詐欺または強迫によって取り消されたときは，撤回 R2-23
　された遺言の効力が回復する。

　🖐**理由**　錯誤，詐欺や強迫によって取り消した場合は，明らかに第1の
　　　遺言を復活させる意思があるといえるから。
　　　➡　そもそも，錯誤，詐欺や強迫がなければ，撤回の行為自体が
　　　　　されなかったはず。

【例】　Aは，「甲土地をBに遺贈する」という遺言を作成した。その後，A
　　はCに騙されて，甲土地をCに贈与した。
　➡　遺言の内容と抵触する生前処分がされたので，遺言を撤回したもの
　　　とみなされる。

しかしその後，AはCに騙されていたことに気づき，詐欺を理由としてCへの贈与を取り消した。

➡　「甲土地をBに遺贈する」という遺言の効力が回復する。

第8章
配偶者の居住の権利

第1節　配偶者居住権

Topics ・相続財産である建物に居住していた配偶者を保護するため，配偶者居住権という権利が認められた。
・配偶者居住権には，終身のものと短期のものの2種類がある。本節は，終身のものを解説する。

1　配偶者居住権とは

被相続人の配偶者（たとえば妻）が，"夫と長年一緒に暮らしてきた建物に住み続けたい"と思うのは，自然な感情である。

➡　まったくそんなことを思わない人もいるだろうが。

この場合，「建物は妻が取得する。銀行預金は子が均等に取得する」といった遺産分割をすることが考えられるが，実は，それで全てがうまくいくわけではない。

たとえば，主な相続財産が居住用の不動産だけであり，現金や銀行預金がほとんどない場合は，居住用不動産を取得する妻は子に対して代償として多額の金銭を支払わなければならない，といった事態が生じ得る。

また，仮に一定金額の現金（預貯金）があったとしても，妻は不動産を取得するから現金（預貯金）を相続できず，老後の生活が不安になってしまうということもあり得る。

そこで，配偶者を保護するために，一定の要件のもとに配偶者居住権というものが認められた。

これは，居住する建物について，所有権とは別個の配偶者居住権という権利を認めるものである。

➡　実際的には，賃借権に類似した権利といえる。

配偶者居住権も一定の財産的価値があるが，所有権を相続するよりは評価が低いので，配偶者にとってメリットがあるといえる。

【例】　Aの相続人は，妻のBと子のCである。Aの相続財産は，ＡＢ夫婦が住んでいた甲建物（価額は1,000万円），銀行預金400万円である。

📖ケーススタディー1

　遺産分割によって，Bが甲建物の所有権を取得するものとしたら，Bは1,000万円分の財産を取得し，Cは400万円分の財産（預金）しか相続できないことになる。ＢＣ間の話合いの内容によるが，Cが法定相続分に相当する財産の取得を希望した場合には，BはCに対して代償として300万円を支払う必要がある。

➡　配偶者Bにとって，けっこうキツい。

📖ケーススタディー2

　遺産分割によって，Cが甲建物の所有権を取得し，Bは甲建物について配偶者居住権（評価額は300万円とする）を取得するものと定めれば，Cは甲建物に関して「甲建物の価額1,000万円－Bの配偶者居住権300万円＝700万円」を取得することになり，一方Bは甲建物に関して配偶者居住権（＝300万円）を取得することになる。そうすると，（法定相続分に従って遺産を分配するものとすれば）Bは銀行預金400万円を取得することができる。

➡　配偶者Bにとってありがたい。

➕アルファ

　特に配偶者が高齢の場合は，新たに住居を探そうと思っても，なかなか見つからない（貸してもらえない）ことが多い。また，足腰が弱くなって，新たな住居を探すことが事実上不可能な場合もある。

　そのため，配偶者の居住の権利はしっかりと保護する必要がある。

2　配偶者居住権が発生する場合
⑴　大前提

　配偶者居住権が発生する大前提は，以下の3つである（民§1028Ⅰ）。

①　被相続人が死亡したこと。
②　被相続人が建物を所有していたこと。
➡　被相続人が，配偶者以外の者と当該建物を共有していた場合は，配偶者居住権は発生しない。

③　被相続人の配偶者が，相続開始時に，相続財産に属する建物に居住
していたこと。

①　被相続人が死亡したこと。

第一の要件である。夫が生きている間に，妻に「配偶者居住権」という
特別の権利は発生しない。

②　被相続人が建物を所有していたこと。

被相続人が第三者から借りていた建物については，配偶者居住権は発生
しない。

・　被相続人が，配偶者以外の第三者と当該建物を共有していた場合は，　**R4-23**
配偶者居住権は発生しない。

【例】　甲建物はAとXが共有している。そして，Aが死亡し，妻のBと子
のCが相続した。

➡　甲建物について，BC間の遺産分割等によって，Bのために配偶
者居住権を発生させることはできない。

理由　他の共有者Xも，持分権に基づき甲建物を使用収益すること
ができる。この場合に，Xが関与しないところで勝手に居住権
を設定されてしまっては，Xの利益が不当に害される。

③　被相続人の配偶者が，相続開始時に，**相続財産に属する建物に居住して
いたこと**。

相続開始時にその建物に住んでいなかったら，その建物について配偶者
居住権を設定することはできない。

➡　別のところに住んでいる建物があるのだから，相続財産中の建物につ
いて配偶者居住権という権利を設定して保護する必要はない。

(2)　**配偶者居住権が発生する場合**

上記(1)の大前提を満たした上で，以下のいずれかに該当するときは，配偶
者居住権が発生する（民§1028 I ）。

> ①　遺産の分割によって配偶者居住権を取得するものとされたとき。
> ②　配偶者居住権が遺贈の目的とされたとき。

①　**遺産の分割によって配偶者居住権を取得するものとされたとき。**

　　共同相続人間の遺産分割において，居住建物について配偶者居住権を発生させるものと合意されたときは，配偶者居住権が発生する。

【例】　Aが死亡し，妻のBと子のCが相続した。Aの相続財産は，甲建物（AとBが同居していた），自動車，銀行預金である。

　　　　そして，BC間の遺産分割協議において，「Cは甲建物の所有権と自動車を取得する。Bは甲建物について配偶者居住権と銀行預金を取得する」といった合意がされたときは，Bは配偶者居住権を取得する。

【例】　上記の事例において，BC間の遺産分割協議で，「Cは自動車と銀行預金を取得する。Bは甲建物の所有権を取得する。」という合意がされた場合は，Bは所有権に基づいて甲建物に居住することができるので，"配偶者居住権"という話は出てこない。

②　**配偶者居住権が遺贈の目的とされたとき。**

　　被相続人Aが，「甲建物について，妻Bに配偶者居住権を遺贈する」といった遺言をしていたときは，甲建物についてBのために配偶者居住権が発生する。

・　死因贈与によって，配偶者居住権を取得することもできる（民§554，先例令2.2.30-324）。

・　配偶者居住権が発生した後，居住建物が配偶者の財産に属することとなった場合でも，他の者がその共有持分を有するときは，配偶者居住権は，消滅しない（民§1028Ⅱ）。
　　➡　自己借地権に関する借地借家法15条2項と類似の規定である。

【例】　Aが死亡し，その相続財産である甲建物について，配偶者Bのために配偶者居住権が発生した（甲建物の所有権は子のCが取得した）。

　　　　その後，Cが死亡し，Cの配偶者DとCの母（第2順位の血族相続人）BがCを相続した。

> ➡　甲建物の所有権は，DとBが相続した。

　　甲建物について配偶者居住権を有するBが甲建物の所有権（共有持分権）を取得しているが，第三者Dとの共有の形であるので，Bの配偶者居住権は消滅しない。

(3)　審判による配偶者居住権の取得

　　共同相続人間で遺産分割協議が調わないとき，または協議をすることができないときは，各共同相続人は，遺産の分割を家庭裁判所に請求することができる（民§907Ⅱ）。

　　この場合において，家庭裁判所は，以下に掲げるときに限り，配偶者居住権を取得する旨を定めることができる（民§1029）。

---

①　共同相続人間に配偶者が配偶者居住権を取得することについて合意が成立しているとき。

②　配偶者が家庭裁判所に対して配偶者居住権の取得を希望する旨を申し出た場合において，居住建物の所有者の受ける不利益の程度を考慮してもなお配偶者の生活を維持するために特に必要があると認めるとき。

R4-23

　　②は，共同相続人間で配偶者に配偶者居住権を取得させることについて合意がされていない場合の話である。

　　この場合は，家庭裁判所の判断で，配偶者に配偶者居住権を取得させることができる。

3　配偶者居住権の効力

(1)　配偶者居住権の存続期間

（配偶者居住権の存続期間）

第1030条　配偶者居住権の存続期間は，配偶者の終身の間とする。ただし，遺産の分割の協議若しくは遺言に別段の定めがあるとき，又は家庭裁判所が遺産の分割の審判において別段の定めをしたときは，その定めるところによる。

　　配偶者居住権の存続期間は，原則として，**配偶者の終身**（死ぬまで）である。

　➡　配偶者は，死ぬまで，安心してそこに住むことができる。

　・　存続期間について，別段の定めをすることは可能。

(2)　無償による使用

　　配偶者居住権を取得した配偶者は，その居住建物の全部について，**無償で**使用および収益をすることができる（民§1028Ⅰ）。

(3)　配偶者居住権の登記等

　　居住建物の所有者は，その建物について配偶者居住権を取得した配偶者に対し，配偶者居住権の設定の**登記を備えさせる義務を負う**（民§1031）。

　➡　登記をすれば，配偶者居住権をもって，その建物について物権を取得した者その他の第三者に対抗することができる（民§1031Ⅱ，605）。

　【例】　Aが死亡し，妻Bと子Cが相続した。そして，BC間で遺産分割協議がされ，AとBが同居していた甲建物について，「①Cが所有権を取得する。②Bは配偶者居住権を取得する」旨の合意がされた。

　　➡　甲建物の所有者となったCは，配偶者居住権を取得したBに対し，配偶者居住権の設定の登記をする義務を負う。

　【例】　上記の事例で，甲建物についてBのための配偶者居住権の設定の登記がされた後，Cは甲建物の所有権をDに売り渡した。

　　➡　Bは，配偶者居住権の設定の登記を備えているので，配偶者居住権をもってDに対抗することができる（住み続けることができる）。

　・　配偶者居住権の登記を備えた配偶者は，その占有の妨害等をしている第三者に対し，妨害の停止等の請求をすることができる（民§1031Ⅱ，605の4）。

(4)　配偶者による使用および収益

　① 用法遵守義務，善管注意義務

　　配偶者は，従前の用法に従い，善良な管理者の注意をもって，居住建物の使用および収益をしなければならない（民§1032Ⅰ）。

　② 譲渡の禁止

　　配偶者居住権は，**譲渡することができない**（民§1032Ⅱ）。

`R4-23`

🖐️ **理由** 配偶者居住権は，あくまで特定の配偶者のための権利（そこに住んでいられる権利）である。一般的な財産権とは性質が異なるので，譲渡をすることはできない。

③ 無断の増改築，転貸の禁止

　　配偶者は，居住建物の所有者の承諾を得なければ，居住建物の改築もしくは増築をし，または第三者に居住建物の使用もしくは収益をさせることができない（民§1031Ⅲ）。

➡ 　配偶者は居住権を有するだけであって，所有権を有するわけではない。そのため，所有者に断りなく増改築をすることはできない。

④ 義務違反の場合の配偶者居住権の消滅請求

　　配偶者が，上記①または③の規定に違反した場合において，居住建物の所有者が相当の期間を定めてその是正の催告をし，その期間内に是正がされないときは，居住建物の所有者は，当該配偶者に対する意思表示によって配偶者居住権を消滅させることができる（民§1032Ⅳ）。

(5) 居住建物の修繕等

（居住建物の修繕等）

第1033条 配偶者は，居住建物の使用及び収益に必要な修繕をすることができる。

2 居住建物の修繕が必要である場合において，配偶者が相当の期間内に必要な修繕をしないときは，居住建物の所有者は，その修繕をすることができる。

　居住建物について修繕をすることができるのは，第一次的には居住権を有する配偶者であり，第二次的に居住建物の所有者となる。

重要🅱️ ●●●●●●●●●●●●●●●●●●●●●●●●●●●●●●●●●●●●●

　賃貸借の場合は，第一次的に賃貸人（所有者）であり，第二次的に賃借人とされている（民§607の2）。

・ 居住建物について修繕を要するとき（配偶者が自ら修繕をするときを除く），または居住建物について権利を主張する者があるときは，配偶者は，居住建物の所有者に対し，遅滞なくその旨を通知しなければならない（民

§1033Ⅲ本文)。

➡　居住建物の所有者が既にこれを知っているときは，通知をしなくても
よい（同Ⅲただし書）。

(6)　**居住建物の費用の負担**

①　通常の必要費について

配偶者は，居住建物の**通常の必要費**を負担する（民§1034Ⅰ）。

【例】　日常生活において発生する軽微な修繕費など。また，居住建物の固
定資産税も，配偶者が負担する。

②　その他の必要費や有益費について

通常の必要費とはいえない必要費や有益費については，居住建物の所有
者の負担となる。

➕ **アルファ**

通常の必要費とはいえない必要費→　大規模な台風が来て屋根が壊れた場
合の修繕費など

有益費→　（増築や改築には至らない）リフォームの費用など

・　配偶者が特別の必要費や有益費を支出したときは，居住建物の所有者
は，民法196条の規定に従い，配偶者にその償還をすることを要する（民
§1034Ⅱ，583Ⅱ）。

➡　有益費については，裁判所は，居住建物の所有者の請求により，相
当の期限を許与することができる。

(7)　**配偶者居住権の消滅（終了）**

配偶者居住権は，**配偶者の死亡によって終了**する（民§1036，597Ⅲ）。ま
た，配偶者居住権の存続期間について別段の定め（民§1030）があるときは，
その期間の満了によって終了する（民§1036，597Ⅰ）。

R4-23

・　居住建物の全部が滅失その他の事由により使用および収益をすることが
できなくなったときは，配偶者居住権は終了する（民§1036，616の2）。

4　居住建物の返還等

⑴　居住建物の返還の義務

　　配偶者居住権が消滅したときは，配偶者は，居住建物の返還をすることを
要する（民§1035Ⅰ本文）。

　・　配偶者居住権が消滅した場合でも，配偶者が居住建物について共有持分
　　を有しているときは，他の共有者は，配偶者に対し，当然に居住建物の返
　　還を請求することはできない（民§1035Ⅰただし書）。
　　➡　配偶者居住権という権利が消滅したとしても，配偶者は，居住建物に
　　　ついて共有持分権（使用収益権）を有している。

⑵　収去義務，収去権，原状回復の義務

　　配偶者が附属させた物についての収去の義務，収去の権利，また原状回復
の義務については，使用貸借の規定（民§599ⅠⅡ）や賃貸借の規定（民§
621）が準用される（民§1035Ⅱ）。

⑶　損害賠償の請求や費用の償還の請求の期間の制限

　　配偶者居住権の本旨に反する使用または収益によって生じた損害の賠償
や，配偶者が支出した費用の償還は，居住建物の所有者が返還を受けた時か
ら1年以内に請求することを要する（民§1036，600）。

第2節　配偶者短期居住権

Topics・こちらは，配偶者の暫定的な居住権である。相続が開始して落ち着く
までの一定の期間，居住建物をそのまま使用することができる。

1　配偶者短期居住権とは

　　配偶者短期居住権とは，配偶者が相続財産である建物に無償で居住していた
場合に，相続開始から（比較的短い）一定の期間，その建物に無償で居住する
ことができる権利である。

> **理由**　　たとえば居住建物が第三者に遺贈された場合，受遺者は（その建
> 物に居住している）配偶者に対し，「出て行ってくれ」と請求する
> ことができるが，直ちに明渡しの義務を負わせるのは，酷である。
> 　➡　高齢の配偶者がすぐにアパートを探すのは身体的にも精神的に
> 　　もキツい。

・　配偶者短期居住権は，使用貸借による権利に類似する。
　➡　無償で居住建物を使用できる権利であり，また財産的な評価もされない
　　（一定の財産を相続したとは評価されない）。
　➡　長期の配偶者居住権も居住建物を無償で使用できる権利であるが，一定
　　の財産的価値を相続したものと扱われる。

2　配偶者短期居住権が発生する場合

(1)　要　件

　　配偶者短期居住権が発生する要件は，以下の3つである（民§1037Ⅰ本文）。

---

①　被相続人が死亡したこと。
②　被相続人が建物を所有していたこと。
③　被相続人の配偶者が，相続開始時に，相続財産に属する建物に無償
　で居住していたこと。

　　ポイントは，③の「無償で」の部分である。これは，長期の配偶者居住権
においては条文上要求されていない。
　➡　長期の配偶者居住権は，共同相続人間の合意（遺産分割）または被相続
　　人の意思（遺贈）等によって発生するものであるため，このような要件は
　　特に定められていない。

・　配偶者が，相続開始の時において，居住建物について長期の配偶者居住権を取得したとき（配偶者居住権の遺贈がされたとき）は，この短期の配偶者居住権は発生しない（民§1037Ⅰただし書）。

　➡　長期の配偶者居住権に基づいて居住できる。

　➡　相続が開始して配偶者短期居住権が発生した後，配偶者が（遺産分割により）長期の配偶者居住権を取得したときは，配偶者短期居住権は消滅する（民§1039）。

・　配偶者が相続欠格者である場合，あるいは推定相続人の廃除をされているときは，配偶者短期居住権は発生しない（民§1037Ⅰただし書）。

　➡　このような配偶者に特別の権利を認めるべきではない。

重要！●●●●●●●●●●●●●●●●●●●●●●●●●●●●●●●●●

　配偶者短期居住権は，上記の要件を満たした場合に法律上当然に発生する権利である。

　一方，長期の配偶者居住権は，共同相続人間の遺産分割または被相続人の遺贈（つまり意思表示）等によって発生するものである（民§1028）。

(2)　配偶者短期居住権の期間（民§1037Ⅰ）

> ①　居住建物について配偶者を含む共同相続人間で遺産の分割をすべき場合
> 　➡　遺産の分割により居住建物の帰属が確定した日または相続開始の時から6か月を経過する日のいずれか遅い日まで
> ②　①以外の場合
> 　➡　居住建物の所有権を取得した者が配偶者短期居住権の消滅の申入れをした日から6か月を経過する日まで

①　居住建物について配偶者を含む共同相続人間で遺産の分割をすべき場合
　　この場合は，遺産の分割により居住建物の帰属が確定した日または相続開始の時から6か月を経過する日のいずれか遅い日まで，配偶者は居住建物を無償で使用（居住）することができる。

　・　ポイントは，“いずれか遅い日”という点である。
　　➡　相続が開始してすぐに遺産分割がされた場合でも，相続開始から6か月を経過するまでは，配偶者は居住建物に無償で居住することができ

きる。

　　【例】　Aが死亡し，妻のBと子のCが相続した。Aは甲建物を所有してお
　　　　り，A・B夫婦は甲建物に同居していた（当然，Bも無償で居住して
　　　　いた）。
　　　　　相続開始から4か月後，BとCは遺産分割協議をし，「甲建物はC
　　　　が取得する」旨を合意した。
　　　➡　Bは，相続開始の時から6か月を経過するまでは，甲建物に無償
　　　　で居住することができる。

　②　上記①以外の場合
　　　居住建物の所有権を取得した者が配偶者短期居住権の消滅の申入れをし
　　た日から6か月を経過する日までの間，配偶者は居住建物を無償で使用（居
　　住）することができる。

　・　ちなみに，居住建物の所有権を相続または遺贈によって取得した者は，
　　　（原則として）いつでも，配偶者短期居住権の消滅の申入れをすること
　　　ができる（民§1037Ⅲ）。

　　【例】　Aが死亡し，妻のBと子のCが相続した。Aは甲建物を所有してお
　　　　り，A・B夫婦は甲建物に同居していた（当然，Bも無償で居住して
　　　　いた）。
　　　　　Aは遺言をしており，「甲建物はXに遺贈する」旨が記載されていた。
　　　➡　甲建物については，Bの配偶者短期居住権が発生しているが，X
　　　　は，いつでも，その配偶者短期居住権の消滅の申入れをすることが
　　　　できる。
　　　➡　この申入れの日から6か月を経過するまでは，Bは甲建物に無償
　　　　で居住することができる。

3　配偶者短期居住権の効力
(1)　居住建物取得者による妨害の禁止
　　　相続または遺贈によって居住建物の所有権を取得した者（居住建物取得者）
　　は，第三者に対する居住建物の譲渡その他の方法により，配偶者の居住建物
　　の使用を妨げてはならない（民§1037Ⅱ）。

⑵　**配偶者による使用**

・　短期居住権を取得した配偶者は，従前の用法に従い，善良な管理者の注意をもって，居住建物の使用をしなければならない（民§1038Ⅰ）。

・　短期居住権を取得した配偶者は，居住建物取得者の承諾を得なければ，第三者に居住建物の使用をさせることができない（民§1038Ⅱ）。

・　短期居住権を取得した配偶者が，上記の規定に違反したときは，居住建物取得者は，当該配偶者に対する意思表示によって，配偶者短期居住権を消滅させることができる（民§1038Ⅲ）。

・　配偶者は，配偶者短期居住権の譲渡をすることができない（民§1040, 1032Ⅱ）。

・　配偶者短期居住権については，**登記をすることができない**。
➡　短期間で消滅する権利であるので，登記をするのは大げさである。

・　居住建物の修繕や，費用の負担に関しては，長期の配偶者居住権に関する規定が準用される（民§1040, 1033, 1034）。

⑶　**配偶者短期居住権の消滅（終了）**

配偶者短期居住権の存続期間は，上記2⑵のとおりであるが，以下の事由によっても終了する。

①　配偶者短期居住権は，配偶者の死亡によって終了する（民§1041, 597Ⅲ）。

②　居住建物の全部が滅失その他の事由により使用および収益をすることができなくなったときは，配偶者短期居住権は終了する（民§1040, 616の2）。

4　居住建物の返還

配偶者は，配偶者短期居住権が消滅したときは，居住建物取得者に居住建物の返還をすることを要する（民§1040Ⅰ本文）。

・　配偶者短期居住権が消滅した場合でも，配偶者が居住建物について共有持分を有しているときは，他の共有者は，配偶者に対し，当然に居住建物の返還を請求することはできない（民§1040Ⅰただし書）。

5　効果

(1)　登記の可否

R4-23
　　　配偶者短期居住権については，登記をすることができない。

(2)　収去義務，収去権，原状回復の義務

　　　配偶者が附属させた物についての収去の義務，収去の権利，また原状回復の義務については，使用貸借の規定（民§599ⅠⅡ）や賃貸借の規定（民§621）が準用される（民§1035Ⅱ）。

(3)　損害賠償の請求や費用の償還の請求の期間の制限

　　　配偶者短期居住権の本旨に反する使用または収益によって生じた損害の賠償や，配偶者が支出した費用の償還は，居住建物取得者が返還を受けた時から1年以内に請求することを要する（民§1036, 600）。

第9章
遺留分

Topics ・遺留分については，各論点について満遍なく出題される。

・条文の数は多くないが，重要な判例が多い。

📖**ケーススタディ**

　Aが死亡した。相続人は妻のBと子のCである。Aはそこそこの財産を持っており，BCは，それらを相続できるものと信じていた。

　しかし，Aの書斎から遺言が見つかり，その内容は，「私の全財産をXに遺贈する」というものであった。

　茫然となったBCだが，本当に財産はすべてXのものとなってしまうのか。

1　遺留分の意義

　遺留分とは，一定の相続人が取得することが保障されている，相続財産の価額の一定割合のことをいう。

👉**理由**　人は，自分の財産を自由に処分することができ，これは遺言による死後の処分でも同じである。

　　　ただ，被相続人（たとえば父）の財産に依存して生活をしている相続人（たとえば子）もいるわけで，このような相続人の生活を犠牲にしてまでその財産の処分ができるとすることは，必ずしも妥当ではない。

　　　そこで，民法上，一定の相続人については，相続財産の価額の一定割合の確保を保障し，被相続人の生前処分（贈与等）または死後処分（遺贈）によってもこれを奪うことができないこととした。これが遺留分の制度である（民§1042〜1049）。

【例】　ケーススタディの事例では，Xに対する遺贈が無効となるわけではないが，相続人のBとCは，相続財産の価額の一定割合について，Xに請求することができる。

2　遺留分を有する相続人とその割合

遺留分を有する"一定の相続人"とはだれか。また，相続財産の価額について
てどれだけの割合の遺留分を有するのか。

> （遺留分の帰属及びその割合）
> **第1042条**　兄弟姉妹以外の相続人は，遺留分として，次条第1項に規定する遺
> 留分を算定するための財産の価額に，次の各号に掲げる区分に応じてそれぞ
> れ当該各号に定める割合を乗じた額を受ける。
> 一　直系尊属のみが相続人である場合　3分の1
> 二　前号に掲げる場合以外の場合　2分の1

(1)　遺留分を有する相続人

H20-24
H2-21
兄弟姉妹以外の相続人である。

➡　兄弟姉妹は，遺留分を有しない。

H20-24
つまり，遺留分を有するのは，子（代襲相続人である直系卑属を含む），
直系尊属，配偶者である。

・　包括受遺者は，相続人ではないので，遺留分を有しない。

H28-23
・　相続欠格者，廃除された者，相続を放棄した者は，相続人ではないので，
遺留分も有しない。

・　遺留分の放棄をした者は，相続人ではあるが，遺留分を有しない。

(2)　遺留分の割合

まず，相続人全体としての遺留分の割合（総体的遺留分）は，以下のとお
りである。

①　直系尊属のみが相続人である場合→　相続財産の3分の1

➕ アルファ

直系尊属のみが相続人の場合である。直系尊属と配偶者が相続人である場
合は，下のとおりである。

②　①以外の場合→　相続財産の2分の1

(3) 各共同相続人の個別的な遺留分の割合

（遺留分の帰属及びその割合）
第1042条
2　相続人が数人ある場合には，前項各号に定める割合は，これらに第900条及び第901条の規定により算定したその各自の相続分を乗じた割合とする。

　　相続人が数人いる場合，各共同相続人の個別的な遺留分（個別的遺留分）は，総体的遺留分に各自の相続分を乗じた割合となる。

(4) 具体的な計算

　　被相続人Aが残した相続財産（遺留分を算定するための財産）の価額は，3,000万円であったものとする。

　➡　遺留分を算定するための財産の計算方法は，後で解説する。

　①　配偶者のBと，子のC，Dが相続人である場合。

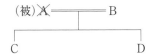

　　まず，総体的遺留分は2分の1であるので，額としては1,500万円である。

　　そして，B，C，Dの個別的遺留分は，総体的遺留分に各自の相続分を乗じた割合であるから，Bは，総体的遺留分（2分の1）×自分の相続分（4分の2）＝8分の2である。額としては750万円である。

　　Cは，総体的遺留分（2分の1）×自分の相続分（4分の1）＝8分の1である。額としては375万円である。Dも同じである。

　➡　この額については，各自が取得することが保障されている。

　②　配偶者のBと直系尊属のCが相続人である場合

まず，総体的遺留分は2分の1であるので，額としては1,500万円である。

そして，B，Cの個別的遺留分は，総体的遺留分に各自の相続分を乗じた割合であるから，Bは，総体的遺留分（2分の1）×自分の相続分（3分の2）＝6分の2である。額としては1,000万円である。

Cは，総体的遺留分（2分の1）×自分の相続分（3分の1）＝6分の1である。額としては500万円である。

3　遺留分の算定

(1)　遺留分を算定するための財産の価額

> （遺留分を算定するための財産の価額）
> **第1043条**　遺留分を算定するための財産の価額は，被相続人が相続開始の時において有した財産の価額にその贈与した財産の価額を加えた額から債務の全額を控除した額とする。

遺留分を計算するためには，その基礎となる財産の価額を確定させなくてはならない。

これは，基本的には，被相続人が相続開始の時において有した財産の価額であるが，一定の計算上の操作が必要とされている。

具体的には，以下のとおりである。

> 被相続人が相続開始の時において有した財産の価額＋贈与の価額－債務の全額

重要 ●

相続開始の時に有した財産の価額だけでなく，贈与の価額も加えるものとされている。

➡ ちなみに，すべての贈与ではない。詳しくは後で解説する。

理由　贈与の価額も（ある程度は）算入しないと，遺留分の制度の実効性が保てない。

➡ 贈与の価額を算入しないとなると，被相続人が，相続開始の直前に，自分の財産の大半を第三者に贈与した場合，相続人は，ほ

とんど財産を取得できなくなる。

・　相続開始の時において有した財産の価額に贈与の価額を加え，**債務の全額を控除する。**

> 【例】　Aが相続開始の時において有した財産の価額が1,000万円で，生前にした贈与の価額が200万円で，Aが負担していた債務の額が400万円であったときは，遺留分算定の基礎となる財産の価額は，
>
> > 1,000万円＋200万円－400万円＝800万円
>
> となる。

(2)　贈与について

> **第1044条**　贈与は，相続開始前の１年間にしたものに限り，前条の規定によりその価額を算入する。当事者双方が遺留分権利者に損害を加えることを知って贈与をしたときは，１年前の日より前にしたものについても，同様とする。

　贈与については，（原則として）**相続開始前の１年間にしたものに限り，** 遺留分を算定するための財産に加える。 H29-23

> 👆**理由**　あまりに昔の贈与も加えなければならないとすると，取引の安全が害されるなど，適当ではない。

> 【例】　Aは，平成29年５月にXに対して100万円の贈与をした。また，令和３年10月にYに対して200万円の贈与をした。そして，Aは，令和４年４月に死亡した。
> ➡　相続開始の６か月前にしたYに対する贈与（200万円）は，遺留分を算定するための財産に加える。
> ➡　一方，相続開始の５年前にしたXに対する贈与は，加えられない。

① 　ただし，**当事者双方が遺留分権利者に損害を加えることを知って贈与をしたときは，** 相続開始前の１年間よりも前の贈与についても，遺留分を算定するための財産に加える。

- 当事者双方というのは，贈与者と受贈者のことである。
- 「損害を加えることを知って」とは，積極的な害意があることを要しない。
  ➡ 遺留分権利者に損害が生じてしまうことを知っていれば足りる。

②　相続人に対する特別受益に該当する贈与については，相続開始前の10年間にしたものについて，遺留分を算定するための財産に加えられる（民§1044Ⅲ）。

> **理由**　特別受益に該当する贈与（婚姻，養子縁組のためもしくは生計の資本としての贈与）は，相続分の前渡しといえるものであるので，古い贈与についても遺留分を算定するための財産に加えることが，共同相続人間の衡平を図るために必要といえる。
> ➡ ただ，あまりに古いと記憶も曖昧であり証拠にも乏しいので，相続開始前の「10年間」とされた。

③　負担付贈与については，贈与の目的である財産の価額から，負担の価額を控除したものを，相続財産に加える（民§1045Ⅰ）。

4　遺留分侵害額の請求
(1)　遺留分侵害額の請求
　　遺留分を侵害するような遺贈や贈与がされた場合，遺留分を有する者（遺留分権利者）は，どうやって自己の遺留分相当額を受けるのか。

（遺留分侵害額の請求）
第1046条　遺留分権利者及びその承継人は，受遺者（特定財産承継遺言により財産を承継し又は相続分の指定を受けた相続人を含む。以下この章において同じ。）又は受贈者に対し，遺留分侵害額に相当する金銭の支払を請求することができる。

　　このような場合，遺留分権利者は，受遺者または受贈者に対し，遺留分侵害額に相当する金銭の支払いを請求することができる。

重要・・・・・・・・・・・・・・・・・・・・・・・・・・・・・・・・
遺留分を侵害する遺贈や贈与を無効とするのではなく，侵害された額に相当する金銭の支払いを請求する形である。

➡ 遺贈や贈与された財産そのものを取り戻すことはできない。

・ この「受遺者」には，特定財産承継遺言により財産を承継した者や，相続分の指定を受けた者も含まれる。

・ 遺留分侵害額の請求は，相続が開始した後にすることができる。相続の開始前にすることはできない。
  ➡ 生前贈与が明らかに遺留分を侵害するようなものであっても，相続の開始前に請求をすることはできない。

理由 実際に相続が開始してみないと，いろいろな額が確定しない。

(2) 遺留分侵害額の算定

（遺留分侵害額の請求）
第1046条
2 遺留分侵害額は，第1042条の規定による遺留分から第1号及び第2号に掲げる額を控除し，これに第3号に掲げる額を加算して算定する。
一 遺留分権利者が受けた遺贈又は第903条第1項に規定する贈与の価額
二 第900条から第902条まで，第903条及び第904条の規定により算定した相続分に応じて遺留分権利者が取得すべき遺産の価額
三 被相続人が相続開始の時において有した債務のうち，第899条の規定により遺留分権利者が承継する債務（中略）の額

遺留分侵害額＝その遺留分権利者が有する遺留分−その遺留分権利者が受けた遺贈または特別受益に該当する贈与の価額−遺留分権利者が相続した遺産の価額＋その遺留分権利者が承継した債務の額

この計算式を見ただけでは分かりにくいので，具体的な事例で説明する。なお，以下の事例はすべて，Aが死亡し，妻のBと子のCが相続したものとする。
➡ Aの相続人は配偶者と子であるので，総体的遺留分は2分の1である。
➡ BとCの相続分は各2分の1であるので，BとCの個別的遺留分は各4分の1である。

【例１】 Ａが相続開始時に有していた財産の価額は5,000万円であった。遺留分を算定するための財産に加えるべき贈与や控除すべき債務はなかったので，遺留分を算定するための財産の価額は5,000万円である。

そして，Ａは，「自己の全財産をＸに遺贈する」という遺言を残していた。

➡ 遺留分を算定するための財産の価額は5,000万円であるので，ＢとＣはその４分の１，つまり各1,250万円の遺留分を有する。

➡ ＢとＣは，遺贈を受けていないし，特別受益に該当する贈与も受けていない（法1046条２項１号の価額はゼロということ）。

➡ Ａの全財産がＸに遺贈されたので，ＢとＣはまったく遺産を取得していない（同２号の価額はゼロということ）。

➡ Ａは，まったく債務を負担していなかった（同３号の価額はゼロということ）。

つまり，遺留分侵害額（Ｂについて）は，以下のとおりである。

「1,250万円－０－０＋０＝1,250万円」

➡ したがって，**ＢはＸに対して遺留分侵害額1,250万円の支払いを請求することができる。**

【例２】 Ａが相続開始時に有していた財産の価額は5,000万円であった。Ｃは，Ａが死ぬ５年前に，生計の資本として1,000万円の贈与を受けていた。なお，Ａは，相続開始時に債務は負担していなかった。

そして，Ａは，「自己の全財産をＸに遺贈する」という遺言を残していた。

➡ Ｃに対する1,000万円の贈与は，遺留分を算定するための財産に加える必要がある（民§1044ⅠⅢ）。つまり，遺留分を算定するための財産の価額は，5,000万円＋1,000万円＝6,000万円である。

➡ 遺留分を算定するための財産の価額は6,000万円であるので，ＢとＣはその４分の１，つまり各1,500万円の遺留分を有する。

➡ Ｂは，遺贈や特別受益に該当する贈与を受けていない（法1046条２項１号の価額はゼロ）。

➡ Ｃは，特別受益に該当する1,000万円の贈与を受けている（同１号の価額は1,000万円）。

➡ Ａの全財産がＸに遺贈されたので，ＢとＣはまったく遺産を取得していない（同２号の価額はゼロ）。

➡ Ａは，まったく債務を負担していなかった（同３号の価額はゼロ）。

つまり，Bについての遺留分侵害額は，以下のとおりである。
「1,500万円 − 0 − 0 + 0 = 1,500万円」
➡ したがって，BはXに対して遺留分侵害額**1,500万円**の支払い
を請求することができる。

一方，Cについての遺留分侵害額は，以下のとおりである。
「1,500万円 − 1,000万円 − 0 + 0 = 500万円」
➡ したがって，CはXに対して遺留分侵害額**500万円**の支払いを
請求することができる。

【例3】 Aが相続開始時に有していた財産は甲土地（価額は5,000万円）の
みであった。遺留分を算定するための財産に加えるべき贈与はないが，
AはWに対して1,000万円の債務を負担していた。
そして，Aは，「甲土地をXに遺贈する」という遺言を残していた。
➡ Aは1,000万円の債務を負担していたので，遺留分を算定するた
めの財産から控除する必要がある（民§1043Ⅰ）。つまり，遺留分
を算定するための財産の価額は，5,000万円 − 1,000万円 = 4,000万円
である。
➡ 遺留分を算定するための財産の価額は4,000万円であるので，B
とCはその4分の1，つまり各1,000万円の遺留分を有する。
➡ BとCは，遺贈を受けていないし，特別受益に該当する贈与も受
けていない（法1046条2項1号の価額はゼロ）。
➡ 甲土地（＝Aの全財産）がXに遺贈されたので，BとCはまった
く遺産を取得していない（同2号の価額はゼロ）。
➡ Aの債務（1,000万円）は，BCの相続分に応じてBCが承継する。
つまり，BCは各500万円の債務を承継する（同3号の価額はBC
各500万円）。

つまり，遺留分侵害額（Bについて）は，以下のとおりである。
「1,000万円 − 0 − 0 + 500万円 = 1,500万円」
➡ したがって，BはXに対して遺留分侵害額**1,500万円**の支払い
を請求することができる。

(3) **遺留分侵害額の請求をすることができる者**
遺留分侵害額の請求をすることができるのは，遺留分権利者およびその承
継人である（民§1046Ⅰ）。

① 　遺留分権利者が数人いる場合，各自が単独で，（自分の遺留分について）侵害額の請求をすることができる。

➡ 　全員で共同して請求する必要はない。

② 　「その承継人」とは，遺留分権利者の相続人のような一般承継人だけでなく，特定承継人も含まれる。

【例】 　遺留分権利者が，遺留分侵害額の請求をする前に死亡したときは，その相続人が請求をすることができる。

(4) **遺留分侵害額の請求権の行使の方法**

H12-21
遺留分侵害額の請求は，相手方に対する意思表示によってする。必ずしも訴えの方法によることを要しない（最判昭41.7.14）。

(5) **遺留分侵害額の請求がされた場合の効果**

遺留分侵害額の請求権は形成権であって，その請求が相手方に到達した時に当然にその効力を生ずる。

5　受遺者または受贈者の負担額

(1) **受遺者または受贈者の負担の限度**

遺留分侵害額の請求がされると，受遺者や受贈者は，遺留分権利者に対して金銭の支払いの債務を負う。

この場合，受遺者や受贈者は，その遺贈（贈与）の目的の価額を限度として，遺留分侵害額を負担する（民§1047Ⅰ）。

➡ 　自分が貰った以上のものを支払う必要はないということ。

【例】 　Xは，Aから，甲土地（価額は300万円）の遺贈を受けた。その後，Xは，Aの相続人（遺留分権利者）Bから遺留分侵害額の請求を受けた。遺留分侵害額は400万円であった。

➡ 　Aは，Xだけでなく，他の人に対しても遺贈あるいは贈与をしていたと考えられる。

この場合，Xは，遺贈の目的である価額（300万円）を限度として，遺留分侵害額を負担する。

・ 　この「遺贈」には，特定財産承継遺言による財産の承継または相続分の

指定による遺産の取得も含む（民§1047Ⅰ）。

・　贈与については，遺留分を算定するための財産の価額に算入されるものの価額を限度とする（民§1047Ⅰ）。

・　受遺者または受贈者が相続人であるときは，遺贈または贈与の価額から**自己の遺留分額を控除した額を限度とする**（民§1047Ⅰ）。

➕ アルファ

これは，受遺者（受贈者）も遺留分を有している場合の話である。

この場合，遺贈（贈与）の目的の価額の全部について遺留分侵害額の負担をしなければならないとすると，今度は，その受遺者（受贈者）の遺留分が侵害されるおそれがある。

これは，遺留分の制度趣旨に反すると考えられるので，受遺者（受贈者）は自己の遺留分額を確保した上で残額を負担するものとされた。

(2)　受遺者または受贈者の負担の順序（割合）

遺留分侵害額の請求がされると，受遺者や受贈者は，遺留分権利者に対して金銭の支払いの債務を負う。

この場合，受遺者と受贈者がいる，あるいは受遺者が複数いる場合などは，どのような順序（あるいは割合）で債務を負担するのかが問題となる。

その負担の順序や割合は，以下のとおりである（民§1047Ⅰ）。

（受遺者又は受贈者の負担額）

第1047条　受遺者又は受贈者は，次の各号の定めるところに従い，遺贈（特定財産承継遺言による財産の承継又は相続分の指定による遺産の取得を含む。後略。）又は贈与（遺留分を算定するための財産の価額に算入されるものに限る。後略。）の目的の価額（受遺者又は受贈者が相続人である場合にあっては，当該価額から第1042条の規定による遺留分として当該相続人が受けるべき額を控除した額）を限度として，遺留分侵害額を負担する。

一　受遺者と受贈者とがあるときは，受遺者が先に負担する。

二　受遺者が複数あるとき，又は受贈者が複数ある場合においてその贈与が同時にされたものであるときは，受遺者又は受贈者がその目的の価額の割合に応じて負担する。ただし，遺言者がその遺言に別段の意思を表示したときは，その意思に従う。

　　三　受贈者が複数あるとき（前号に規定する場合を除く。）は，後の贈与に係る受贈者から順次前の贈与に係る受贈者が負担する。

H29-23
H25-23
H16-22

①　**受遺者と受贈者とがあるときは，受遺者が先に負担する**（同Ⅰ①）。

　　🖐**理由**　贈与は，被相続人の生前にされたものであり，既に相続財産から逸出している形であるので，まずは受遺者が負担するものとされた。

　　【例】　Ｘは，被相続人Ａが死ぬ6か月前に甲土地（価額は300万円）の贈与を受けた（受贈者）。一方，Ｙは，Ａから乙土地（価額は400万円）の遺贈を受けた（受遺者）。
　　　　そして，遺留分権利者Ｂは，遺留分侵害額(500万円)の請求をした。
　　➡　まず受遺者Ｙが400万円を限度に負担し，次いで受贈者Ｘが残額の100万円を負担する。

H29-23

②　**受遺者が複数あるとき，または受贈者が複数ある場合においてその贈与が同時にされたものであるときは，受遺者または受贈者がその目的の価額の割合に応じて負担する。**

　　【例】　ＸはＡから甲土地（価額は300万円）の遺贈を受け，ＹはＡから乙土地（価額は500万円）の遺贈を受けた。
　　　　そして，遺留分権利者Ｂは，遺留分侵害額(400万円)の請求をした。
　　➡　受遺者ＸとＹは，甲土地の価額（300万円）と乙土地の価額（500万円）の割合（3：5）に応じて負担する。
　　　　つまり，Ｘが150万円を負担し，Ｙが250万円を負担する。

③　**受贈者が複数あるとき（それぞれの贈与の時期が異なるとき）は，後の贈与に係る受贈者から順次前の贈与に係る受贈者が負担する。**
　　➡　死亡の時期に近い贈与（最近の贈与）を受けた者から順番に負担する。

　　【例】　Ｘは，Ａが死ぬ3か月前にＡから甲土地（価額は300万円）の贈与を受けた。また，Ｙは，Ａが死ぬ10か月前に乙土地（価額は400万円）の贈与を受けた。
　　　　そして，遺留分権利者Ｂは，遺留分侵害額(500万円)の請求をした。
　　➡　まず後の贈与（最近の贈与）に係る受贈者Ｘが300万円を限度に

負担し，次いで前の贈与（古い贈与）に係る受贈者Yが残額の200万円を負担する。

(3) 受遺者または受贈者が遺留分権利者承継債務を弁済した場合

　遺留分侵害額の請求を受けた受遺者または受贈者は，遺留分権利者が承継した債務について弁済等をしたときは，消滅した債務の額を限度として，遺留分権利者に対する意思表示によって，**遺留分権利者に負担する債務を消滅させることができる**（民§1047Ⅲ）。

　ちょっと分かりにくい。事例で説明する。

　Aは，Xとともに事業を行っていた。Aは，自分が死んだ後もXに事業を続けてほしいと思ったので，事業用の資産である甲土地（800万円）をXに遺贈する旨の遺言をした。一方，Aは，この事業に関連して，Yに対して200万円の債務を負っていた。

　そして，Aが死亡した。相続人は子のBである。

➡　Bは，遺留分権利者である。

➡　甲土地は，遺贈によってXに移転した。一方，Aが負担していた債務は，Bが相続によって承継した（遺留分権利者承継債務）。

　Yに対する債務は，Bが承継しているので，受遺者Xは弁済する義務がない。しかし，事業に関する債務なので，きちんと弁済しないと，事業が滞るおそれがある（取引を停止されるかもしれない）。

　そのため，受遺者XがBに代わって，Yに対して200万円の弁済をした。

　一方，Xに対する遺贈は，Bの遺留分を侵害していたので，BはXに対して遺留分侵害額（300万円）の請求をした。

　この場合，受遺者Xは，弁済によって消滅した債務の額（200万円）の限度において，遺留分権利者Bに対する意思表示によって，遺留分侵害額の債務（300万円）を消滅させることができる。

➡　遺留分侵害額300万円のうち，200万円の部分が消滅したので，以後，受遺者Xは遺留分権利者Bに対して100万円の債務を負担する形になる。

⑷　受遺者または受贈者が無資力である場合

> （受遺者又は受贈者の負担額）
> **第1047条**
> **4**　受遺者又は受贈者の無資力によって生じた損失は，遺留分権利者の負担に帰する。

H2-21　遺留分侵害額の負担をすべき受遺者または受贈者が無資力である場合，そのリスクは，**遺留分権利者が負担する**。
➡　他の受遺者または受贈者に請求することはできない。

【例】　Xは，Aが死ぬ3か月前にAから甲土地（価額は300万円）の贈与を受けた。また，Yは，Aが死ぬ8か月前にAから乙土地（価額は400万円）の贈与を受けた。
　　そして，遺留分権利者Bは，遺留分侵害額（200万円）の請求をした。
➡　後の贈与（最近の贈与）に係る受贈者Xが200万円を負担すべきであるが，Xは無資力であり，Bに支払うことができなかった。
➡　Xの無資力による損失は，遺留分権利者Bが負担する。Bは，前の贈与に係る受贈者であるYに対して200万円の請求をすることはできない。

理由　本来ならば遺留分侵害額の負担をしないで済むはずだった者（前の受贈者）に，無資力のリスクを負わせるべきではない。

⑸　受遺者または受贈者に対する期限の許与

> （受遺者又は受贈者の負担額）
> **第1047条**
> **5**　裁判所は，受遺者又は受贈者の請求により，第1項の規定により負担する債務の全部又は一部の支払につき相当の期限を許与することができる。

遺留分侵害額の請求がされた場合，受遺者または受贈者は，遺留分権利者に対し，金銭の支払いの債務を負担する。
この場合，受遺者または受贈者が金銭を所持していればよいが，そうでない場合も考えられる。
➡　不動産の遺贈がされた場合，受遺者は金銭を手にしていない。

そこで，裁判所は，受遺者または受贈者の請求により，金銭の支払いにつき相当の期限を許与することができるとされた。

6 遺留分侵害額請求権の消滅時効
遺留分侵害額の請求権については，短期の消滅時効が定められている。

（遺留分侵害額請求権の期間の制限）
第1048条 遺留分侵害額の請求権は，遺留分権利者が，相続の開始及び遺留分を侵害する贈与又は遺贈があったことを知った時から１年間行使しないときは，時効によって消滅する。相続開始の時から10年を経過したときも，同様とする。

遺留分権利者が，相続の開始および遺留分を侵害する贈与または遺贈があったことを知った時から１年間行使しないときは，遺留分侵害額の請求権は時効によって消滅する。 H10-20 H4-23

また，相続開始の時から10年を経過したときも，遺留分侵害額の請求権は消滅する。

🖐理由 法律関係を早期に確定させるため。

・ 「相続の開始および遺留分を侵害する贈与または遺贈があったことを知った時」とは，被相続人の死亡の事実や，贈与または遺贈があったということを知るだけでなく，その贈与または遺贈が遺留分を侵害するものであるということを知った時である（最判昭57.11.12）。
 ➡ 贈与または遺贈がされたことは知っているが，それによって遺留分が侵害されていることを知らなかった場合には，（原則として）消滅時効は進行しない。

7 遺留分の放棄
(1) 意 義

（遺留分の放棄）
第1049条 相続の開始前における遺留分の放棄は，家庭裁判所の許可を受けたときに限り，その効力を生ずる。

相続人は，相続を放棄することができるのと同様，遺留分を放棄することもできる。

ただ，被相続人の生前に遺留分の放棄をすることを無制限に認めると，被相続人その他の者が不当な圧力をかけたりして，本心ではない遺留分の放棄が強要されるおそれもある。

H28-23
H10-20
H2-21

そこで，相続の開始前において遺留分を放棄するためには，家庭裁判所の許可を受けることを要するとされた。

一方，相続が開始した後は，このようなおそれはないので，家庭裁判所の許可を受けることなく，自由に遺留分を放棄することができる。

➕ アルファ

相続の開始前に相続の放棄をすることはできない。

(2) 遺留分の放棄の効果

（遺留分の放棄）
第1049条
2　共同相続人の１人のした遺留分の放棄は，他の各共同相続人の遺留分に影響を及ぼさない。

H28-23
H20-24
H10-20

共同相続人の１人が遺留分を放棄しても，他の共同相続人の遺留分には影響が及ばない。
つまり，他の共同相続人の遺留分が増えることはない。

この場合は，被相続人が自由に処分できる財産が増えることになる。

・　遺留分を放棄しても，相続人の地位を失うわけではないので，普通に相続分に従って被相続人の権利義務を承継する。
　➡　ただ，遺留分を侵害する遺贈や贈与がされた場合に，その侵害額を請求できないというだけである。

用 語 索 引

判例先例索引

司法書士スタンダードシステム

司法書士　スタンダード合格テキスト3　民法〈親族・相続〉　第5版

2013年9月20日　初　版　第1刷発行
2022年9月15日　第5版　第1刷発行

編　著　者　Wセミナー／司法書士講座
発　行　者　猪　　野　　　　　樹
発　行　所　株式会社　早稲田経営出版
　　　　　　〒101-0061
　　　　　　東京都千代田区神田三崎町3-1-5
　　　　　　神田三崎町ビル
　　　　　　電話 03(5276)9492(営業)
　　　　　　FAX 03(5276)9027
組　　　版　株式会社　エ　ス　ト　ー　ル
印　　　刷　今　家　印　刷　株　式　会　社
製　　　本　東　京　美　術　紙　工　協　業　組　合

© Waseda Keiei Syuppan 2022　　　Printed in Japan　　　ISBN 978-4-8471-4950-4
　　　　　　　　　　　　　　　　　　　　　　　　　　　N.D.C. 327

Wセミナー 司法書士講座

	9月	10月	11月	12月	1月	2月

総合力養成コース

対象:初学者、または基礎知識に不安のある方
20ヵ月、1.5年、1年、速修 総合本科生・本科生
[山本オートマチック] [入門総合本科生]

9月~開講 20ヵ月総合本科生 ②

総合力アップコース

対象:受験経験者、または一通り学習された方
上級総合本科生

対象:受験経験者、答練を通してアウトプットの訓練をしたい方
答練本科生

対象:受験経験者、または一通り学習された方
山本プレミアム上級本科生[山本オートマチック]

択一式対策コース

対象:択一式でアドバンテージを作りたい方
択一式対策講座[理論編・実践編]

対象:応用力をつけたい方
山本プレミアム中上級講座[山本オートマチック]

記述式対策コース

対象:記述式の考え方を身につけたい方
オートマチックシステム記述式講座[山本オートマチック]

対象:記述式の解法を知り、確立させたい方
記述式対策講座

法改正対策コース

対象:近時の改正点を押さえたい方
法改正対策講座

直前対策コース

対象:本試験の解答テクニックを習得したい方
本試験テクニカル分析講座[山本オートマチック]

対象:直前期に出題予想論点の総整理をしたい方
予想論点セット(択一予想論点マスター講座+予想論点ファイナルチェック)

対象:本試験レベルの実戦力を養成したい方
4月答練パック

模試コース

対象:直前期前に実力を確認したい方
全国実力Check模試

対象:本試験と同形式・同時間の模試で本試験の模擬体験をしたい方
全国公開模試

Wセミナーなら
身につく合格力!

Wセミナーは目的別・レベル別に選べるコースを多数開講!

Wセミナーでは目的別・レベル別に選べるコースを多数開講しています。受験生個々のニーズに合ったコースを選択すれば、合格力をアップすることができます。

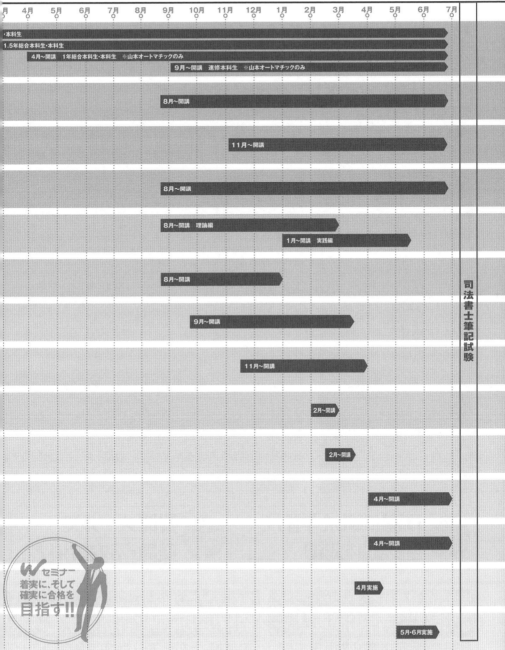

	4月	5月	6月	7月	8月	9月	10月	11月	12月	1月	2月	3月	4月	5月	6月	7月		司法書士筆記試験

・本科生

1.5年総合本科生・本科生

4月～開講　1年総合本科生・本科生　※山本オートマチックのみ

9月～開講　速修本科生　※山本オートマチックのみ

8月～開講

11月～開講

8月～開講

8月～開講　理論編

1月～開講　実践編

8月～開講

9月～開講

11月～開講

2月～開講

2月～開講

4月～開講

4月～開講

4月実施

5月・6月実施

※開講コース・開講時期は年度により変わる場合があります。

Wセミナー 答練・模試

タイムリーなカリキュラムで「今、解くべき問題」の演習を実現しました！

━━●[11月]━━━━━━━━━━●[1月]━━━━━━━━━━●[2月]━━━━━━━━━━●[3月]

> 過去問学習のペースメーカー！

> 全出題範囲の主要論点を総潰し！

11月 開講(全6回)

総合力底上げ答練

＜出題数＞
択一式 全210問(各回35問)
記述式 全12問(各回2問)

年内は過去問を学習する受験生が多いので、それに合わせて"過去問学習のペースメーカー"になるように工夫されたタイムリーな答練です。各問題には「過去問チェック」を掲載しているため、答練の復習と同時に過去問の肢を確認できます。また、受験経験者の方にとっては"本試験の勘"を取り戻していただくために、各回択一35問、記述2問を本試験と同様の形式で解き、年明けの学習へのステップとして利用できる答練となっています。

1月 開講(全12回)

科目別全潰し答練

＜出題数＞
択一式 全420問(各回35問)
記述式 全24問(各回2問)

年明けすぐの1月〜3月は、4月からの直前期を迎える前に、全科目を一通り学習できる時機です。そこで、科目ごとにもう一度試験範囲を一通り学習するためのペースメーカーとして、タイムリーな科目別答練を用意しました。択一式では、司法書士試験の出題範囲である主要論点を網羅しているため、ご自身の科目別の学習と併用して受講することにより学習効果が大きく上がります。また、記述式については、毎回2問を出題しており、時間配分の練習に着目して受講することで、特に記述式の実戦練習をしたい方にも適している答練です。

Point 「時機に即した学習」で
重要論点を網羅！

Point 質問メールで
疑問・不安解消！

受験生を合格へと導く！
Wセミナー
太鼓判
答練で磨く！答練で合格を勝ち取る。

全ての答練・模試をパッケージ化した「答練本科生」「答練本科生記述対策プラス」には、
「法改正対策講座（全2回）」もカリキュラムに加わります。

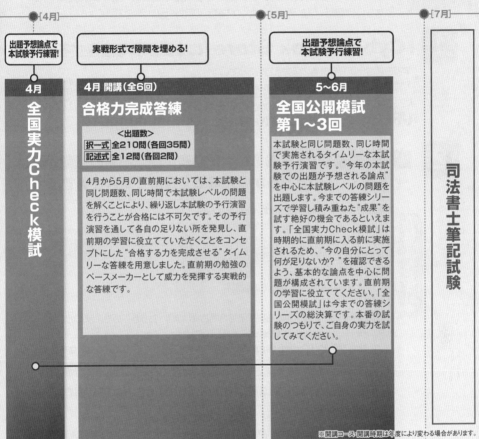

【4月】　　　　　　　　　　　【5月】　　　　　　　　　【7月】

**出題予想論点で
本試験予行練習！**

実戦形式で隙間を埋める！

**出題予想論点で
本試験予行練習！**

4月
全国実力Check模試

4月 開講（全6回）
合格力完成答練

<出題数>
択一式　全210問（各回35問）
記述式　全12問（各回2問）

4月から5月の直前期においては、本試験と同じ問題数、同じ時間で本試験レベルの問題を解くことにより、繰り返し本試験の予行演習を行うことが合格には不可欠です。その予行演習を通して各自の足りない所を発見し、直前期の学習に役立てていただくことをコンセプトにした"合格する力を完成させる"タイムリーな答練を用意しました。直前期の勉強のペースメーカーとして威力を発揮する実戦的な答練です。

5〜6月
全国公開模試
第1〜3回

本試験と同じ問題数、同じ時間で実施されるタイムリーな本試験予行演習です。"今年の本試験での出題が予想される論点"を中心に本試験レベルの問題を出題します。今までの答練シリーズで学習し積み重ねた"成果"を試す絶好の機会であるといえます。「全国実力Check模試」は時期的に直前期に入る前に実施されるため、"今の自分にとって何が足りないか？"を確認できるよう、基本的な論点を中心に問題が構成されています。直前期の学習に役立ててください。「全国公開模試」は今までの答練シリーズの総決算です。本番の試験のつもりで、ご自身の実力を試してみてください。

司法書士筆記試験

※開講コース・開講時期は年度により変わる場合があります。

Point 充実した割引制度で
受験生をバックアップ！

Point 通信生も答練
教室受講OK！

■パンフレットのご請求・お問合せはこちら

通話
無料
0120-509-117
ゴウカク　イイナ

受付時間
9:30〜19:30（月曜〜金曜）
9:30〜18:00（土曜・日曜・祝日）

※営業時間短縮の場合がございます。詳細はWebでご確認ください。

資格の学校
TAC
Wセミナー
WASEDA

WセミナーはTACのブランドです。

書籍の正誤に関するご確認とお問合せについて

書籍の記載内容に誤りではないかと思われる箇所がございましたら、以下の手順にてご確認とお問合せをしてくださいますよう、お願い申し上げます。

なお、正誤のお問合せ以外の**書籍内容に関する解説および受験指導などは、一切行っておりません。**
そのようなお問合せにつきましては、お答えいたしかねますので、あらかじめご了承ください。

1 「Cyber Book Store」にて正誤表を確認する

早稲田経営出版刊行書籍の販売代行を行っている
TAC出版書籍販売サイト「Cyber Book Store」の
トップページ内「正誤表」コーナーにて、正誤表をご確認ください。

CYBER TAC出版書籍販売サイト
BOOK STORE

URL:https://bookstore.tac-school.co.jp/

2 1 の正誤表がない、あるいは正誤表に該当箇所の記載がない ⇒下記①、②のどちらかの方法で文書にて問合せをする

★ご注意ください★

お電話でのお問合せは、お受けいたしません。
①、②のどちらの方法でも、お問合せの際には、「お名前」とともに、
「対象の書籍名（○級・第○回対策も含む）およびその版数（第○版・○○年度版など）」
「お問合せ該当箇所の頁数と行数」
「誤りと思われる記載」
「正しいとお考えになる記載とその根拠」
を明記してください。
なお、回答までに１週間前後を要する場合もございます。あらかじめご了承ください。

① ウェブページ「Cyber Book Store」内の「お問合せフォーム」より問合せをする

【お問合せフォームアドレス】

https://bookstore.tac-school.co.jp/inquiry/

② メールにより問合せをする

【メール宛先　早稲田経営出版】

sbook@wasedakeiei.co.jp

※土日祝日はお問合せ対応をおこなっておりません。
※正誤のお問合せ対応は、該当書籍の改訂版刊行月末日までといたします。

乱丁・落丁による交換は、該当書籍の改訂版刊行月末日までといたします。なお、書籍の在庫状況等により、お受けできない場合もございます。
また、各種本試験の実施の延期、中止を理由とした本書の返品はお受けいたしません。返金もいたしかねますので、あらかじめご了承くださいますようお願い申し上げます。

（2022年7月現在）